I N V E S T I G A Ç Ã O

I
U
IMPRENSA DA UNIVERSIDADE DE COIMBRA
COIMBRA UNIVERSITY PRESS

EDIÇÃO
Imprensa da Universidade de Coimbra
Email: imprensa@uc.pt
URL: http//www.uc.pt/imprensa_uc
Vendas online: http://livrariadaimprensa.uc.pt

COORDENAÇÃO EDITORIAL
Imprensa da Universidade de Coimbra

CONCEÇÃO GRÁFICA
Imprensa da Universidade de Coimbra

IMAGEM DA CAPA
Foto original de
José Luiz Foureaux De Souza Júnior

INFOGRAFIA
Bookpaper

INFOGRAFIA DA CAPA
Mickael Silva

PRINT BY
CreateSpace

ISBN
978-989-26-1511-0

ISBN DIGITAL
978-989-26-1512-7

DOI
https://doi.org/10.14195/978-989-26-1512-7

DEPÓSITO LEGAL
444450/18

JÚNIOR, José Luiz Foureaux de Sousa, 1956-

As cartas não mentem

ISBN 978-989-26-1511-0 (ed. impressa)

ISBN 978-989-26-1512-7 (ed. eletrónica)

CDU 821.134.3-6"18/19".09

AS CARTAS NÃO MENTEM

JOSÉ LUIZ FOUREAUX DE SOUZA JÚNIOR

IMPRENSA DA
UNIVERSIDADE
DE COIMBRA
COIMBRA
UNIVERSITY
PRESS

SUMÁRIO

AGRADECIMENTOS

Agradecer pode ser apenas o cumprimento de um protocolo, mas também é, de fato, uma arte. Aqui, as duas funções se misturam e se contaminam, sem se sobrepor uma à outra. A ordem dos agradecimentos, então, não representa o grau de importância da colaboração recebida em qualquer de suas instâncias durante e para a realização deste trabalho. Talvez fosse o caso de dizer que se trata apenas de organização. Que sejam, então, feitos os agradecimentos:

– à Professora Doutora Ana Paula dos Santos Duarte Arnaut que, antes de mais nada, aceitou supervisionar minhas atividades no âmbito do estágio sênior, em nível de pós-doutoramento – origem da tese que se apresenta agora como livro –, com generosidade, disponibilidade e amizade: repetição trina de um sufixo que faz rima à sua querida e admirada pessoa;

– ao Departamento de Letras, do Instituto de Ciências Humanas e Sociais, da Universidade Federal de Ouro Preto, pelo acolhimento e aprovação de meu pedido de afastamento durante um ano para a realização do estágio sénior, em nível de pós-doutoramento, que resultou neste trabalho;

– à Pró-Reitoria de Pesquisa e Pós Graduação, da Universidade Federal de Ouro Preto, pela tramitação do processo de afastamento e sua posterior aprovação junto aos órgãos superiores da Universidade;

– à CAPES, pela concessão de três meses de bolsa;

– ao Paulinho, agente de viagens e meu amigo particular, pela paciência;

– ao Professor Doutor Gerson Luiz Roani, ex-aluno, colega e amigo dileto, pela amizade, incentivo, apoio, conselhos e dicas;

– à Cida, também ex-aluna, colega e amiga dileta, que me colocou em contato com Fernando Arede, responsável por minha moradia em Coimbra;

– ao Professor Albano Figueiredo, pela receptividade e generosa disponibilidade na/da acolhida à Faculdade de Letras da Universidade de Coimbra;

– À Senhora Susete Araújo, Técnica Superior da Administração da Faculdade de Letras da Universidade de Coimbra, pelo apoio administrativo e pelos papos em momentos mais difíceis;

– a todos os funcionários da Biblioteca da Faculdade de Letras, da Universidade de Coimbra, nomeadamente, Helena Quaresma, Carla Ferreira, Maria da Luz Jorge, Maria do Carmo Ferreira Dias e Jorge Resende; pela atenção, disponibilidade e paciência com meus constantes pedidos;

– ao Pedro e ao Fausto, da cantina da Faculdade de Letras da Universidade de Coimbra, pelo generoso ato de "servir" e pelas risadas;

– à Paulinha e seu marido, Manuel, pela carinhosa acolhida aos domingos, no almoço sempre delicioso e aconchegante, na "Tasquinha da Paulita";

– ao Fernando Arede e ao Álvaro, pelo aluguel do apartamento e ao sempre solícito, atento e pronto atendimento;

– ao escritor Mário Cláudio, pela atenção e carinho quando de minha visita à sua residência, regada a boas risadas, mais que excelentes dicas e aos dois livros autografados com que me presenteou;

– ao Lourenço Correia de Matos, genealogista, a mim apresentado pelo amigo comum, Vitor Escudero, pela atenção e disponibilidade das comunicações por correio eletrônico;

– ao amigos Vitor Escudero e Ana Cristina Martins: eles sabem porque;

– às (agora) amigas Aldinida, Maria Regina e Natália (para seguir a ordem alfabética de seus nomes) que, durante a etapa lusitana, deram um toque especial – com humor, carinho, cumplicidade e divertimento – aos dias e às atividades a que me dediquei;

– e *last but not least*, à minha família, pelo suporte a apoio, e a Deus que me deu saúde para completar mais esta etapa.

À memória de meu pai, José Luiz Foureaux de Souza;

À memória de minha amiga, Maria Luíza Furtado Khal.

No fim das contas, o que chamamos comumente de amigos e amizade são apenas relações e familiaridades ligadas por algumas coincidências e comodidades, pela maneira que nossas almas cuidam umas das outras. Na amizade da qual falo, elas se misturam e se confundem em uma mescla tão universal que elas apagam e não encontram mais a costura que as uniu.

Michel de Montaigne
Sobre a amizade, p. 30

INTRODUÇÃO

Aqui, há uma distinção básica, negligenciada demasiado freqüentemente nos estudos literários, entre dois tipos de projetos: um, modelado na lingüística, considera os sentidos como aquilo que tem de ser explicado e tenta resolver como eles são possíveis. O outro, por contraste, começa com as formas e procura interpreta-las, para nos dizer o que elas realmente significam. Nos estudos literários, este é um contraste entre a poética e a hermenêutica. A poética começa com os sentidos ou efeitos comprovados e indaga como eles são obtidos (...). A hermenêutica, por outro lado, começa com os textos e indaga o que eles significam, procurando descobrir interpretações novas e melhores.

Jonathan Culler
Teoria da Literatura: uma introdução

Uma tese é uma proposição que se apresenta para ser discutida e defendida por alguém, com base em determinadas hipóteses ou pressupostos. A palavra tem origem grega, *thesis*, e significa "proposição". Por sua vez, a expressão "em tese" significa "de modo geral", "de acordo com o que se supõe", "em princípio", "em teoria". Neste sentido, advogo aqui o direito de falar de um assunto já estudado e discutido, mas ainda, é claro, não esgotado.

A tese acadêmica constitui-se de abordagem de um único tema, resultado de investigação, sempre que possível, acurada, elaborada de acordo com metodologia apropriada. Por conseguinte, deve equacionar um problema demonstrando hipóteses formuladas por argumentação e raciocínio lógicos. É de se esperar que a tese constitua progresso para o campo do conhecimento ao qual se circunscreve. Em síntese, a tese é uma dissertação na qual se defende uma ideia científica, sempre que viável, original, na busca da produção de conhecimento. Pode-se dizer que é resposta para uma pergunta científica e, por isso, tem a forma de afirmação. Até aqui, nenhuma novidade!

Pois muito bem, o presente trabalho foi, então, uma tese. Agora pretende-se livro. A pesquisa, a partir da qual foi escrita, fez-se consistente, mesmo que, como será visto, parta de um pressuposto que pode vir a ser considerado "falhado". O termo, ainda que passível de correção quanto à sua propriedade, é mais que necessário e adequado. Há bastante argumentação disponível para corroborar a assertiva. Fico, no entanto, com um elemento apenas: a incontestável sombra da Psicanálise, ainda que não absolutamente explícita, como campo do conhecimento que circunda, protege e orienta as constatações que aqui serão apresentadas. A natureza do objeto destas mesmas considerações – a correspondência de António Nobre e Alberto de Oliveira – é suficiente para respaldar a escolha do percurso desenvolvido. Este objeto materializa-se, concretamente, nas cartas. Sua peculiaridade corrobora e reforça sua natureza operacional: a expressão de uma amizade "particular". A relação expressa por esse termo é responsável, então, pela plausibilidade de seu próprio objeto, dando consistência ao percurso investigativo que, a partir dela, se realizou. Fica, então, fundamentada a ideia nuclear da tese.

Uma das palavras-chave deste trabalho é correspondência. No Houaiss, o verbete apresenta as seguintes acepções como substantivo feminino: ato, processo ou efeito de corresponder(-se), de apresentar ou estabelecer reciprocidade; intercâmbio de mensagens, cartas etc. Por extensão de sentido, conjunto de cartas, mensagens, telegramas etc., expedidos ou recebidos; similitude, analogia entre pessoas, coisas, ideias; relação perfeita, harmônica. Na rubrica de jornalismo, a acepção é: artigo de jornal publicado em forma de carta. Na rubrica da matemática: regra por meio da qual cada elemento de um conjunto é associado a um ou mais elementos de outro conjunto.

Partindo da última acepção, mesmo que não faça parte do âmbito semântico do termo estabelecido pelo perímetro do presente trabalho, percebe-se a relação entre seu uso discursivo e a matéria de que trata a tese: a correspondência entre António Nobre e Alberto de Oliveira: a associação entre "cada elemento de um conjunto". Os elementos aqui são os dois poetas. O conjunto, em princípio, a relação de amizade que se estabelece entre os dois e que se mantém ao longo de alguns anos, a despeito do carinho permanente de Alberto de Oliveira – exarado na resposta à carta "do rompimento" como será visto. Essa relação de amizade se explicita nas cartas, sobretudo nas cartas escritas e publicadas que António Nobre envia para seu "amigo mais querido".

Sobre as outras acepções, algumas reflexões fazem-se pertinentes. Em primeiro lugar, a ideia de reciprocidade. Ainda que as cartas de Alberto de Oliveira – até prova em contrário – ainda não tenham sido encontradas, mesmo com a indicação e que não existem mais, esta reciprocidade faz-se anunciada nas cartas de António Nobre. Por sua vez, a "analogia entre pessoas, coisas, ideias" só não é perfeita pelo motivo acima apontado. No entanto, nos textos que deixou publicados, Alberto de Oliveira não se deixa intimidar e professa esta mesma reciprocidade. Isso, por sua vez, não invalida

17

a "relação perfeita, harmônica" – até o rompimento – entre os dois poetas, atestada pelas cartas de António Nobre.

Outra palavra-chave é "amizade". Das acepções deste substantivo feminino destaco as seguintes: sentimento de grande afeição, simpatia, apreço entre pessoas ou entidades; relacionamento social (mais usado no plural); concordância de sentimentos ou posição a respeito de algum fato; acordo, pacto, aliança; e, quando usado informalmente, o termo denota atitude de benevolência. Do exposto, vê-se claramente a relação entre os dois poetas portugueses como uma relação de amizade. Para além do uso iterativo da palavra, os dois, nesta relação, primam por experimentar os afetos a ela concernentes. Disso são testemunhas, uma vez mais, as cartas, sobretudo a que Alberto de Oliveira escreve a António Nobre em resposta àquela que chamo de "carta do rompimento". Tendo como perspectiva estas duas palavras – correspondência e amizade – é que se deve vislumbrar o conjunto de observações, análises e constatações de que é objeto este ensaio.

A amizade, por si só, não constitui tema "original" no âmbito dos estudos literários comparados. Em que pese o sentido e o significado de "originalidade – que fica longe de meu horizonte de expectativas aqui –, permanece como elemento operacional eficaz e rico para abordagens como a que se pretende. Pode-se dizer, sem risco de repetir um lugar-comum, que sem amizade não há sociedade que se sustente. Aristóteles a definiu como "uma alma em dois corpos". Muitas "personalidades", nos mais diversos campos de atividade humana, deram mais importância a como estimular as relações de amizade do que a qualquer outro tema. Marco Aurélio, o imperador filósofo de Roma, afirmou que as pessoas nascem para ajudar umas às outras, assim como os braços quase nada fazem um sem o outro. Já Montaigne, o estoico tardio que iluminou a França no século 16, chega a afirmar que a natureza parece muito particularmente interessada em semear a necessidade de se ter amigos. O pensamento de

Montaigne alonga-se sobre o assunto e defende a ideia de que o espírito humano é constantemente instigado a constituir-se como fusão da multiplicidade na unidade. Ele afirma que as almas se entrosam e se confundem em uma única alma, tão unidas uma à outra que não se distinguem e nem se percebe a costura entre elas. Penso que essa ideia cabe como uma luva quando se trata da abordagem da relação de amizade entre Alberto de Oliveira e António Nobre. O próprio Montaigne escreveu ensaio notável sobre a amizade, dedicado a seu grande amigo La Boétie. A morte deste mergulhou Montaigne numa "noite escura e aborrecida". Tanto se acostumou a ser "sempre dois" que a morte do amigo fê-lo sentir-se "senão meio".

O gênero epistolográfico não é um dos mais entusiasticamente preferidos pelos que se detêm na análise das produções textuais. A palavra, circunscrita a um contexto situacional particular e, por isso mesmo, individualizado, não parece exercer o mesmo fascínio ao estudioso, o leitor-crítico, que, em boa parte das oportunidades, recorre a outros tipos de composição como fontes de perquirição linguística. Neste gênero, entra-se em contato com experiências vivenciais do outro, marcadas pela temporalidade das ações na sua história social, porém, transferidas para os limites espaciais da carta e enclausuradas na iconicidade da escrita. Cabe, então, ao crítico, solucionar o problema das leituras interpretativas que cada exemplar oferece, em razão da estratificação gráfica dos fatos narrados ou comentados, no trabalho de desfazer a autonomia semântica de seu autor. O "desfazer a autonomia semântica" significa que o leitor crítico terá que resolver de início problemas hermenêuticos, em razão de que, na leitura, terá que distanciar-se do texto para não só evitar contaminar-se com as questões afetivas e emocionais que por acaso possam dele emanar, mas também e, principalmente, em razão de ter que solucionar questões outras como suprimir o distanciamento cultural que se interpõe entre o seu mundo e o do autor e preservar esse mesmo distanciamento cultural, a fim de promover o resgate da significação do texto e compreendê-lo dentro da conceituação ético-moral de quem assim o expressou.

Essa constante luta cultural entre o código escrito do remetente e o do destinatário é o que transforma o estudo do discurso numa espécie de arqueologia da palavra. Por serem destinadas a um dado sujeito particular e, por isso mesmo, aparentemente resguardadas das indiscrições dos que não compartilham do mesmo contexto situacional, as cartas são formas expressionais de grande valor analítico, por tentarem reproduzir uma passagem verdadeira, vivenciada, sentida, exteriorizada por quem confia na cumplicidade do receptor e do seu compromisso ético da não revelação. Inúmeros autores dedicaram-se a esse tipo de trabalho, nos mais diversos domínios do conhecimento humano. Isto vem propiciando aos interessados neste tipo de gênero literário, a possibilidade de compartilhar da leitura de pensamentos, muitas vezes exclusivos de destinatários específicos e, portanto, inacessíveis, na ocasião, ao público leitor. As abordagens daqui oriundas contam, entre outras, com a colaboração de, por exemplo, Algirdas Julien Greimas e Jacques Fontanille.

O salto no tempo se faz inescapável e, com ele, chega-se a um outro contexto situacional representativo de uma nova concepção de mundo que, em consequência, faz estabelecer uma nova relação entre o falante e a língua que utiliza. As cartas são testemunha material desse salto. Assim, uma carta é instrumento especular do homem. Por seu intermédio entreveem-se aspectos característicos da mudança por que a sociedade passou na sua marcha inexorável ao longo da trilha do tempo. Logo, a correspondência é fonte de investigação sócio-histórica e, a partir de sua análise, pode-se chegar a certo estado de regozijo, ou lamentar, que mudanças tão radicais tenham acontecido: é bem o caso do rompimento da amizade entre os dois poetas portugueses.

O ponto de partida, então, constitui-se no pressuposto de que o estudo da epistolografia é porta que se abre ao mundo do missivista, que acredita na manutenção sigilosa de seus rasgos de emoção, de fraqueza, de audácia. É por esse devassar das letras alheias, que se chega às diferentes capacidades de o homem dispor das palavras para dizer-se presente no mundo, para levar a sua voz impressa aos olhos reflexivos ou admirados do destinatário, através da capacidade de articulação complexa de pensamentos argumentativos, da dolorosa expressão de decepção amorosa, do lúdico desenvolver de articulações poéticas, das impressões juvenis de um poeta; das angústias de quem se sobrepôs intelectualmente à rejeição, de natureza vária.

O presente trabalho tem por objetivo, em primeira instância, investigar a correspondência entre Alberto de Oliveira e António Nobre na perspectiva da leitura crítica do exercício de explicitação de sua amizade, através de cartas. Claro está que muito já se tem publicado sobre os dois poetas e sua produção. Também a correspondência tem sido já muito estudada. No entanto, com os recursos da Literatura Comparada, principalmente no recorte metodológico inaugurado pela Estética da Recepção, a interlocução entre Literatura e História e os estudos de epistolografia, faz-se pertinente um retorno a este material, sobretudo se feito sob a perspectiva hermenêutica dos estudos de Eve Kosofsky Sedgwick, na abrangência do seu conceito de homossociabilidade, acompanhada das ideias de Gurandir Freire Costa.

A partir disso, a amizade literária cultivada entre ambos pode ganhar novo fôlego em sua interpretação, acrescendo aspectos instigantes na já consagrada fortuna crítica de ambos os poetas. A hipótese aqui é revisitar a correspondência como instrumento de expressão do pacto homossocial na/da construção da amizade já atestada e admirada entre ambos os poetas, em contexto muito particular da Literatura Portuguesa. Isso assume um significado importante, porque a releitura deste material só tende a acrescentar subsídios para o estudo da poesia de ambos e da História da Literatura Portuguesa no/do final do século XIX em seus fundamentos estéticos.

Isto posto, cumpre asseverar que a tese buscou desenhar perímetro de renovação de subsídios para a leitura de produção poética mais
que relevante para o estudo da História da Literatura Portuguesa,
num recorte comparatista, destacando a perspectiva da Estética da
Recepção. Pode-se, para isso, partir do pressuposto de que outra
palavra-chave aqui é "leitura". As palavras de Stephen Vizinczey
fazem-se pertinentes quando afirma:

> Ler é um acto criativo, um contínuo exercício da imaginação
> que fornece carne, sentimentos, cor às palavras mortas da página;
> temos que ir buscar a experiência dos nossos sentidos para criar
> um mundo no espírito, e não podemos fazer isso sem envolver
> o nosso inconsciente e revelar o nosso *ego*. Em resumo, somos
> extremamente vulneráveis quando lemos, e só ficamos felizes
> com autores que partilhem, as nossas inclinações, preocupações,
> preconceitos, ilusões, pretensões, sonhos, e que tenham os mes-
> mos valores, as mesmas atitudes em relação ao sexo, à política, à
> morte, etc. (VIZINCZEY, 1992, p. 244)

À parte certa tendenciosidade estilística e a radicalidade de posicionamento crítico-discursivo, a pertinência do trecho, em relação
ao primado da leitura, faz-se consistente. Por outro lado, o indiciamento do prazer – a trazer a lembrança de Barthes – aponta para as
"afinidades eletivas" que sempre exercem influências nas escolhas e
no encaminhamento da(s) leitura(s) que cada leitor pode vir a fazer,
como é o caso aqui. Confirma-se assim a vulnerabilidade de toda e
qualquer proposta de leitura, dada sua natureza eletiva e sua índole
subjetiva. Que outra perspectiva, senão esta, pode ser exemplarmente
explicitada pela troca de cartas, gênero mais que subjetivo em sua
"visceralidade essencial"?

A investigação realizada veio integrar, orgânica e coerentemente,
um processo que, mesmo diversificado, foi sendo desenvolvido desde

a elaboração da minha tese de doutorado em Estudos Literários – Literatura Comparada. Nessa fase da minha trajetória de pesquisa, estudei a produção literária de quatro escritores brasileiros: Otávio de Faria, Cornélio Pena, Clarice Lispector e Lya Luft. O recorte comparatista e a ênfase na recepção continuam a orientar a pesquisa, desde então, ainda que, agora, o *corpus* seja constituído de obras da Literatura Portuguesa. Com base no meu percurso de investigação, considero a obra de Alberto de Oliveira e de António Nobre, bem como de sua correspondência, elementos fundamentais para o desdobramento orgânico e coerente de atividades de pesquisa e produção científica no âmbito dos Estudos Literários. Por isso, o desenvolvimento da pesquisa propiciou o aprofundamento da minha reflexão teórica e analítica sobre esta Literatura.

Na primeira etapa do trabalho, desenvolvi pesquisa bibliográfica acerca, principalmente, da correspondência ativa de António Nobre (já publicada), releitura crítica de sua poesia e aprofundamento teórico acerca da epistolografia. Esta etapa constituiu alicerce necessário para o desenvolvimento da tese. Em Portugal, no período compreendido entre Novembro de 2014 e Abril de 2015, consultei e coletei informações junto às Bibliotecas das Universidades de Coimbra, de Lisboa e do Porto, além da Biblioteca Nacional, em Lisboa e da Biblioteca Pública Municipal Florbela Espanca, em Matosinhos, depositárias de obras de referência, dissertações e teses acerca dos poetas cuja correspondência constitui o *corpus* da investigação. Nestas bibliotecas, consultei também periódicos (jornais, revistas e Anais de eventos científicos) com vistas ao exame dos artigos, ensaios e resenhas produzidos sobre os poetas citados, bem como a bibliografia de apoio crítico e teórico, sobretudo a voltada para os estudos da recepção literária. Há que acrescentar o espólio de António Nobre. Para complementar, a pesquisa investiu na busca, leitura e comentário da correspondência ativa de Alberto de Oliveira como elemento que consolida o propósito mais amplo da investigação.

Aqui cabe uma pequena digressão explicativa. Na "Introdução" do volume editado da correspondência de António Nobre – conforme referência bibliográfica ao final –, o responsável pela publicação, Guilherme de Castilho, relata que foi projeto de Alberto de Oliveira publicar as cartas por ele escritas em resposta às recebidas de António Nobre. Porém, como explica o próprio Guilherme de Castilho, Alberto de Oliveira veio a falecer antes de consumar o projeto. Além disso, teria deixado expresso desejo de que todos os seus papéis – notadamente as cartas e os postais trocados com António Nobre (estes constituindo o que ambos denominaram de "Diário"), como poderá ser visto mais adiante – fossem incinerados. Tal fato, até prova em contrário, deu-se a contento do poeta. Isto pode, aparentemente, ser uma pá de cal nas pretensões do projeto de pesquisa que foi proposto e que culmina neste ensaio. No entanto, minha "esperança" era a de poder encontrar algum vestígio destes mesmos papéis. À parte o fato de poder ser considerada ingênua, essa esperança alimentava-se da possibilidade de uma "surpresa", ou do inusitado encontro de documentos até então considerados extintos. Acreditando nesta plausível possibilidade, desenvolvi a pesquisa proposta e, a partir dela, apresento agora este ensaio.

A leitura da correspondência dos dois autores – sobretudo as cartas escritas por Alberto de Oliveira para António Nobre –, como instrumento de abordagem da recepção literária, poderia consolidar hipóteses as mais variadas. Do ponto de vista da constituição de uma fortuna crítica consistente e instigante, esta correspondência é instrumento valioso para uma hermenêutica do final do século XIX em Portugal. Ambos os escritores tiveram participação ativa em eventos e publicações de sua época, produção esta que muito contribui para o desenho do quadro finissecular da Literatura Portuguesa que pode ser tomado como antessala do seu Modernismo. É nesta direção que a investigação proposta procurou enquadrar a ideia de amizade literária como instrumento de abordagem hermenêutica da amizade vivenciada pelos dois poetas lusitanos.

Wolfgang Iser, Hans Robert Jauss, Hans Ulrich Gumbrecht, diretamente, e Regina Zilberman, Tania Franco Carvalhal, Eduardo Coutinho, entre outros, são nomes referencias dos estudos de Estética da Recepção, campo específico de abordagem comparatista eleito para o desenvolvimento para a proposta de investigação. Mais uma vez, esta escolha aponta para o primado do leitor, no bojo do processo de constituição de sentido:

> A estética da recepção parece (...), a tentativa mais inovadora para constituir uma sociologia da literatura não marxista, para, de um só golpe, renovar, reanimar, deslocar a história literária. Retraçar as leituras sucessivas de uma obra por várias gerações críticas não é constituir um monte de tolices, mas destacar a dialética do livro e da leitura coletiva e revelar aspectos sempre novos de um autor, de um mito, de uma palavra. (TADIÉ, 1992, p. 192)

A proposta se respaldou na perspectiva aqui anunciada, reafirmada pelo trecho acima. Como consequência imediata, o enfoque englobou estudos de História da Literatura, sobretudo no que é desenvolvido epistemologicamente por Jacques Le Goff e Paul Ricoeur, a partir das obras elencadas na bibliografia (ao final). Este desdobramento contou com o apoio das propostas de releitura da literatura finissecular no Ocidente anunciadas por David Baguley (*vide* referências bibliográficas), a partir do que subsidia o rompimento da crítica com leituras cristalizadas desse período, destacando os desdobramentos possíveis de uma retomada da consideração da estética naturalista e adjacências. O autor, em *Le naturalisme et ses genres*, oferece dois caminhos para esta retomada: a) um naturalismo trágico, objetivo, clínico, dinâmico; b) um naturalismo desiludido, autobiográfico, estático e repetitivo. Dessa reorganização, vê-se um deslocamento empreendido no campo literário (BOURDIEU, 1992). Sua visão do Naturalismo rompe a lógica da escola e do estilo de época para estender seu raio de atuação a montante e a jusante da produção literária finissecular – o que inclui os dois poetas em questão. A meu ver, esta retomada propicia outra(s) leitura(s) da correspondência entre Alberto de Oliveira e António Nobre, o que ilumina a crítica à poesia de ambos. Daí a efetividade desejadamente eficaz do recurso ao operador de leitura chamado "pacto homosso-cial" – instrumento instigante para desdobrar a relação crítica entre correspondência e amizade literária.

Nesta altura, já em sua segunda etapa (em Portugal), a pesquisa voltou-se para a coleta, leitura e análise da correspondência de Alberto de Oliveira a António Nobre. Dado que as cartas de Nobre encontram-se já, em grande parte, publicadas – as surpresas na pesquisa de fontes podem ainda ser muitas –, carece ainda de sua contrapartida: as que Alberto de Oliveira escreveu. Neste ponto do projeto, os trabalhos acadêmicos – teses, dissertações e artigos – realizados/publicados em Portugal, foram de grande valia para a consolidação do propósito da pesquisa.

Considerando a produção epistolográfica entre Alberto de Oliveira e António Nobre como o *locus* discursivo no qual a produção po-ética de ambos se espraia implicitamente, na troca de impressões que retroalimenta a amizade que une os dois poetas, o estudo desta "memória individual" partilhada pode sustentar a presente hipótese de leitura: a influência da amizade no desenvolvimento da poética de ambos, por um lado; e, por outro, o caminho con-trário, a correspondência como exercício do afeto que acaba por sustentar a produção poética, sobretudo se considerada, a amiza-de, no influxo do já referido pacto homossocial. Ainda que este direcionamento não vá ser seguido aqui, sua evidência tem de ser destacada. Isto deixa em aberto a possibilidade de tal abordagem. Ao fim e ao cabo, ela é operacional e inescapável na relação de amizade que se mantém e expressa na correspondência: núcleo de minha investigação.

Entendo que a correspondência entre os dois poetas pode deixar transparecer uma espécie de jogo discursivo que acaba por fazer com que o missivista procure, mesmo que inconscientemente, chamar sobre si a atenção de seu interlocutor sem, no entanto, ter a prerrogativa da transparência do discurso: ele necessita de uma "resposta", na verdade, pede por ela. A opção, então, foi ater-me ao sustentáculo da relação hermenêutica: a leitura da correspondência. Como expressão da amizade entre os poetas, o desdobramento poderá ser feito, em outra oportunidade, com mais consistência. Este seria um desdobramento óbvio da proposição implícita na pesquisa que foi realizada.

Tal situação dialoga de forma *evid*ente com o conceito de "pacto referencial" apresentado por Lejeune, em *O pacto autobiográfico*, como sendo uma espécie de contrato da memória com a verdade, sempre reduzida à esfera das possibilidades, levando-se em consideração a série de rasuras, deformações e imprecisões às quais está submetido aquele que escreve as cartas. Da mesma forma, em *Lete*: arte e crítica do esquecimento, Weinrich comenta acerca do descrédito a que Platão lança o "sistema gráfico", matéria-prima das cartas, quando afirma que a memória definha na medida em que o tempo passa e fragiliza as "certezas" que esta mesma memória consolida. Tal definhamento pode ser sanado com a releitura das cartas em articulação com a poesia produzida por ambos os autores portugueses, por exemplo. Considerando, ainda, as missivas como campo de tensões que estimulam a colisão de perspectivas distintas sobre a dominante literária da época, torna-se necessário, como contraponto da correspondência – esse camarote da criação literária, o projetado espaço para treino da escrita poética –, a sua articulação com a poesia de ambos os poetas, na perspectiva aqui adotada. Tais cartas, sobretudo as de Alberto para António – por que pouco estudadas – poderiam funcionar como uma espécie de laboratório de criação poética, no âmbito da leitura, mesmo que não tenha sido esta a "intenção" dos dois.

Se a amizade é laço afetivo que pode unir pessoas independentemente de uma explicação racional, a perspectiva dos estudos de gênero pode especular sobre liames mais implícitos que a moralidade de uma época ou mesmo os princípios dormentes que, na organização social, tendem a ser recalcados, limitados e, por vezes, dissimulados. O que Sedgwick pressupõe é que haja um investimento afetivo – do naipe daqueles descritos por Freud em sua saga intelectual – nas relações entre sujeitos de mesmo sexo (daí a importância do prefixo "homo"), objetos de eleição de muitos escritos. Longe de circunscrever um perímetro de elucubrações que seja reduzido ao exame de "preferências" e ou práticas, da ordem do sexual, o conceito por ela cunhado – homossociabilidade, ou mesmo, pacto homossocial – respalda o olhar inquisitivo do leitor que passeia por índices escritos desse desejo que se faz palavra.

Dito de outra forma, pouco importam as preferências sexuais dos autores dos textos que se coloquem em epígrafe. Desinteressante se faz, por consequência, defender esta ou aquela justificativa para os chistes linguísticos que a literatura agencia no/pelo texto que o sujeito escreve. De todas as possibilidades, o texto da carta pode ser tomado como exemplo mais afeito a esse tipo de análise/observação, dado que o autor dela fala de si, ainda que na superfície da letra a mensagem se reduza, aparentemente – e apenas assim –, ao comunicado de conteúdo diverso, de informação útil (ou não!) de referência "objetiva".

Neste sentido, aproximar o texto das cartas de Alberto de Oliveira escritas em resposta àquelas enviadas para ele por António Nobre, numa articulação – via leitura atenta e verticalizada – é atitude que se explicitaria na constituição de um *corpus* de investigação mais plausível. A orientação desta investigação, portanto, coloca-se muito além de moralismos e/ou respeitos que possam agilizar assertivas redutoras que procuram impedir que o olhar do leitor atento encontre, nas linhas pelas quais caminha, os índices da afeição partilhada pelas cartas. Desta forma, a afetividade que alimenta a amizade de ambos não deixa de ser o eixo da referida homossociabilidade, ou, por outra, a leitura que deste material se pode fazer leva à certeza de que um pacto homossocial foi estabelecido prévia e, até, inconscientemente, pelos autores das cartas. Cabe ao leitor atento aceitar esses índices, examiná-los à luz de sua evidência e dinamizá-los na hermenêutica possível dos textos nos quais e pelos quais se explicita.

Fica, então, a título de corroboração do que aqui se propõe, o conjunto de "insinuações" – o sentido deste termo aqui não carrega nenhuma intenção pejorativa e/ou condenatória – feitas por Mario Cláudio que, de maneira um tanto apressada, são rechaçadas por Vasco de Castro em texto que "comenta" a publicação da *Fotobiografia de António Nobre* (CLÁUDIO, 2007). Nesta, ao que parece, Mário Cláudio teria percebido alguns destes índices.[1] A última frase do referido "comentário" – "Vou lavar-me as mãos" –, aponta ambiguamente para uma atitude de desprezo que muito bem pode encerrar sentido mais profundo, aquele dinamizado por preconceito, revestido de recalcamento gratuito. Em igual medida, pode-se concluir que o discurso do mesmo comentário aponta para alguma coisa como "não vou tocar nesse assunto delicado pra não 'me sujar' com isso". Constatação plausível e, em igual medida, instigante.

A investigação que se desenvolveu desfaz esta dúvida. Complemente-se que o próprio Mário Cláudio publicou um livro de contos, *Triunfo do amor português* do qual faz parte uma narrativa

---

[1] A íntegra do texto de Vasco de Castro pode-se ler lida na ligação que segue. Não a transcrevo aqui por longa que é. (http://www.trasosmontes.com/eitofora/numero20/opiniao.html.)

intitulada "António Nobre e Alberto de Oliveira" (CLÁUDIO, 2014). Na perspectiva que se desenha a partir dos comentários feitos à *Fotobiografia*, parece pertinente articular a leitura das cartas em diálogo com a ficção de Mário Cláudio, o que vai ser feito em um dos capítulos deste ensaio. Mais uma vez, desta forma, reitera-se o caráter comparatista da investigação (e de seus resultados), bem como reinvestindo nos pressupostos estabelecidos a partir da leitura dos trabalhos de Eve Kosofsky Sedgwick e Jurandir Freire Costa, conforme já referido anteriormente.

Reler a correspondência de Alberto de Oliveira e António Nobre, à luz de articulação crítico-discursiva de sua correspondência pessoal, levando-se em consideração o horizonte de expectativas desenhado pelo "fim de século" português, no âmbito da História da Literatura Portuguesa é o primeiro passo para que o estudo realizado ganhe fôlego, no sentido da produção de conhecimento renovador acerca da matéria que constitui o "objeto" de investigação. Da mesma forma, desenvolver abordagem que persegue o pressuposto de que a partir da leitura da correspondência entre os dois poetas leva a alargar o horizonte de expectativas que se cria com o aparecimento de ambos no quadro da História da Literatura Portuguesa. A amizade entre os dois deixa, assim, de ficar relegada ao âmbito estreito de mera curiosidade literária.

Outra possibilidade é fundamentar, ainda que introdutoriamente, os pressupostos para (re)ler a produção poética de Alberto de Oliveira e António Nobre, como exercício – mesmo que inconsciente – da correspondência. Este seria elemento que viabiliza a abordagem do Simbolismo/Naturalismo, como algo que desenha um laboratório de experiências estéticas re(i)novadoras, na economia da História da Literatura Portuguesa, então integrada ao quadro similar da/na Literatura Ocidental. As cartas são, então, nesta perspectiva, instrumento mais que viável e eficaz, trazendo a amizade de António Nobre e Alberto de Oliveira: sustentáculo para a renovação dos estudos de Literatura Portuguesa, no capítulo em que os dois estão inseridos. Por isso mesmo, estudar a correspondência entre Alberto de Oliveira e António Nobre como espaço privilegiado de análise da amizade literária é instrumento de explicitação de um pressuposto pacto homossocial – nos termos expostos nesta proposta de investigação –, a interagir com a criação poética de ambos, apresentando todas as condições para sustentar a tão propagada renovação. Este tópico considera a correspondência fonte de informação acerca de um contexto de época já mapeado, no foco de uma perspectiva atualizada, no que diz respeito a temas que, por motivo vário, foram sendo deixados de lado.

A realização da pesquisa proposta, como procedimento inicial para a escrita da tese, conta com fundamentação teórico-metodológica do campo que se constitui: o da abordagem da correspondência como instrumento de construção e consolidação de uma amizade literária. Para tanto, como primeiro passo, defino o comparatismo, por óbvio, como perímetro epistemológico a definir a investigação desejada. A bibliografia da História, consolidação e prática investigativa da Literatura Comparada é extensa. *Literatura Comparada*, de Sandra Nitrini; *Comparative literature*: a critical introduction, de Susan Bassnett; *Literatura Comparada*: textos fundadores, de Tania Franco Carvalhal e Eduardo Coutinho podem ser aqui elencados como alguns dos inúmeros estudos importantes para o desenho do referido perímetro. Estes livros, entre outros, apresentam os fundamentos da Literatura Comparada e apontam para os principais encaminhamentos que a disciplina disponibiliza. Sem limitar, em sentido pejorativo, o campo de investigação, tais referências abrem espaços suficientes para a constituição e operacionalização de nichos, sub campos de investigação, igualmente abrangentes. Tal possibilidade corrobora a operacionalidade teórico-metodológica das propostas exaradas nos/pelos volumes em sua operacionalizada investigação, conforme a proposta apresentada.

Acompanhando, consequentemente, o direcionamento da pesquisa, a Estética da Recepção é responsável pelo refinamento das comparações propostas, delineando o perfil do leitor como agente suficientemente competente para a articulação pretendida. Igualmente inumerável, a bibliografia sobre o assunto sobeja possibilidades, características e abordagens epistemológicas. A título de indicação metodológica, podem ser destacados: *O ato da leitura*: uma teoria do efeito estético, de Wolfgang Iser; *Pour une esthétique de la réception*, de Hans Robert Jauss; *Reception theory*: a critical introduction, de Robert Holub. Estes, num universo mais numeroso, identificam aqui balizas referenciais da linha de curso da investigação em seus fundamentos. Na mesma medida, os volumes aqui apresentados não esgotam o assunto. No entanto, desenham o esboço mínimo necessário para a operacionalização dos princípios teórico-metodológicos que o primeiro conjunto de referências constitui. Sua orientação é, por isso mesmo, suficiente para o desenvolvimento da argumentação pretendida.

Um segundo passo, mais adstrito à determinação do *corpus*, leva à leitura do volume intitulado *António Nobre*: correspondência, organizado por Guilherme de Castilho. Nele, encontram-se 41 cartas destinadas a Alberto de Oliveira, ponto de partida da constituição do *corpus* específico. Para elas, devem existir correlatas escritas pelo destinatário. Este, o objeto primordial da pesquisa de fontes realizada em Portugal, conforme mencionado anteriormente. Na medida do possível, como baliza do processo investigativo, a bibliografia registrada ao final será, na medida do possível, consultada. O estudo desta correspondência far-se-á na perspectiva comparatista, buscando delinear o escopo da amizade literária entre os poetas. Em outras palavras, a aproximação das cartas e dos poemas pode, quando for o caso, asseverar o papel do leitor na construção de possíveis sentidos que a correspondência possa vir a corroborar. O estudo das cartas, por outro lado, pode também agenciar, ainda sob a mesma perspectiva, uma releitura crítica da contextualização de ambos no quadro da estética literária preponderante em Portugal no final do século XIX.

Considerados os dois conjuntos de referências teóricas e metodológicas, e operacionalizando seus princípios à releitura das cartas de António Nobre, a investigação cria as condições para, depois de (se) localizadas as cartas de Alberto de Oliveira, proceder à análise comparativa da correspondência. O trabalho, sempre em curso, não vai ser paralisado para a consideração da proposta eletiva deste projeto: estudar a correspondência como instrumento de construção, consolidação e explicitação da amizade literária de que são sujeitos os dois poetas portugueses. Para tanto, a minha proposta é abordar este "processo" escrito a partir das ideias de Eve Kosofsky Sedgwick, sobretudo a partir de suas propostas exaradas em dois volumes: *Epistemology of the closet* e *Between men*: English literature and male homosocial desire. Ambos os livros são acompanhados de instigante estudo realizado por Jurandir Freire Costa, *A inocência e o vício*, a ser aqui igualmente considerado/ estudado. Este polo teórico-metodológico orienta o desenvolvimento da abordagem da leitura da correspondência entre os poetas portugueses, a partir da possibilidade de se entender a amizade dos dois como exercício poético de um pacto homossocial, nos termos em que essa conceituação é apresentada, inicialmente, pelos volumes acima citados. Tal abordagem vai ao encontro do diálogo que se estabelece com o texto de Mário Cláudio, igualmente referido alhures.

Por fim, o estudo da contextualização historiográfica de ambos os poetas faz-se necessário, como complemento operacional da investigação. Neste sentido, *História social da literatura e da arte*, de Arnold Hauser e os volumes que cobrem a passagem do século XIX para o século XX da coleção *História crítica da Literatura Portuguesa*, sob coordenação de Carlos Reis são as referências básicas. Em ambos, encontro a abordagem da História da Literatura numa perspectiva ampla em que se inserem os dois poetas aqui estudados. Esta etapa do processo investigativo visa à fundamentação historiográfica da contextualização da amizade entre os poetas estudados, respaldando as constatações advindas do estudo de sua correspondência, nos termos aqui estabelecidos. Claro está que uma série de outros textos de diversos autores – Roland Barthes, Roger Chartier, Paul Ricoeur, Michel Foucault, Sigmund Freud, entre outros (*vide* referências bibliográficas) – constituem as referências gerais, de caráter epistemológico e teórico, que complementam e respaldam a investigação.

O trabalho investigativo, articulado às análises realizadas – das cartas, dos textos de referência e a fortuna crítica dos dois poetas – resulta em material interessante e suficiente para a elaboração do presente livro como "resultado da pesquisa". Da mesma forma, em igual medida, a busca pelas cartas de Alberto de Oliveira é objetivo que – mesmo sob o risco de ter se mostrado infrutífero – alimenta a investigação e a justifica como poderá ser constatado.

Para a consecução desse plano, a tese apresentou a seguinte organização: uma "Introdução" em que, por óbvio, é apresentado um panorama geral da ideia inicial e de seu equacionamento a partir de um projeto de pesquisa, desenvolvido durante o período de realização do estágio pós-doutoral financiado pela Capes. Na sequência, um conjunto de quatro capítulos. O primeiro deles apresenta uma análise o conto de Mário Cláudio intitulado "António Nobre e Alberto de Oliveira", constante de seu livro *Triunfo do amor português*, aqui já referenciado. Esta análise visa "ambientar" a leitura a ser feita das cartas de ambos os poetas na perspectiva anunciada na "Introdução" da tese. O objetivo é fazer apreciações acerca de "indícios". Além disso, essa primeira abordagem é marcada por cáraterdeprovocação. Invertendo certa lógica protocolar na/da escrita de uma tese, desloco o axiomático capítulo "teórico", menos eficaz a meu ver que a provocação que proponho. De mais a mais, elegi o raciocínio dedutivo como eixo desta mesma abordagem.

Em outras palavras, o que António Nobre escreve em suas cartas leva à conclusão acertada de que Alberto de Oliveira teria, de fato, escrito cartas em resposta às que recebia de seu amigo. A partir disso, começa o desenho da hipótese que sustenta a tese. Esta análise se complementa com a leitura anotada do que chamo de perquirição dos indícios da existência das cartas de Alberto de Oliveira. Isto será feito através da leitura anotada das cartas de António Nobre, publicadas em volume igualmente já referido aqui. O segundo e o terceiro capítulos apresentam a Estética da Recepção como instrumento que, no âmbito do comparatismo literário, vai sustentar a operacionalização dos dois conceitos-chave deste trabalho: homossociabilidade e homoerotismo. No quarto capítulo, desenvolvo a argumentação a que poder-se-ia chamar de análise do corpo de prova. A leitura anotada das cartas de António Nobre para Alberto de Oliveira – ou, pelo menos, daquelas em que os referidos indícios se explicitam – conclui o percurso da abordagem proposta. Diz o adagiário popular que não se deve oferecer "o ouro aos bandidos". Seguindo o princípio dessa idiossincrasia cultural, deixo em segredo a explicitação do que chamei aqui de "provocação". De fato, no quarto capítulo, procedo a uma análise comentada das cartas. Nesta, a ideia central é a de que a amizade entre os dois poetas pode ser lida à luz do "modelo" eleito por mim. O olhar homoerótico – que operacionaliza as ideias de pacto homossocial e homoerotismo ganham relevância deslocando o eixo das tradicionais leituras que a respeito da amizade entre os poetas têm sido feitas. Percebe-se, claramente, a inversão no direcionamento que estrutura meus argumentos. Este fato deixa clara a minha intenção de conduzir o leitor nos meandros de meu raciocínio, propositadamente. Por fim, a "Conclusão" apresenta as assertivas finais, salientando que estas não esgotam as possibilidades de leitura das cartas. A "conclusão" ratifica o caráter de "obra aberta" numa explícita referência a certo passo do pensamento de Umberto Eco, ainda que este não tenha sido considerado instrumento efetivo na construção de meu trabalho.

CAPÍTULO I

DA HIPÓTESE (PROVOCAÇÃO)

De que é feito um texto? Fragmentos originais, montagens singulares, referências, acidentes, reminiscências, empréstimos voluntários. De que é feita uma pessoa? Migalhas de identificação, imagens incorporadas, traços de caráter assimilados, tudo (se é que se pode dizer assim) formando uma ficção que se chama o eu. (...) A incerteza quanto à paternidade dos livros se conjuga com a fragilidade quanto à permanência e à identidade do eu.

Michel Schneider
Ladrões de palavras

Originário do Grego, o termo "hipótese" aparece na Língua Portuguesa por volta de 1713, de acordo com informação do Dicionário Houaiss. O verbete apresenta quatro acepções: duas de uso comum, uma na rubrica "filosofia" e outra, "matemática". Começo pelo fim: "aquilo que se toma como dados de um problema (ou como enunciações) e a partir do qual se parte para demonstrar um teorema". Neste sentido, a ideia que me interessa é, primeiramente, a de se tratar de algo "que se toma como dados de um problema" e, na sequência, a de que é possível demonstrar um "teorema" a partir desse conjunto de dados. O problema aqui é a correspondência entre Alberto de Oliveira e António Nobre. Os dados constituem-se das cartas e o teorema, a amizade – aqui considerada na perspectiva de homoafetividade – que, através dela se explicita e desenvolve. Como esse registro não faz menção à completude do conjunto de dados a considerar, o fato de existirem ou não as cartas de Alberto de Oliveira não compromete a demonstração do teorema. Acredito que esta primeira consideração vá ao encontro do que se passava entre as décadas de 60 e 70 do século 20, período do advento da Estética da Recepção. O primeiro passo corrobora a declaração do absoluto papel do leitor:

A desconsideração do leitor era proposta a partir de duas perspectivas: da clássica e da moderna. Do ponto de vista clássico, não o levar em conta era romper frontalmente com o pacto normativo;[2] do ponto de vista moderno, não se sujeitar ao que, a partir de agora, será cada vez mais intensamente o pacto comercial. Ora, à medida que a autonomização da literatura, em fins do século XVIII, supunha a presença cada vez maior do livro, isto é, de um bem negociável, a estética da produção, centrada na qualidade estética do produto, parecia a orientação propícia à autonomia da arte. O descaso do leitor se fazia em nome da importância estética da obra. Por conseguinte, a (re)descoberta do leitor por Jauss propunha noutros termos a questão da autonomia. Desde o século XVIII, a estética normativa perdera seu lugar. Voltar a tratar do leitor, no século XX, não mais ameaçava a autonomia do discurso literário. A questão importante consistia em articular a qualidade estética com a presença do leitor, fora de

---

[2] Omiti aqui a nota aposta por Luiz Costa Lima. Seu conteúdo é por demais específico e escapa ao propósito desta citação.

injunções comerciais. A questão porém exigia mais do que astúcia política. (LIMA, 2002, p. 16.)

O trecho faz parte de argumentação desenvolvida por Luiz Costa Lima, em prefácio de livro de sua autoria (Vide bibliografia), quando trata de contextualizar o movimento de "revalorização" do leitor, no âmbito das propostas, sobretudo, de Jauss. Neste sentido, parece óbvia a opção pela escolha da perspectiva por ele chamada de "moderna", para orientar o raciocínio que desenvolvo. Além disso, cumpre destacar a passagem em que argumenta a favor do primado do leitor no embate em que se encontra a partir do século 18, quando o livro, como objeto de "mercado" alça patamares de objeto de uma "estética da produção". Esta não me interessa aqui, mas a ideia de "(re)descobrir" o leitor é por demais instigante, sobretudo quando considerada como provocadora de uma quebra de autonomia do livro, por conseguinte, da literatura. Esta objetalidade é que surpreende por trazer à baila a já referida autonomia do leitor. Neste sentido, a passagem de Costa Lima corrobora o que venho pressupondo como *parti pris* da abordagem que aqui desenvolvo.

Prosseguindo, a acepção de "hipótese", na rubrica "filosofia", amplia o campo de abrangência do conceito aqui considerado. Nesta, lê-se o seguinte: "proposição (ou conjunto de proposições) antecipada provisoriamente como explicação de fatos, fenômenos naturais, e que deve ser ulteriormente verificada pela dedução ou pela experiência". Destaco, em primeiro lugar, a ideia de "dedução". Ela é útil aqui, para ilustrar o trabalho de busca e leitura das cartas – de António Nobre, já publicadas; e de Alberto de Oliveira, ainda que, até prova em contrário, estas tenham sido destruídas: sua existência é presumível. Nos termos em que já me referi, o segundo conjunto de elementos reduz-se a dois documentos: a carta do rompimento e o cartão postal analisado por Mário Cláudio. Ainda assim, eles oferecem material suficiente – acompanhados do conjunto de cartas de António Nobre – para sustentar o exercício dedutivo que pela sua leitura se realiza.[3] Aí, se chega à ideia matriz de que o fruto dessa leitura operacionaliza é a proposição de que se faz objeto: abordar a relação de amizade, explicitada na/pela correspondência sob a égide de um olhar homoerótico.

A penúltima acepção – possibilidade de (alguma coisa que independe de intenção humana ou causa observável) acontecer; chance, opção – traz à tona o princípio da relatividade que pode ser respeitado em trabalhos similares ao que aqui apresento. Em outras palavras, a ideia de "possibilidade" é que alimenta o ímpeto investigativo na direção da leitura do material a constituir o *corpus* – o conto de Mário Cláudio e as cartas trocadas por seus poetas-personagens, especificamente, aqui. No fundo, mesmo que as "condições" não venham a ser consideradas ideais, a "chance" de abordar a correspondência com visada homoerótica não pode (pôde) ser descartada. Por outro lado, o princípio da relatividade dinamiza o argumento de que este exercício hermenêutico pode ser parte de "alguma coisa que independe da intenção humana ou causa observável". Dito de outra forma, acentua-se a ideia de que o "documento", aqui, não se sobrepõe ao exercício de leitura, como passo inaugural de um discurso em construção. A jugar pela própria ideia de possibilidade, o argumento é autossustentável.

Por fim, a primeira acepção que diz, literalmente: "proposição que se admite, independentemente do fato de ser verdadeira ou falsa, como um princípio a partir do qual se pode deduzir um determinado conjunto de consequências; suposição, conjectura". O que se destaca, de início, é a ideia de ser a hipótese uma proposição que prescinde

---

[3] Há ainda quatro outras cartas de Alberto de Oliveira, depositadas no acervo da Biblioteca Municipal Florbela Espanca, em Matosinhos. Como nenhuma delas é dirigida a António Nobre, fica aqui, apenas, o registro de sua existência.

de autenticação – falsa ou verdadeira – para se fazer aceita. Neste sentido, o fato de eu ter partido da "hipótese" da existência das cartas de Alberto de Oliveira – em que pese o alerta de Guilherme de Castilho" – faz-se plausível e sustentável:

> Tal tarefa, suponho, não chegou a ser iniciada. Algum tempo depois desta nossa conversa falecia Alberto de Oliveira, deixando expressa determinação para que tudo fosse destruído: não só os bilhetes que constituíam o «Diário» como as restantes cartas. Daqueles, que eu saiba, apenas um se salvou, publicado em vida do seu destinatário e incluído na presente colectânea. (CASTILHO, 1982, p. 10-11.)

A tarefa a que se refere Guilherme de Castilho diz respeito ao intento de Alberto de Oliveira de fazer uma publicação de seus papéis – notadamente as cartas e os cartões postais trocados com António Nobre. Como diz Castilho, isso não aconteceu. O desejo de Alberto de Oliveira, ao que parece, selou definitivamente o destino das cartas que escreveu para António Nobre. Resta lamentar o fato, mas ainda assim, acreditar que ainda existe a possibilidade de vir a ser encontrado algum papel. O princípio da relatividade, como mencionado anteriormente, também prevalece aqui. Consequentemente, essa proposição leva a operacionalizar o que o verbete anuncia: a dedução de "um determinado conjunto de consequências". Este, no presente trabalho, é a abordagem da correspondência entre os dois poetas-personagem de Mário Cláudio; que explicita a sua amizade, na perspectiva de um pacto homossocial, fomentando a particularidade homoerótica do afeto partilhado. A assertiva procede se se considerar o que (ainda) diz o mesmo verbete, quando afirma que estas mesmas "possibilidades" independem "de intenção humana ou causa considerável". Como se trata aqui de um exercício de leitura, nada mais plausível, uma vez que:

O charme da leitura provém em grande parte das emoções que ela suscita. Se a recepção do texto recorre às capacidades reflexivas do leitor, influi igualmente – talvez, sobretudo – sobre sua afetividade. As emoções estão de fato na base do princípio de identificação, motor essencial da leitura de ficção. E porque elas provocam em nós admiração, piedade, riso ou simpatia que as personagens romanescas despertam o nosso interesse. (JOUVE, 2002, p. 19.)

Ainda que tratando especificamente de "ficção", ou melhor, de "leitura de ficção", o autor citado colabora no respaldo de minha hipótese, dada a natureza da abordagem que faço da correspondência de António Nobre e Alberto de Oliveira. Parto do pressuposto de que é possível ler as cartas como texto ficcional. Assim, não me interessa a sua idiossincrasia documental, em princípio. As cartas podem constituir um gênero literário. Há, no mínimo, duas possibilidades ou convenções do gênero epistolar, quais sejam: a *ficcionalidade*, como metamorfose do real, e a *funcionalidade*, enquanto emergência do útil. Dentre as variações desse "gênero", pode-se pensar em um espécie à qual dar-se-ia o nome de carta-confissão, como *As Cartas de Amor*, de Soror Mariana Alcoforado. Consideradas emblemas dos seus autores, e sempre legados subjetivos de uma época, as cartas nos trazem essa dupla pertença a um patrimônio biográfico e a um patrimônio cultural pela via da memória. Enquanto tal, as cartas exercem influência não apenas sobre uma época e sobre seus leitores, mas também sobre a própria construção do gênero a que pertencem. Já que neste há diversidade, serve de meio para transmissão de valores criativos, estéticos, éticos, transformando-os e a si mesmo através de vários processos dinâmicos.

Assim, entende-se a carta como escrita de ficção, já que ela é um elemento criado pela distância, sem deixar de ser escrita auto-biográfica (ROY, 2001, p. 4). Compreender as diferentes interações entre a ficção e a função que as cartas exercem requer um esforço de equilíbrio da norma própria a esse gênero literário e a sua flexibilização, características inerentes a todos os gêneros. As cartas são, sobretudo, um referencial literário e de comunicação. Pode-se ainda considerar certo nível de sensualidade, como algo de relevo para a compreensão do pensamento de quem escreve, como, quer me parecer, é o caso no conto de Mário Cláudio. Por extensão de sentido do termo "gênero", as cartas podem ser objeto de leitura outra, como no caso aqui apresentado. Nestes termos, funcionam como ficção subjetiva, inicialmente vinculada ao sujeito que escreve. Posteriormente, por meio da leitura, do(s) seu(s) leitor(es). Este desdobramento aproxima-se do que o missivista diz, ou antes, sobre as "personagens romanescas". Trata-se, de fato, de um "efeito", para seguira lição de Iser.

Outro termo importante aqui é "conjectura", originário do Latim *conjectura,ae*, que significa "juízo formado por presunção". O verbete no Houaiss diz: "ato ou efeito de inferir ou deduzir que algo é provável, com base em presunções, evidências incompletas, pressentimentos; conjetura, hipótese, presunção, suposição". Nele, pode-se destacar a ideia de probabilidade e presunção – complementar, em relação a "hipótese", nos termos em que foi comentado aqui. Em que pese certa carga pejorativa do segundo elemento, a ideia central faz repercutir o caráter de relatividade logo acima destacado. Fica reforçada a particularidade do raciocínio dedutivo, o que traz à tona a consistência do exercício de leitura das cartas de António Nobre e Alberto de Oliveira, matéria implícita na narrativa de Mário Cláudio. Por outro lado, as "referências incompletas" reforçam o que vem sendo feito acerca desta mesma leitura. Ao fim e ao cabo, o ato de "inferir" ganha estatuto positivamente afirmativo. Tal situação apenas e somente corrobora a singularidade subjetiva da leitura aqui apresentada. Em outras palavras, a "documentalidade" das cartas é deixada de lado, para abrir espaço à sua textualidade. Dai o papel preponderante da leitura como metodologia que assegura coerência e solidez aos efeitos que dela emanam. Neste sentido, mesmo que implicitamente, a Estética da Recepção se faz operacional para o agenciamento da abordagem homoerótica que o texto conto explicita ficcionalmente.

Dizem que a distância entre a ideia e o fato é incomensurável. Dizem também que as provas documentais sustentam hipóteses sobre determinado fato. De um modo ou de outro, há que tentar esgotar todas as possibilidades de respaldar as afirmativas que se fazem sobre determinado fato, ainda assim, correndo o risco de se incorrer em erro. Desta forma, a situação da correspondência entre Alberto de Oliveira e António Nobre se faz aqui o fato sobre o qual as afirmativas se apresentam. Seguindo pressuposto tradicional, há que se buscar "evidências" e "documentos" que atestem tudo o que sobre esta mesma correspondência se afirma.

Há um problema, porém: as cartas de Alberto de Oliveira não existem mais. Esta conclusão poderia ter colocado uma pá de cal sobre a pretensão da qual se origina este trabalho. No entanto, a ausência desta parte da correspondência não invalida a tentativa e acaba por sustentar outra hipótese: a de que um determinado esboço de retrato do poeta – Alberto de Oliveira – se faz perceptível nas cartas que para ele escreveu António Nobre. Desta forma, raciocinando como nas cantigas de amigo, no período do Trovadorismo português, ambas as hipóteses respaldam a minha proposição. A ausência das cartas de Alberto de Oliveira acaba por fazer absolutamente presente a sua figura. Assim, o esboço de figura, de retrato, se faz possível. A partir deste esboço poder-se-ia procurar entender as escolhas e o desenvolvimento de uma relação afetiva há muito recalcada pela opressão sociocultural dos tempos que passaram. Este retrato acaba por se apresentar na/pela carta que Alberto de Oliveira escreve a António Nobre: a do rompimento. Nesta, o perfil esboçado em/por vários trechos das cartas de António Nobre se define. De certa forma, o movimento interno desses textos (em sua dinâmica "ficcional") sustenta e respalda a leitura operacionalizada pelo olhar homoerótico, como proposto.

Invertendo, em certa medida, a "ordem das coisas", começo pela análise e um conto de Mário Cláudio, por acreditar que ele apresenta as linhas mestras de um processo investigativo que, de início, parecia fadado ao insucesso. A inversão se dá por conta de minha opção em começar pela "demonstração" de uma hipótese, em lugar de iniciar com o habitual mapa de investigação – arcabouço teórico, determinação de *corpus* e esquematização metodológica. Penso que, no caso presente, dadas as vicissitudes peculiares do material constitutivo de *corpus*, este procedimento se faz (fez) mais eficaz. De outra forma, eu correria o risco de parecer ingênuo ou, até, mal intencionado, para não dizer irresponsável. O desejo de realizar um trabalho sensato e pertinente levou-me à decisão de inverter sua organização como aqui começo a demonstrar.

Atualmente, ainda persiste a discussão acerca da relação entre estudos culturais e Literatura, *per se*. Há quem negue a efetividade de tal situação, mas ela é patente. Nesse sentido, os estudos culturais têm aberto uma série de possibilidades metodológicas e, por que não, epistemológicas, para os estudos literários – e vice-versa! Acredito que, no contexto da Literatura Portuguesa, essa persistência pode ser notada, sem risco de incorrer em erro de avaliação. Parto do pressuposto de que essa interlocução pode ser pensada como uma via de mão dupla e, sem receio de "nadar contra a corrente", reivindicarei o direito de dizer que a ideia inicial é: a Literatura pode oferecer muitas possibilidades não apenas para a ampliação, mas, antes, para a manutenção dos estudos culturais. É claro que, com essa declaração, estou longe de negar as demais possibilidades de articulação. Sem desconhecer a tensão secular entre criação e leitura, entre texto e contexto, ou ainda, entre autor e leitor, é possível asseverar a existência de uma conjunção, indispensável, aos estudos literários e constitutivos, por via de consequência, aos estudos culturais. Assim, faço minhas as palavras de Antoine Compagnon

> (...) sempre resisti a esses dilemas impostos e recusei as exclusões mútuas que pareciam fatais à maior parte de meus contemporâneos, o estudo literário deve e pode consertar a fratura da forma e do sentido, a inimizade factícia da poética e das humanidades. (COMPAGNON, 2009, p. 18.)

De certa forma, exerço aqui o direito de me repetir, dado que, como será visto, retomo algumas considerações já desenvolvidas em outras instâncias e textos publicados já há algum tempo. A repetição – e aqui a inegável sombra freudiana me ampara e protege – se deve, em parte, ao inusitado da proposta: procurar cartas que supostamente ainda existam. Por outro lado, o que aqui apresento vem acrescido de observações e discussões já realizadas em diferentes paragens, margeadas pelo "natural" amadurecimento de ideias e, além disso, apresenta (implicitamente) um plano de trabalho já desenvolvido.[4] Trata-se da busca de cartas que Alberto de Oliveira teria escrito para António Nobre, durante a vigência de sua relação de amizade.

Uma das pedras de toque para a presente abordagem é a leitura do conto de Mário Cláudio, "António Nobre e Alberto de Oliveira", publicado em seu livro O triunfo do amor português (2014). Este conto será objeto, aqui, de breve leitura analítica à luz do conceito de pacto homossocial, cunhado por Eve Kosofsky Sedgwick, em articulação com o conceito de homoerotismo, utilizado por Jurandir Freire Costa. Isto basta, a meu ver, para respaldar a abordagem de

---

[4] Trata-se do projeto de investigação, concluído, no âmbito do estágio de pós--doutoramento que teve sua segunda etapa realizada em Coimbra, sob a supervisão de Ana Paula dos Santos Duarte Arnaut.

cunho teórico-metodológico, acerca da contribuição do pacto ho-mossocial para a Teoria da Literatura contemporânea e sua eficácia na formulação de uma hermenêutica homoerótica: instrumento mais que necessário na cena dos estudos literários e culturais. Da mesma forma, tal abordagem é pertinente, consistente e plausível, no âmbito do contexto literário português diacronicamente considerado em sua bivalência: a passagem do século 19 para o 20, no caso da correspondência em si; a atualidade da Literatura Portuguesa, no que concerne à contemporaneidade da obra de Mário Cláudio. Começo então, antes de qualquer coisa, a exercitar meu direito à leitura, como supõe implicitamente a epígrafe do livro. Tenho que fazer um preâmbulo para a preparação do terreno em que desejo caminhar. É óbvio que não existe apenas um modo de ler, mas existe uma razão para ler. Essa prática, então, pode estar associada a uma espécie de prazer solitário, como escreve Harold Bloom:

> Ler bem é um dos grandes prazeres da solidão; ao menos segundo minha experiência, é o mais benéfico dos prazeres. Ler nos conduz à alteridade, seja à nossa própria ou à de nossos amigos, presentes ou futuros. Literatura de ficção é alteridade e, portanto, alivia a solidão. Lemos não apenas porque, na vida real, jamais conheceremos tantas pessoas como através da leitura, mas, também, porque amizades são frágeis, propensas a diminuir em número, a desaparecer, a sucumbir em decorrência da distância, do tempo, das divergências, dos desafetos da vida familiar e amo-rosa. (BLOOM, 2001, p. 15.)

É claro que a amizade é, dentre os temas presentes no conto de Mário Cláudio, o objeto de minhas especulações aqui. As palavras de Bloom fazem pensar sobre o papel da leitura, não apenas en-quanto exercício de hedonismo intelectual, mas enquanto prática formadora, uma vez que ela se dá, no contexto presente, no âmbito da universidade. Por isso mesmo, ela parece fazer mais sentido quando se consolida enquanto uma prática e não enquanto uma teoria. Explico-me: não vou tentar convencer meu leitor a aceitar que determinada orientação teórica é mais adequada ou melhor para abordar o texto do conto.

De um lado, essa posição se justifica porque não vou tomar a "amizade", enquanto tema, como um valor circunscrito aos "estudos de gênero", em seu sentido mais estrito, mas, sim, em seu sentido mais largo. Da mesma forma que, mesmo implicitamente, se pode perceber nas palavras do narrador do conto, ao comentar a relação entre os dois poetas-personagens, ao afirmar que "não se encontra termo para o que jamais começou, nem princípio para o que brotou terminado." (CLÁUDIO, 2014, p. 236.) Note-se que a amizade a que me refiro aqui aparece explicitamente tematizada no conto de Mário Cláudio; daí a possibilidade de se vislumbrar, no horizonte de expectativas da leitura dos textos em questão, uma possível e consistente referência aos "estudos de gênero":

> A pretensão é (...) entender o gênero como constituinte da *identidade* dos sujeitos (...) tendo identidades plurais, múltiplas; identidades que se transformam, que não são fixas ou permanentes, que podem, até mesmo, ser contraditórias. (...) O gênero institui a identidade do sujeito (assim como a etnia, a classe, ou a nacionalidade) (...) algo que transcende o mero desempenho de papéis (...). (LOURO, 1999, p. 24-25.)

Assim, ao ler e interpretar, deve-se procurar explicitar o que está implícito na obra analisada; perceber e articular o que pode e deve ser explicitado. Não se pode esquecer que o exercício da leitura é, entre outras coisas, uma espécie de fortalecimento do ego, uma tomada de consciência dos seus autênticos interesses, ainda que essa autenticidade, em si mesma, seja questionável.

O prazer da leitura é pessoal e não social, como diz Bloom. Pesando e medindo bem as palavras do crítico, concordo com ele, quando afirma:

> Hoje em dia, a maneira como lemos depende, em parte, da distância em que nos encontramos das universidades, onde a leitura não é ensinada como algo que proporciona prazer, isto é, segundo os significados mais profundos da estética do prazer (...). Se resta à crítica literária, hoje em dia, alguma função, esta será a de dirigir-se ao leitor solitário, que lê por iniciativa própria, e não segundo interesses que, supostamente, transcendam o ser. (*Idem*, p. 18-19)

A referida "transcendência" pode ser vinculada à ideia de cânone, por um lado; e de afinidades eletivas, por outro. No primeiro caso, abre-se espaço para a valorização de iniciativas de investigação circunscritas a protocolos convencionados como critério de relevância e "qualidade". No segundo, as escolhas são sempre subjetivas, ainda que pensadas numa tendência de objetivação. O que desejo dizer é que o que se faz aqui é privilegiar o "salto no escuro" de uma abordagem que aposta na mais básica de todas as atividades no campo dos estudos literários e/ou culturais: a leitura.

Um ponto central na questão da leitura de qualquer texto, seja literário ou não, é a interação entre a sua estrutura e o receptor. Esse é o motivo pelo qual, segundo Wolfgang Iser (1996), a teoria fenomenológica da arte tem chamado a atenção para o fato de que o estudo de uma obra literária deveria se ocupar não somente com o texto real, mas também, e na mesma extensão, com as ações que envolvem as respostas a esse texto, que simplesmente oferecem "aspectos esquematizados" através dos quais o tema da obra pode ser confeccionado, ao passo que a produção real acontece por meio de um ato de concretização. A obra literária apresenta duas balizas:

uma artística (também chamado "efeito") e uma estética (também chamado "recepção"). Aquele é o texto do autor; este, a realização efetuada pelo leitor, permanecendo a obra, ela mesma, como instância geradora de tal polaridade. Isto não significa, obviamente, que os constituintes do processo não possam – em certa medida – ser um alvo preferencial no exame dessa relação, desde que isso contribua para uma compreensão almejada. Ver-se incapaz de transpor dificuldades específicas de interpretação é estar diante de uma problemática de leitura, o que muitas vezes pode transformar uma reflexão histórica, literária ou existencial numa reflexão sobre a própria teoria da leitura, nos termos em que Paul de Man (1996). Assim, um texto simplesmente referencial se transforma no texto de um texto, na figura de uma figura.

Por seu turno, o leitor é um consumidor que, quanto mais experimenta as várias perspectivas oferecidas pelo texto e relaciona diferentes visões e padrões uns aos outros, mais coloca a obra em movimento, deslocando-se juntamente com ela. Partindo do pressuposto de que a posição virtual da obra é entre o texto e o leitor, sua atualização é claramente o resultado de uma interação entre ambos. Deste modo, concentrarmo-nos exclusivamente nas técnicas do autor ou na psicologia do receptor, procedimento que nos dirá muito pouco acerca do processo de leitura propriamente dita, sobretudo quando se trata da leitura de um texto literário, de qualquer gênero – aqui entendida em seu sentido dicionarizado de "arte de compor ou escrever trabalhos artísticos em prosa ou verso".

Adiante, então, com essa prática solitária! Adiante na intenção de encontrar indícios de ecos e as reverberações das cartas trocadas entre os dois poetas – aqui, personagens da ficção de Mário Cláudio, a confundir o leitor menos avisado – que pretendo estabelecer como elos de encadeamento da amizade entre os dois. Isto, porém, vai ficar aqui, apenas a título de insinuação. No entanto, os mesmos elementos referidos – ecos e reverberações – satisfazem meu desejo, enquanto elos de uma corrente que envolve os dois missivistas num universo ficcional que não deixa de apontar para sua biografia.

A leitura do conto de Mário Cláudio pode ser circunscrita a uma visada de segundo grau. Isso é possível porque o leitor é uma espécie de testemunha das circunstâncias que envolvem a própria ambiência do "enredo", fruto do ato criativo do autor. Além disso, o texto sublinha as ocorrências e a relação afetiva que os poetas partilham e vivem, como se pode perceber pelas cartas de António Nobre. Essa mesma relação, vez por outra, encontra seu reflexo especular na poesia do português. No contexto da narrativa curta, percebe-se que a arte é um lugar de encontros e desencontros. Tal assertiva seria lugar-comum caso não fosse expressão dos gostos literários que as personagens demonstram e partilham – o que funciona como um pretexto para o desenrolar das suas paixões. Assim se desenha a estreita ligação entre os poetas que não deixa de ser metáfora de relação similar: a que se estabelece entre amor e arte, como bem ilustrado pelo próprio conto "António Nobre e Alberto de Oliveira", constante da coletânea *Triunfo do amor português*.[5]

É fato que os dois poetas portugueses se reconhecem na paixão compartilhada pela literatura, notadamente, pela poesia, como atestam inúmeros estudos sobre os dois. Assim, não é desmedido afirmar que o amor "proibido" de António Nobre e Alberto de Oliveira – a proibição aqui circunscreve-se ao campo da sociabilidade de uma época muito peculiar – abre para seu leitor um horizonte de expectativas que se aproxima muito ao de seu similar, o de Romeu e

---

[5] Interessante o destaque da palavra "amor" na capa da edição aqui compulsada. O vocábulo vem em amarelo, no meio dos demais, brancos. A sugestão sígnica encontra eco com as elucubrações que desenvolvo.

Julieta – em que pese o caráter político deste e o de transgressão daquele. Como consequência, é de se aceitar a hipótese de que essa história funciona como exemplo de amor "platônico", guardadas as devidas proporções. Uma das formas mais tristes e marcantes de ler o amor incide nessa sua vertente, quando o sentimento acaba por nunca se realizar social, física ou publicamente. O amor acaba por cristalizar-se no desejo puro e infinito.

O platonismo, como característica plausível – entre outras – da relação afetiva em Alberto de Oliveira e António Nobre, não se restringe a seu registro filosófico. De certa forma, a sombra desse registro permanece, sobretudo se levado em consideração o traço da sublimação – em sentido freudiano, claro! – da relação afetiva entre os dois poetas. Assim, o distanciamento que seria uma componente constitutiva desse registro filosófico poderia ser comprovado pela distância física que marca ambos os poetas, no período de sua re-lação "postal" – Alberto em Coimbra e António em Paris. Por outro lado, o caráter afetivo recalcado sobressai, dado que o contexto moral da época impedia – como parte de uma ideologia à qual poder-se--ia chamar de higienista – a manifestação pública e física de afetos desta natureza. Numa perspectiva ou noutra, o caráter homoerótico da relação de amizade entre Alberto e António é que se faz mais contundente. A distância, elemento componente desta situação é bem destacada pela voz narrativa na/do conto:

> Na velha Lusitânia, estremecida e desprezada, não faltaria quem, advogando a higiene dos costumes, excitando-se com tão ostentatória infracção às normas do amor, rondasse a possibili-dade de estadear semelhante desconchavo (...). (CLÁUDIO, 2014, p. 238.)

Como se trata de um *work in progress* faço aqui uma pequena digressão e apresento algumas linhas de interpretação constituídas ao longo de um período de investigação que ainda não terminou: aquele que se circunscreve aos estudos do "homoerotismo", em sua explicitação interlocutória com a Literatura e pela Literatura. Nada aqui pode ser considerado definitivo. As conclusões são transitórias como o são os seus leitores. Aqui, o princípio da homossociabilidade é que desponta como operador de leitura das cartas de Alberto de Oliveira e de António Nobre, levando em consideração o caráter homoerótico que, porventura, possa ser levantado. Ou seja, estou a postular que é na linguagem e através dela que as experiências se fazem enquanto tais, no momento mesmo em que se dizem ou são lidas. É, pois, no espaço histórico e social da(s) linguagen(s), que procuro detectar as diferentes experiências homoeróticas que chegaram a se configurar nas cartas

Parafraseando o título de um filme famoso dos anos 80, "Muito além do jardim", o estatuto e as diretivas de leitura apontam para certo olhar que o narrador agencia, osmoticamente, para o leitor. A osmose aqui tem sabor de ficção e opera entorse discursiva que impede o leitor de rotular o autor, de maneira inflexível, como exigiria um comportamento crítico pejorativamente canônico. A moralidade das pessoas a que se refere esse texto acaba por caricaturar seus títeres, tirando-lhes uma pseudo e desejada autonomia, que o texto das cartas, superficialmente, deixa explicitar.

Emprego o termo homoerotismo, de preferência a homossexualismo, por várias razões. Em primeiro lugar, por não estar marcado pelo contexto médico-legal e psiquiátrico que forjou a noção de "homossexual", na segunda metade do século XIX. Além disso, pelo fato de "eros" ser um conceito muito mais abrangente que "sexo", o que permite integrar ao objeto de estudo uma gama muito mais variada, matizada e rica de emoções, sensações, ideias e vivências. Em terceiro lugar, para passar ao largo da problemática noção de sexualidade, em seus vários desdobramentos e, sobretudo, em contraste com a noção de opção sexual. Finalmente, para evitar a falaciosa transformação de um adjetivo (homossexual) em substantivo (o homossexual), como se práticas sexuais pudessem definir, caracterizar e nomear aprioristicamente um tipo de sujeito, independentemente do meio social e do momento histórico em que ele vive e atua, bem como das inúmeras variáveis psicológicas, culturais, étnicas, políticas, religiosas etc. que plasmam a sua existência e sua auto compreensão. Essa opção não quer dizer que eu esteja ignorando ou minimizando a complexa questão das identidades e das subculturas, no contexto atual dos estudos culturais. Pelo contrário, sustento, simplesmente, que o homoerotismo não leva *necessariamente* à constituição de uma identidade ou de uma subcultura específica. No caso dos dois poetas, esta ressalva ratifica a opção por deixar de lado, de maneira deliberada, qualquer possibilidade de aventar abordagens que levem a discutir sobre "práticas sexuais" porventura relatadas em cartas. O que, decerto, não é o caso aqui:

> Examinemos de que materiais se compõe a carta de ruptura, redigida pelo que durante uns três anos se unira a Oliveira, e que alcançarão esclarecer talvez os mais relapsos em aceitar o que adivinham, ou o que muito simplesmente preferem ignorar, não fôssemos nós muito mais fruto da imaginação praticada que do instinto irresistível. «O nosso diário», adverte Nobre, «está nesses casos», para deduzir, «Seria a minha morte moral o seu conhecimento, na publicidade: posso eu ir-me breve, podemos ambos irmo-nos moços, e assim ficaria a nossa intimidade à mercê do primeiro curioso que, ao ver essa diária correspondência europeia de um homem conhecido, a tornaria pública, a princípio no círculo das suas relações, e mais tarde, ele ou outro, iria dá-la a Gutenberg.» (CLÁUDIO, 2014, p. 240-241.)

Particularmente neste trecho, a afetividade homoerótica que envolve os afetos partilhados entre os dois poetas dá o tom do discurso de desvelamento. Este segue as diretivas da pessoa moral que guia a sua escrita. Interessante observar a intromissão dos trechos da carta de António Nobre na textualidade do conto de Mário Cláudio. Este recurso ficcional, faz com que narrador do conto exima-se de responsabilidade por intervir no texto das cartas (entre aspas) sem deixar de exibir o que nela se lê, de fato! Trata-se, aqui de uma aparatosa mecânica social, discursivamente demonstrada, que aponta para o contrato homossocial que quero destacar. Recorro a Eve Kosofsky Sedgwick, em seu livro *Between men* (1985), quando tece comentários acerca do termo homossociabilidade, importante para a minha leitura das cartas. No subtítulo do livro de Sedgwick, lê-se a expressão *homossocial desire*. A autora explica que se trata de "registrar discriminações e paradoxos". A expressão "desejo homossocial", a que se refere, começa com um tipo de oximoro: homossocial é uma palavra ocasionalmente utilizada em História e nas Ciências Sociais, para descrever laços sociais entre pessoas do mesmo sexo; é um neologismo obviamente formado por analogia a homossexual; da mesma maneira que deve ser distinguido de homossexual. Na realidade, o termo é aplicado a uniões masculinas que podem, mesmo em nossa sociedade, ser caracterizadas por intensa homofobia: medo e ódio de tudo o que explicita homoerotismo. Considerá-lo na órbita do "desejo", do potencialmente erótico, então, é considerar a *hipótese* da continuidade entre homossocial e homossexual, cuja visibilidade, para os homens, encontra-se ainda radicalmente interrompida. Essa hipótese de continuidade não é genética, uma vez que não se discute a "genitalidade homossexual" como a raiz de outras formas de homossociabilidade masculina, mas, ao contrário, como uma estratégia de generalizações aproximadas, destacando diferenças históricas no que se refere às relações de homens com outros homens. Num magistral apanhado da sexualidade no século XIX, Peter Gay levanta possibilidade bastante atraente para a leitura de narrativas portuguesas: o tema da mulher. O homem burguês sofre de uma fobia incontrolável da mulher e de tudo o que ela representa, pois acredita que seu "lugar" está sensivelmente ameaçado. Diz o autor:

> (...) a ardilosa realidade da condição feminina confrontou muitos homens da classe média e muitas mulheres também com a necessidade de clarificar atitudes, de pôr preconceitos à prova, de tomar decisões. A auto-percepção do homem estava em jogo. Os sentimentos exasperados que essa situação provocou, e as numerosas controvérsias que ela gerou, só podem deixar atônitos aqueles que não conseguem perceber a preponderante parcela de sentimentos ocultos existente na criação de atitudes sócias e ideologias políticas. (GAY, 1988, P. 129.)

As mulheres, de certa maneira, destacam-se no universo das cartas de António Nobre, sem alcançar o estatuto de exclusividade. Nelas, os protagonistas representam mais uma caricatura num painel social detalhado. Esse é o objetivo essencial dessas "narrativas" epistolográficas, do ponto de vista tradicional, canônico. No entanto, o missivista, por vezes, deixa escapar outro tipo de "compromisso" moral, uma vez que está "pessoal", "moral" e "afetivamente" envolvido no relato de sua escrita. A crítica concorda em falar do conceito negativo do amor que aproxima Alberto de António, sobretudo a partir a leitura de suas cartas. O juízo, porém, é inexato. Ao contrário de desacreditar o amor, a correspondência explicita a condenação (implícita) da incapacidade do homem de amar completamente: alma e corpo.

A leitura do conjunto de cartas de António Nobre – sobretudo a do rompimento – e da carta resposta de Alberto de Oliveira mais que as outras, ainda que circunscritas ao campo da intuição e referidas "por tabela" nas cartas do Anto – trata de explicitar, com maior complexidade e originalidade, uma possível polarização dos aspectos físico e moral no homem e das consequências do desequilíbrio resultante. Esta situação é explorada ficcionalmente no relato de Mário Cláudio, quando o narrador do conto afirma:

> "(...) razão porque melhor se tornará remeter-se a ele, Alberto, à reserva calculada donde é fácil assistir ao progresso daquilo que, não sendo amizade, só com a mais elevada essência afectiva, perigosa de se nomear, se deparará em condições de coincidir. (CLÁUDIO, 2014, p. 231.)

Minha opção clara é pelo aspecto moral – em seu sentido mais largo e profundo. Os parâmetros desta escolha recaem obviamente sobre os termos "razão", "calculada" e a expressão "elevada essência afectiva". Estes três elementos sustentam, por si mesmos, o caráter homoerótico do afeto partilhado, ao mesmo tempo que remetem a uma elaboração discursiva de cunho filosófico, indiciada pelo adjetivo citado acima. Pode-se dizer que o conjunto de cartas acaba por expressar certa dicotomia, numa versão moderna de amor cortês, utilizando todos os elementos principais da tradição medieval ao relatar o caso, em nada singular, do afeto que faz um duo masculino sofrer e gozar da posse de um afeto inefável. No entanto, o sentido mais complexo das raízes inconscientes dessa complexidade não emergem da "natureza", mas estão lá: Freud que o diga!

Através do ambiente romântico e aparentemente idealista criado pela adaptação do mito provençal e das explicações subjetivas e contraditórias que por vezes vazam nas entrelinhas de algumas cartas, a correspondência expõe profunda entorse psíquica. Os poetas portugueses envolvidos, na ambiência do afeto epistolar a que se circunscrevem, quase não ficam a dever nada a Sigmund Freud, que publica alguma coisa sobre o mesmo assunto. As cartas conseguem revelar, com aguda percepção, os diversos aspectos recônditos de uma impotência psíquica que atormenta e finalmente destrói sobretudo a António Nobre, em sua persona "invertida".[6]

Mário Cláudio apresenta extraordinária intriga amorosa que serve de pretexto à crítica feita ao ultrarromantismo com pitadas, segundo alguns, de decadentismo, sem perder de vista certa perspectiva de exaltação à estética realista, ambientada já no limiar da Modernidade: a passagem do século 19 para o 20. O processo de empatia do narrador com suas personagens problemáticas, deu frutos também no conto "António Nobre e Alberto de Oliveira". Não perdendo a delicada contundência, o narrador, adoça-se; de impiedoso e duro, torna-se compassivo.

Nesse conto, é passível de leitura outra questão crucial: a da divisão radical entre corpo e espírito, resultante, talvez, dos embates polarizadores do Idealismo e do Positivismo, então – a respeitar a cronologia diegética – vigente. Também é possível detectar a estrutura compositiva complexa, uma vez que a evolução do relato se processa pela repetição de situações semelhantes concatenadas pela gradação. A situação "inicial" coloca António Nobre no ponto de partida para sua temporada francesa, deixando em Portugal seu "melhor amigo". Vai e volta no espaço entre Coimbra e Paris. Passa por Leça da Palmeira e, finalmente, aporta definitivamente na "cidade luz". Interessante reiterar que essas "idas e vindas" não consubstanciam episódios narrativos. No entanto, estas mesmas particularidades não subtraem absolutamente nada da natureza ficcional do relato, temperada pelas intromissões do narrador e de suas ilações com o universo das cartas trocadas entre os dois poetas portugueses.

O tom do conto é bivalente, como se Mário Cláudio não desejasse optar entre a concordância e a crítica a tão inesperada afeição correspondida. Há alguma ambiguidade não esclarecida (de propósito?).

---

[6] Ver a nota (8) explicativa sobre a Dissertação de Mestrado de Jaime de Lima Santos Oliveira, a página 73.

Não falta o ingrediente capital de revelação confidencial, principalmente porque o narrador parece íntimo de suas personagens. Suas explicações representam geralmente interpretações subjetivas que simultaneamente esclarecem e confundem o leitor. Não há espaços para certezas ou tranquilidade na aceitação da história que não é contada. Porque Mário Cláudio desenha este narrador que usa a perspectiva da intimidade com suas personagens? Uma conclusão plausível é a de que o autor deixa a cargo da voz narrativa os movimentos (deliberados) de aproximação e afastamento em relação ao núcleo dinâmico do afeto que une suas personagens. Ainda que implicitamente – ou, por outra, intuitivamente – o narrador também participa do pacto homossocial que orienta as relações entre os poetas-personagens. Essas relações são objeto das diversas intromissões deste mesmo narrador num exercício de sedução do leitor. Esta, por sua vez, faz com que o leitor examine, ainda que assim não o deseje, mais cuidadosamente, as "ações" de Alberto e António. As conclusões contêm contradições que não são resolvidas e provocam perguntas que precisam ser esclarecidas se o conto vai ceder todas as riquezas de sua temática complexa.

Nas teorizações adstritas a esta discussão acerca do conto, considero o que se pode depreender do pensamento de Freud: o instinto do amor é resultado de desenvolvimento gradual que tem origem na infância. Essa evolução começa quando a criança se dá conta de que existe um mundo alheio, de outros seres, e focaliza seu carinho sobre a mãe. E, porque a mãe ama o pai, este se torna não só num ideal que deve ser imitado, como também num rival que inspira ciúmes e hostilidade. Estas atitudes mudam devido à educação e a barreiras impostas pela sociedade. Gradualmente, o objeto original de amor é substituído pela irmã e depois por outras mulheres parecidas com estas, em certa medida. Com a transferência do afeto a evolução normal fica completa. Quando, porém, algum estorvo interrompe esta progressão natural, o resultado é uma desordem erótica que emerge mais tarde, na pessoa já adulta, como poderia ser o caso de António Nobre. Ainda que não seja exatamente esta a circunstância no/do conto, a dissociação das duas correntes da emoção erótica — ternura e sexualidade – está presente e age na dinâmica homossocial de que tratei antes.

Por outro lado, a julgar o que diz sobre si mesmo e sobre seu "amigo mais querido" nas cartas, António Nobre é mesmo um exemplo bem ilustrativo das ideias freudianas trazidas à tona aqui. O uso que faz do uniforme acadêmico em Coimbra, a vivência do que é conhecido como "idade do ferro", os três noivados desfeitos e a constante melancolia – sobretudo espraiada por sua produção poética –, podem ser elementos a sustentar a hipótese da "disfunção" a que me refiro acima. A criação de um universo subjetivo, muito particular (e peculiar!), faz do poeta uma figura invulgar e ao mesmo tempo indutora de medo, para não dizer repulsa. Dada a natureza dos afetos que energizam suas relações pessoais, a coerência destas ideias me parecem pertinentes, quando se leem as cartas que escreve para Alberto de Oliveira. A referência a este aspecto é contundente no texto do conto de Mário Cláudio:

> Ao desembarcar Alberto de Oliveira na Gare d'Orleans para umas férias de final de curso, no intuito confessado de fruir da companhia do antigo colega, e no propósito oculto de experimentar a Paris que lhe anda segredando fantasias loucas, não é da retomada de uma exaurida intensidade que se trata, mas de uma modalidade larvar do desencontro que as Parcas lhes haviam vaticinado. (CLÁUDIO, 2014, p. 238.)

Nona tece o fio da vida, Décima cuida de sua extensão e caminho, Morta corta o fio. As Parcas ou *Moirai*, filhas da noite (ou de Zeus e de Témis), vaticinam – para ecoar o verbo ficcionalizado – e determinam o destino de Alberto e António. Essa referência encontra outro eco no aspecto "larvar" da relação afetiva que suscita toda sorte de "fantasias loucas". Tais detalhes, subliminares à superfície do relato do reencontro dos dois poetas, suscitam a perspectiva inconsciente que retroalimentava a própria relação afetiva entre os dois.

Ressalte-se que a referência às ideias de Freud não se faz de maneira ingênua. O reconhecimento destas ideias pela posteridade, em relação ao momento da escrita das cartas, não impede que, hoje, a leitura que apresento possa se valer de tais argumentações, para equacionar o enigma que cerca de seus "protagonistas". Os missivistas conseguem expor os diversos aspectos recônditos de uma relação inconsciente que aproxima, por linhas transversas, o desejo que os enovela qual personagens na trama de sua expressão. António Nobre e Alberto de Oliveira talvez tenham sido incapazes de reconhecer, realizar e dar expressão ao afeto que os mantêm afastados do que não conhecem, pela aproximação do que supõem (inconscientemente) ser o motivo de sua experiência. Vivem e morrem, pode-se dizer, atormentados por um desejo "desconhecido":

> Se conhecerem-se, e amarem-se, não foi como é patente obra de um momento, atribua-se à época, tão pronta a conceder o que nega, e a descobrir o que escamoteia, a diuturnidade do afecto, votado a labirintos onde se entra e donde se sai, quando não se está certo, nem seguro, de pretender alcançar o centro. (...) Entre António e Alberto forma-se a invisível corrente através da qual transitam crípticas imagens de cumplicidade, e de ternura, que os restantes em absoluto incompreendem, se bem que as deduzam dessa espécie de intensa perturbação que impregna o ar dos sótãos. (CLÁUDIO, 2014, p. 229.)

No diapasão freudiano da toada discursiva do texto do conto, e da perspectiva de leitura que aqui privilegio, há que remarcar o uso de certos termos a denunciar o "clima" e a ambiência dos afetos partilhados entre os dois poetas. O peso do recalcamento imposto pela época não é suficiente para rechaçar, em definitivo, a "diuturnidade do afecto", dada sua índole labiríntica. Desta flui o movimento revolto das "crípticas imagens de cumplicidade" que junto à ternura que se depreende dos miasmas que viciam "o ar dos sótãos". Esse cômodo da casa é geralmente utilizado como depósito de memórias incômodas, objetos inúteis e, até, segredos perigosos. A associação que aqui se estabelece é evidente demais para ser deixada de lado, como num sótão...

Chamo a atenção para outra perspectiva de leitura que, se não resolve o enigma, colabora para enriquecer suas possibilidades de equacionamento. Ao aceitar a proposta para que os convivas, no banquete de Ágaton, levem a cabo o elogio do amor, Sócrates diz que isto é a única coisa que ele diz conhecer. Quando chega a sua vez de falar, o filósofo recorre à invocação das palavras de Diotima, sua antiga iniciadora nos "mistérios do amor". A sábia de Mantineia tê-lo-ia feito depositário não só da teoria e origens do amor, mas, também, do método a seguir para chegar à sua última etapa – a contemplação da ideia da beleza pura e simples, todo englobante e imperecível.

Quando, partindo do "correto amor por um rapaz", o amante acede das coisas belas a essa forma e "começa a avistá-la, quase tocaria o perfeito segredo". Tal estado de perfeição espiritual leva à prática da virtude e, daí, a uma imortalidade quase divina. Coloca-se, portanto, no polo oposto ao segredo mundano que, de acordo com a dedução do discurso de Pausânias, certos déspotas imporiam à expressão do amor entre dois homens. É porque o "perfeito segredo" estaria no horizonte da conduta e das falas de Sócrates, que aparentemente não gratifica nem se faz gratificar por Alcibíades, que este considera o filósofo um prodígio incomparável a qualquer "outro homem do mundo, antigo ou moderno". A considerar que, nos termos do banquete, Sócrates toma banho, vai ao *lyceum* e se jogue na cama, só mesmo um ser de outro mundo praticaria o amor exclusivamente como forma espiritual, pura e eterna.

As contradições e ambiguidades do texto do *Simpósio*, de Platão, engendram um dos fantasmas mais persistentes no discurso normativo do amor privilegiado na tradição cultural do Ocidente. Nas cartas, Alberto e António não só reatualizam esse fantasma convocando-o para a paródia do idealismo romântico, como dão conta da ansiedade que o mesmo provoca ao ser entendido como patologia potencialmente aplicável a certa camada da população masculina dada ao culto "feminino" do sentimento. Com isso, estou longe de afirmar que haveria um comprometimento negativo no comportamento de ambos. Os poetas não são exatamente exemplo de sujeitos de comportamento dúbio. De fato, este não é o núcleo de minhas especulações. No entanto, a articulação discursiva que aqui proponho leva a pensar nesta situação como possibilidade que alguém, em qualquer lugar, a qualquer momento, possa vir a estabelecê-la como sustentação de pressuposto para abordar a leitura das cartas, nos termos em que aqui este exercício se faz. No conto, este detalhe se explicita de maneira inequívoca:

> Nem a reprovação, sofrida no primeiro ano jurídico, e pouco antes de se fixarem os amigos do coração na tal tebaida do João Moca, haveria de afectar o remanso daquele ágape de ambrósia evanescente com o qual fortaleciam ambos, ou julgavam fazê-lo, o estro em busca da mais altaneira expressão, a que resumisse a vida, a vida toda, no grande verso inapagável. (CLÁUDIO, 2014, p. 233-234.)

Segundo Michel Foucault, o termo "homossexualidade", bem como a "espécie" de anomalia que denomina, nasce como resultado da "vontade de saber" médico-psiquiátrica do século XIX, que constrói a sexualidade como qualquer coisa de suspeita em geral. A publicação, em 1870, do artigo de Carl Westphal sobre "as sensações sexuais contrárias" (Ver referência na Bibliografia) estabelece a homossexualidade como "inversão do feminino e do masculino no interior de uma pessoa", sendo absorvido por este tipo de "androgenia interior" o que antes se considerava a "aberração" moral da sodomia. A ênfase no tipo particular de sensibilidade, e não no ato sexual em que se poderia manifestar, faz da homossexualidade o "grande segredo" e, consequentemente, o fantasma ameaçante da masculinidade a partir das últimas décadas do século XIX. Para tanto, contribuem os discursos culturais em torno à degeneração, no contexto dos quais se registra a transferência para o corpo masculino do imaginário sentimental romântico até então associado com o corpo e o espaço (doméstico) femininos. Isto dá origem ao que Eve Sedgwick (1990) caracteriza, em seu livro *Epistemology of the closet,* como um "pânico" de definição homo/heterossexual.

A leitura das cartas pode induzir o leitor a uma espécie de dramatização da falha epistemológica que assalta as identidades sexuais no período finissecular. De certo modo, elas levam este mesmo leitor a revisitar a cena da incógnita já anunciada por Alicibíades no "divino Platão". Da comédia do amor à tragédia das sexualidades vividas em segredo, à tragicomédia das identidades sociais do gênero o conjunto de cartas pode – entre outras tantas possibilidades – ser lido como demonstração do problema de conhecer, de definir o que é um homem com relação à sua sexualidade. Daí que o relato conclua evocando de modo elíptico o assombro de Alicibíades nas palavras desse outro sedutor de finais do século XIX, que, perante o seu "Purinho", não poderá asseverar – como o faz o narrador de "José Matias", de Eça de Queirós – se este é "muito mais que um homem – ou talvez ainda menos que um homem". (QUEIRÓS, s/d, p. 222) Seja no *Simpósio,* seja numa leitura plausível do conjunto de cartas trocadas entre os dois poetas finisseculares, não se define o homem enquanto abstração filosófica em termos aprioristicos e absolutos, mas, sim, como fenômeno físico de conhecimento empírico e experimental. Esse conhecimento é apresentado em sua contingência originada da experiência e da consciência do "eu" que assina as cartas.

Há um jogo interativo entre o sujeito que assina a carta *vis-à--vis* o *outro* que quem a responde (ou não!). Essa interação faz-se representar por uma série de imagens físicas de teor evocativo que António apresenta das/nas referências ao "amigo mais querido". O processo é de rememoração e estrutura a exposição "narrativa" chamando a atenção para a inextricabilidade entre a aparência cambiante desse objeto de conhecimento e os interesses voluntaristas do "eu" que o interpreta. As deduções sobre a interioridade afetiva e espiritual de si mesmo e do outro são "autorizadas" pelo sofisma da razão comunitária de Hegel – o "nós", referido como signo de uma suposta razão consensual – representado, por tabela, nas cartas, pelo contexto sócio-moral-cultural em que elas são trocadas. Por outras palavras, uma espécie de relato elaborado pela "razão" heterossexista de certa cultura naturalizada entre os membros da comunidade social e hipostasiada nas figurações típicas da literatura romântica. É como se o corpo a caminho do crematório não tivesse outra serventia, como se não tivesse outro significado que aquele ditado pela vontade, ou pelas inseguranças de seu "construtor".[7]

Tecido entre a negação e a exibição perversas de um "tabu" inominável, o discurso que pode ser inferido na/da crítica acerca da correspondência entre Alberto de Oliveira e António Nobre manifesta não só inquietação homofóbica típica do período imediatamente posterior ao Romantismo em geral. Como atesta Jonathan Dollimore, "Estar em posição oposta é também estar contíguo

---

[7] É impossível fugir do fato – aqui metonimizado – expresso pela vontade de Alberto de Oliveira de incinerar seus papéis, conforme registro de Guilherme de Castilho em obra aqui já referenciada.

(pegado a, próximo de) ou, em outras palavras, ameaçado por". (DOLLIMORE, 1991, p. 230.) Num momento em que se esfumam certezas lógico-racionais relativas à equivalência "natural" entre corpo físico/sexo biológico, características de gênero sexual e sexualidade, a verdade do sujeito – se é que ela existe – há de ser articulada na interioridade ou na "sensibilidade"/sentimento de cada um. O que implica que cada um não é mais nem menos do que um segredo, mas sempre vizinho e, portanto, interligado ao segredo que habita ao lado. Daí a dinâmica de "perversão, proximidade, paradoxo e desejo", ainda de acordo com Dollimore. Polos opostos, os corpos masculinos que, num momento ou outro, são convizinhos no novo "mundo do sentimento", se resolvem na síntese configurada na ardilosa tipoia do discurso epistolográfico.

Qual é a medida, o que faz um homem? O que é, onde está, o que faz de um homem viver experiências afetivas "*hetero-*" ou "*homo-*"? Na medida em que a leitura das cartas se apropria de elementos estruturais, conceituais e figurativos do *Simpósio,* para abrir um espaço de especulação acerca do corpo, do sentimento e das relações masculinas no período finissecular, a correspondência enseja uma crise epistêmica, um "pânico" de definição. O fato é que não um, mas, sim vários sujeitos – e não apenas os dois diretamente envolvidos nesta relação epistolográfica – são violentados, mortos e enterrados por uma vontade de saber que em nome de uma razão consensual constrói e produz a "anomalia" de que depende a "normalidade" heterossexual. No final das contas, nada se sabe: é nessa estratégia perversamente cíclica que se resolve toda e qualquer incursão, ou inquisição, no "grande segredo" que a correspondência entre Alberto de Oliveira e António Nobre magistralmente desconstrói, como para provocar o leitor que contempla a melancolia inerente a toda e qualquer identidade genérico-sexual fundada na recusa de chorar a perda originária do *outro/eu* mesmo.

Numa espécie de *mise-en-abyme* actancial, o conjunto de cartas, na perspectiva de leitura aqui privilegiada, reproduz uma visão "moral" da realidade circundante, deixando escapar, entretanto, alguma nuance que a natureza discursiva dessa mesma visão insiste em recalcar. A evidência se dá por pequenos "chistes" que revelam a medula de uma questão complexa: a representabilidade dos papéis sociais. A Modernidade coloca em xeque esse afã de representação: mais que renovadora ou mesmo criadora de valores, a Modernidade inverte os sentidos de seus valores comportamentais. O espírito paródico impera solene, apesar de encontrar certos obstáculos, dificultando sua evidência. Trata-se, creio eu, de uma possibilidade a mais para se pensar questões que vão tocar no que conhece como problemática da subjetividade o quê, afinal de contas, vai também tocar no campo delicado das sexualidades; daí às considerações de tudo o que refere às peculiaridades homoeróticas é um passo muito curto.

É mais que necessário começar a prestar mais atenção em *outras* formas sociais de sexualidade – outros modos pelos quais relações homoeróticas têm sido organizadas e compreendidas, diferenciadas, nomeadas e não mencionadas deliberadamente. É necessário especificar a particularidade de vários modos de comportamento homoerótico e as relações entre esses modos e as configurações particulares de possíveis identidades sexuais; ainda que as narrativas em referência não sejam o que se pode chamar de homoeróticas, por definição. Como eu disse no início, a chave aqui é o discurso do narrador e sua representatividade "cultural". O aparecimento de definições novas como a de homoerotismo leva a ver esse conceito como parte da reestruturação das relações familiares, sociais, culturais e, mesmo, sexuais: consequências do triunfo da urbanização e do capitalismo industrial: as mesmas trocas que habilitaram um possível "heteroerotismo", como investimento cultural ligado à procriação, também criaram, com ligações diferentes, condições para o aparecimento do homoerotismo, nos termos em que essas considerações foram aqui delineadas.

Enquanto os "narradores" afirmam a superioridade masculina, seus discursos evidenciam a negação de um temor, recalcamento de um desejo indizível: temor bastante comum. Tudo não seria a mesma coisa então? Além disso, a insistência num discurso "masculino", abre possibilidade para se pensar numa outra leitura do texto das cartas: o discurso da homossociabilidade, como foi aqui aventado. Enquanto pacto masculino, a moralidade burguesa se descuidou de controlar o discurso que acaba por revelar outra face desta "irmandade" de interesses. O homem se aproxima de outro por interesses "morais" que acabam por criar laços "afetivos". Isso é problemático também e é para essa direção que esse trabalho deseja apontar como proposta de investigação.

No conto de Mário Cláudio, não há "exatamente" ação. No entanto, ao ritmo do relato que faz transcorrer o tempo que durou a separação dos dois poetas é evidente o processo de recalcamento da relação afetiva ficcionalizada. Isto se dá tanto pelos impedimentos culturais, como pelos sociais, para não deixar de mencionar, os morais. Esse conjunto de variáveis faz, metaforicamente, pela ficção, alongar a distância. António Nobre, ao que parece, é fiel a seus princípios e sentimentos, ainda que à custa do sofrimento causado pela distância. O mesmo poder-se-ia dizer de Alberto de Oliveira, sobretudo considerando-se o teor da carta "do rompimento" – o que seria corroborado caso suas cartas não tivessem sido incineradas, como demanda de seu próprio desejo. Existe, então, a possibilidade de se apontar uma razão para a fragilidade do poeta: a forma intensa como ele sente, o que coloca o seu interior indefeso, aberto, explícito, enfrentando o que seria a crueldade humana. Assim, fica justificado o sofrimento por ele vivido, o que veio a ser instrumento de sua imortalização poética:

O amor é um acto consciente, mas situa-se (...), no mesmo plano cronológico e genético da respiração, da alimentação e do instinto sexual. É uma atenuante da sexualidade. Pertence a um estádio elevado da natureza humana, mas a tragédia do amor consiste no sacrifício da vitalidade da pessoa comum. *A natureza erótica é erótica mesmo quando não ama ninguém*, (...) um observador do amor. Nem D. João, nem Goethe o foram. Há sempre um fracasso nobre do amor. E por nobre entenda-se aforisticamente António, o Só. (BESSA-LUIS, *apud* CLÁUDIO, 2014, p. 13.)

Percebe-se, na anotação de Agustina a agudeza da pressão sentida por ambos os missivistas, para manter o afeto que os unia. Na apresentação que faz do conto de Mário Cláudio, a escritora portuguesa desvela as entranhas do fracasso a que estava condenado este mesmo afeto, ainda que persistente. As vertentes filosófica e psíquica – já aventadas anteriormente – aparecem declaradamente nas palavras da apresentadora. Em igual medida, é possível perceber a alusão – ainda que inconsciente – a este mesmo estado de coisas, desta feita, pela pena do narrador do conto:

Mostra o recém-chegado de Portugal uma distracção onde não cabe, nem por um segundo, a mimalha consideração que em silêncio lhe pede o pobre do exilado, a fim de que continue a tecer a sua teia de inatingíveis ternuras, e a sua alfombra de lances dramáticos. (...) De noite é rumo a uma das decantadas *maisons closes* (...) e não constitui tolice aventar que prepararia Nobre a visita na (...) convicção de que o estímulo dos sentidos (...) lhe devolverá um parceiro menos desconcentrado, mais entendedor das coisas do coração (CLÁUDIO, 2014, pp. 238-239.)

Este excerto encontra-se no bojo do episódio em que Alberto de Oliveira faz uma visita a António Nobre em Paris. O encontro não se repetiu. No entanto, Paris não foi o único cenário. Coimbra e Leça da Palmeira aparecem como outras geografias a dar continuidade à essa relação. Coimbra é o pano de fundo da "primeira fase". É quando os dois se conhecem, se encontram e estabelecem o que chamo de pacto homossocial. Dando continuidade a certa idiossincrasia urbana, Coimbra aparece, então, como cidade do pecado. Em oposição a este cenário, Leça da Palmeira vai figurar como espaço em que António encontra certo conforto. Aí, parece haver um conluio afetivo, a partir do qual, e por intermédio do qual, o poeta parece enxergar "a salvação de sua carne e o perdão de suas culpas". (CLÁUDIO, 2014, p. 231.) Fica então desenhado o perímetro triangular do espaço narrativo – o mesmo que contextualiza a correspondência dos dois poetas – mimetizado em várias passagens das cartas. Num vértice da base triangular está Coimbra, em outro, Leça da Palmeira. O polo contraposto é Paris. É no espaço desenhado por este triângulo geográfico que se desenvolve a cumplicidade silenciosa e silenciada entre os Alberto e António. Paris é referente sintomático desta relação por conta de seu espírito cosmopolita, o que faz da cidade uma "metrópole tentacular" onde se observam os contrastes de uma sociedade "moderna" em pleno vigor do nascedouro de sua consolidação.

Paris é vista, por António Nobre, como espaço propício ao restabelecimento de seu próprio orgulho ferido – por conta da dupla reprovação nos exames de Coimbra. É em Paris que tem lugar a ruptura definitiva do relacionamento. É aí que o afastamento se dá por consumado quando, ironicamente, a distância é diminuída graças a uma visita que Alberto faz ao seu colega e amigo. Sintomaticamente, a metonímia da cidade dos contrastes, acaba por dar visualidade ao tormento do afeto partilhado na intimidade, sem a mínima possibilidade de expressão plena, explícita. Nesta fase, a escrita de António, nas cartas, passeia reiteradamente por um "interminável tédio". É o período em que se notam algumas influências decadentistas, sobretudo na descrição da cidade colorida pelo "rosa-salmonado dos vestidos das frequentadoras do Bois e às bebedeiras luminosas de champanhe" (CLÁUDIO, 2014, p. 236).

Por outro lado, Coimbra é onde nasce a tensão homoerótica, sobretudo quando chama a atenção o peculiar uso que António faz da veste negra dos acadêmicos da cidade. O contraste, a mimetizar o conflito interior da/na relação entre os dois poetas transparece no confronto entre o negro das vestes, determinante, e a possibilidade da evasão, libertadora, portada pela natureza da cidade: "Até à Universidade, e pelo amontoado de casas brancas, a cujos pés corre o Mondego, e o Choupal se espraia" (CLÁUDIO, 2014, p. 227). É também em Coimbra que Nobre se destaca entre os estudantes, sobretudo na elite da *Bohemia Nova*. O respeito à sua figura/pessoa é flagrante e seus colegas seguem alimentando crescente respeito, o que pode, segundo Graça Joana da Cruz Gomes, em sua Dissertação de Mestrado (Vide registro na bibliografia), ser percebido no uso de formas pronominais que acentuam este respeito:

> (...) à medida que um punhado de colegas dispersos, desses que uma qualquer razão de singularidade reduz à ansiosa busca de um luzeiro, **o** procura, **o** abriga, transformando-**o** no guia que se elege na perpétua vontade de **o** suplantar, ou de **o** demitir" (CLÁUDIO, 2014, p. 228. Grifo meu).

No que diz respeito aos toques físicos, entre António Nobre e Alberto de Oliveira essas ocorrências constituíam o núcleo dinâmico do sentimento partilhado. Embora discretos – o que era ditado pela praxe para não suscitar desconfianças – é por meio desses detalhes que a invisível ligação afetiva entre ambos cresce e prevalece na cumplicidade e na ternura interditas. Muitas são as palavras que podem agenciar a articulação dessa discursividade na narrativa, todos eles metonimizando a pureza superior do afeto e de sua manifestação: "leite"; "pão muito alvo"; "topos da pureza"; "a imagem da lã da ovelha"; "da pétala da açucena imaculada e da asa do anjinho processional"; "outro branco, o dos lençóis". Estes são apenas alguns exemplos das ocorrências na narrativa curta de Mário Cláudio. Do ponto de vista vocabular, há outra curiosidade por demais instigante: a recorrência de sons sibilantes. Tal ocorrência imprime ao texto da narrativa o caráter sussurrante que identifica o segredo, que pode apenas ser sussurrado. O detalhe que agencia uma abordagem morfo-semântica – ao fim e ao cabo, complementar à que vem sendo desenvolvida – opera a descrição da complexidade desse sentimento nos jogos de palavras e aliterações: "que não saberão se termina no sono sem sonhos, se no sonho inesperado a que não assiste sono algum". (CLÁUDIO, 2014, p. 233.) Este conto é exemplo acabado de operacionalização vocabular como instrumento de certa "regulação da informação". Este movimento, implícito, desvela certa dose da simpatia do narrador, na expressividade das personagens em sua expressão afetiva um tanto camuflada.

É neste contexto que António Nobre nomeia o seu "deus particular", Alberto de Oliveira, como "Purinho, desengonçado e cor de leite". (CLÁUDIO, 2014, p. 235.) A alteração de gênero do adjetivo que intitula um dos poemas do Anto pode ser lida como evidência de recalcamento de um afeto que, então, não podia ser nomeado de maneira explícita, quando se trata das referências a Alberto de Oliveira no *Só*. Isso traduz-se em mudanças meramente formais: forma poética e, por que não, carinhosa, de evitar o escândalo na *Velha Lusitânia* e para manter segredo. Deste modo, a narrativa deixa claro o progressivo mergulho de Nobre numa solidão que afeta sua integridade física. Parece ficar evidente que é neste estado de coisas que o poeta se dedica à composição de sua obra mais reconhecida, o *Só*. O poeta desenvolve seus poemas no seio de certo "delírio de solitude" de "psicose de abandono" como já foi referido em vários estudos sobre sua obra. Estas expressões, que aparecem no texto de Mário Cláudio (2014, p. 240), trazem à tona uma problemática já denunciada e analisada por Jaime de Lima S. Oliveira.[8] A partir das especulações sobre o sentido de "inversão", este estudo sustenta o pressuposto que se intui da leitura do conto de Mário Cláudio, evidenciando a dinâmica de um sentimento que explicita certa pulsão homossexual. O narrador, que afirma a tensão homoerótica, também admite que a biografia de António Nobre oculta "segredos" que as cartas indiciam, abrindo espaço para especulação de ordem vária:

> Não é todos os dias que se enriquece uma existência juvenil com a presença de um mito (...), e de tê-lo feito com essa dose de mistério que, autorizando variadas conjecturas, contamina de segredo uma biografia que de outro modo se quedaria para os dicionários da literatura, e os quem-é-quem do mundanismo, inteiramente desprovida de charme referenciável. (CLÁUDIO, 2014, p. 244.)

Entretanto, não há, de fato, implicação direta no universo ficcional que a amizade entre os dois poetas enseja no texto do escritor português. Neste sentido, este ganha em relevância, sobretudo por enriquecer seu enredo do ponto de vista conjuntural do "momento" em que se dá a história do afeto partilhado entre Alberto e António. Nesta narrativa, o leitor se depara com um amor que, para seu tempo, é impossível, por sua natureza transgressora, no que diz respeito a fatores extrínsecos e intrínsecos aos próprios sujeitos

---

[8] Trata-se de Dissertação de Mestrado (ver registro completo na "Bibliografia"), defendida na Universidade de Coimbra, em 1955. Em que pese a distância cronológica, as intuições do mestrando são por demais coerentes e sólidas para serem desprezadas.

envolvidos. De fato, há o vislumbre de obstáculos no âmbito social, religioso e moral (para alguns). Além disso, com a ausência das cartas de Alberto de Oliveira não se pode corroborar a hipótese do concreto e veraz "envolvimento" deste. Pelo menos, não no sentido da explicitada forma que encontrou nas cartas de António Nobre. Manifestando-se sutilmente, a transgressão determina a natureza do afeto partilhado pelos dois poetas.

Trata-se de exercício, mais que criativo, que resulta numa espécie de certa especularidade da/na tradição que abre sua caixa de Pandora – porta da criatividade literária –, no sentido de conduzir o leitor pelo olhar "enviesado" de um discurso silenciado pela própria tradição. Isto, num segundo momento, poder-se-ia identificar como um discurso homofóbico. Isso vai constituir o que chamo de "esquecimento" da crítica, quando não ousa ultrapassar os limites de seu próprio absolutismo, ainda que esclarecido. A epígrafe, na tentativa de dar um caminho possível para questionar a constituição de um sujeito, o autor de um livro, conjuga pessoa e texto, numa série de possibilidades que, sintomaticamente, não incorpora a que mais me interessa: o escrever sobre, tal como nas cartas. De certa forma, a partir dessa chave de leitura, esquecer também é um processo que pode contribuir para a concepção de uma obra de arte. O sujeito que escreve é também um produtor de conhecimento, pois é necessário ter "elaborado" algo sobre o que escrever. Assim não fosse, Freud não teria tido tanto trabalho para explanar sobre os lapsos e os chistes que tanto apavoram um inconsciente deslumbrado com as suas próprias possibilidades: uma espécie de narciso psíquico.

A leitura deste conto de Mário Cláudio é prática que dá coceira no cérebro, fica longe de ser uma atividade envolta em qualquer sossego. Percorrer seu texto é procurar a solução de um enigma que, assim como a do mito, tinha um único objetivo: devorar. A escrita de Mário Cláudio devora a atenção do leitor e esgota as possibilidades mais rasteiras de leitura, pela fineza no trato com as palavras, a delicadeza na pintura das figuras humanas e na sutileza sagaz com que compõe seu enredo. A estrutura dos períodos e o fôlego titubeante do leitor respaldam e alimentam o pleno gozo estético. Seu estilo, ímpar, é consolidado pela erudição do vocabulário e pela criação de imagens que transformam o discurso ficcional num exercício plástico que, induz o leitor a perceber as suas sugestões. Mais do que dizer, pergunta, como Carlos Drummond de Andrade: "Trouxeste a chave?". Um exemplo disso, pode-se encontrar, no conto, quando o narrador diz a respeito da amizade entre os dois poetas-personagens: "mantêm-se os selectivos camaradas, volvendo uma longa olhadela lá do cimo ao que consideram, não sem uma ponta de apiedado desprezo, resíduo lusitano da grande humanidade torturada." (CLÁUDIO, 2014, p. 230) Com estas particularidades, o texto de Mário Cláudio só faz aumentar a riqueza do universo experiencial vivenciado por Alberto de Oliveira e António Nobre, traduzido nas cartas que trocaram.

Mesmo sem ser explícito, o exemplo ilustra as características do "estilo" de Mário Claudio, o que ajuda a tornar mais instigante a presente proposta de leitura de um de seus textos. Nele, o autor desenvolve um discurso marcado pela imprecisão – e nisso não há sentido pejorativo algum, pelo contrário! Nada é exatamente aquilo que parece ser e até a totalidade fica sujeita à condição de fragmento. Com os fragmentos de nosso tempo é que Mário Cláudio constrói seu texto como um caleidoscópio. Sem pudor falso, o escritor invade áreas distintas do fazer artístico e delas tira o motivo para a construção da sua escrita. Em outras palavras, "roubando corpos" de outras formas de arte, Mário Cláudio os reconstrói, oferecendo em troca um "corpo em linguagem". Forma diferente não tem o texto do conto, motivo desta análise. Mário Cláudio faz exatamente o mesmo movimento, tanto no que diz respeito à biografia dos poetas--personagem, quanto no que se refere às cartas que trocaram.

Ao descortinar, pelo menos no delírio controlado da ficção, o mundo que rodeia e envolve dois outros poetas portugueses – António Nobre e Aberto de Oliveira – Mário Cláudio escreve um conto que está longe corresponder *ipsis literis* ao modelo convencional e canonizado de narrativa curta. Ele o faz, utilizando de instrumentos igualmente escritos, as cartas de António Nobre e os relatos biográficos dos dois poetas. Pode-se dizer que – para usar terminologia mais "moderna" – o contista faz aqui uma pirataria. Um exercício de "pilhagem", quando se "apropria" das cartas e da biografias sem se deixar dominar pelo risco fácil de repetir o que já foi dito. Com o tempo, fica cada vez mais difícil "assustar-se", ainda que surpreender-se seja sempre uma reação plausível e instigante. Diferentemente das cartas de António Nobre, o tom do texto de Mário Cláudio que, a partir daquele se constrói, está longe de ser um exercício desvalido de queixas, marcado pelo excesso de reticências e de exclamações e dominada por um tom declaradamente "interjeitivo". Pode-se dizer que no delicado apreço demonstrado pelo narrador, há quase uma frieza objetiva na apresentação de passagens, momentos, sensações, pensamentos:

> Entre António e Alberto forma-se a invisível corrente, através da qual transitam crípticas imagens de cumplicidade, e de ternura, que os restantes em absoluto incompreendem, se bem que as deduzam dessa espécie de perturbação que impregna o ar dos sótãos. (CLÁUDIO, 2014, p. 229.)

Descrição (até) poética, é verdade. E já aqui pressente-se, nas entrelinhas do relato do narrador, a referência implícita ao afeto homoerótico explícito e aceito. Essas duas características se referem aos dois protagonistas da relação, seja dito. De fato, no momento em que a história deles acontece, como apresentado no conto, é implícito o pressuposto de que a sodomia e/ou a pederastia é que eram práticas condenáveis. Na verdade, isso não interessa, dado que a intensidade do afeto em atrito com a moralidade da época imprime à tensão vivenciada pelo afeto partilhado enter os poetas sua marca opressiva. Isso supera qualquer tentativa de suposições redutoras outras, por inúteis. A relação afetiva dos dois está, até prova em contrário, longe disso. De mais a mais, o que menos interessaria é validar ou não esta hipótese, que pouco acrescentaria ao exercício sedutor da leitura. No entanto, negar a plausibilidade do afeto, é erro crasso:

> Planeiam distintas coisas em privado desde a travessia do mítico veleiro, capaz de aportar às praias clássicas do golfo de Nápoles, até ao inquebrantável pacto de sangue que enfrente o fatalismo do casamento, ao qual atribuem de resto a virtude de sanear a excessiva carga da atmosfera que respiram. (CLÁUDIO, 2014, p. 230.)

Veja-se como soa simultaneamente ambíguo e delicado dizer que eles procuravam "sanear a excessiva carga da atmosfera que respiram". A meu ver, mais uma vez, consolida-se o caráter homossocial do pacto que selam, nas diversas formas que vai tomando ao longo da vida dos dois protagonistas do conto. Mas o narrador é um fingidor hábil, por isso há que ter em conta certa indeterminação que acaba por amarrar a escritura de Nobre – dado que as cartas de Alberto de Oliveira em sua praticamente absoluta totalidade, são desconhecidas do público – à escritura de Mário Cláudio, transformando a escrita do conto numa espécie de ficcionalização da biografia ou seu oposto. Essa via de mão dupla já foi apresentada num artigo de Ana Paula Arnaut, inserido nas referências bibliográficas deste trabalho. (ARNAUT, 2005b) Isso depende do desejo do leitor. De fato, o narrador acompanha de perto suas criaturas, desvelando o seu próprio fazer literário que, como uma espécie de metaficção, inscreveu também a ficção da escrita, como na seguinte passagem:

De Alberto de Oliveira permaneceria o discurso da contenção, e do projecto, tratando das folhas de um volumezinho de versos, fabricadas de papel ridiculamente demolhado em chá, com vista a reproduzirem a aparência, e o toque, das páginas de um velho saltério, e mais as descrições dos encontros providenciais com quanto áulico andasse de roda de El-Rei, a praticar de banalidades numa construção gramatical que se pretendia francesa, esforçando-se por não se distrair de pronunciar pequeno, conforme julgava dever ser, com um i, e acrescentando, «Lá gostei muito dos seus poemas», «Faz-me grande impressão o seu talento», «Venho de folhear uma coisa extraordinária do nosso Sabugosa.» (NOBRE *apud* CASTILHO, 182, p. 237.)

A referência à poesia de Alberto de Oliveira, em certa medida, corrobora o que antes vinha dito. Além disso, abre a possibilidade de especular sobre a existência das cartas que ele teria escrito em respostas àquelas enviadas por António Nobre. De fato, na edição da correspondência deste, organizada por Guilherme de Castilho, em nota explicativa, comentando a carta de António Nobre, nesta edição, que leva o número 72 (NOBRE, António *apud* CASTILHO, 1982, p. 186-188) – a famigerada missiva que sela o rompimento da amizade entre os dois e revela o desejo de destruir o "diário" expresso por Nobre –, o editor reproduz uma carta de Aberto de Oliveira. OLIVEIRA *apud* CASTILHO, 1982, p. 524-525.) O texto das cartas, conforme referência acima, será objeto de análise mais adiante.

Permito-me uma digressão: não seria mais que interessante "descobrir" as demais cartas ou, pelo menos, parte delas? A possibilidade, ainda que virtual, existe. Em várias destas, há indícios disso. Se elas existem, onde estão? Se existem e fosse localizado seu paradeiro, seria possível consultá-las? Será que o portador deste acervo autorizaria sua publicação, como complemento àquelas escritas pelo António Nobre? Veredas da crítica... De fato, essas dúvidas/possibilidades se fazem plausíveis mesmo com o dado prévio do conhecimento do desejo de Alberto de Oliveira: queimar seus papéis. O que parece ter, de fato, acontecido. De mais a mais, a reprodução das duas cartas faz ressaltar a ambiência homoerótica que escorre do texto de ambas as missivas o que, ao fim e ao cabo, vai ficar como indício, dado que, até prova em contrário, Alberto de Oliveira teve satisfeito seu desejo no que se refere à incineração de seus papéis.

Isto posto, voltando à leitura do conto de Mário Cláudio, percebe-se, ao longo do texto, expressões e palavras utilizadas pelo narrador, que corroboram a perspectiva homoerótica a que se circunscreve a relação afetiva dos dois poetas: "impossível amor", (p. 227-228); "a ardência do lume que os encadeia", (p. 229); "os selectivos camaradas", (p.230); "pungência do sentimento que os une", (p. 231); "um drama idílico", (p. 232); "pacto que celebraram", (p. 233); "ágape de ambrósia evanescente", (p. 234); "desgrenhados afetos", (p. 236); entre outras. Em todas elas, percebe-se, claramente, a clave do homoerotismo, transfigurada em metáforas e metonímias que remetem, sempre e cumulativamente, ao contexto da amizade entre os dois poetas. As duas últimas, particularmente, me interessam de perto. Elas me levam a pontuar o suporte conceitual de que me sirvo que, entre outras referências leva a Jurandir Freire Costa, em seu *A inocência e o vício*.

Para ilustrar o que eu disse no parágrafo anterior, um breve excurso se faz interessante. Considere-se que na Grécia antiga, o relacionamento erótico entre os homens era idealizado na literatura e na arte. Desse modo, é comum encontrar referências à "homossexualidade grega" nos trabalhos que tratam do homossexualismo masculino. Em alguns momentos, Freud fez menção a isso, especulando a respeito das possíveis causas desse tipo de relação ocorrida entre os gregos. No entanto, BREMMER (1995), LIEBERT (1989) e FOUCAULT (1994), entre outros, apontam que aquilo que se passava na antiguidade grega era muito diferente, em função e forma, da chamada homossexualidade moderna. Este afirma que no vocabulário grego não existia um substantivo que designasse especificidades da sexualidade feminina e da masculina. Por extensão de raciocínio, no diapasão do que faz Jurandir Freire Costa, é possível apostar no "homoerotismo" como termo que alarga, e muito, as possibilidades epistemológicas e discursivas da discussão desse tema:

> Na Grécia antiga não existiam substantivos correspondentes aos substantivos que, para nós, designam 'um homossexual' ou um 'heterossexual', de vez que se presumia que virtualmente todos os indivíduos do sexo masculino, em épocas diferentes, expressavam amor e desejo sexual por homens e por mulheres. Á sociedade grega aceitava a alternância de condutas homossexuais e heteros-sexuais no mesmo indivíduo. (LIEBERT, 1989, p. 165.)

As práticas homoeróticas eram frequentes entre adultos e adolescentes. Com base em informações históricas, há de se considerar que essas práticas faziam parte dos rituais de iniciação dos adolescentes, assim como acontece em diversos outros povos (por exemplo, os Papuas, os taifalis, os macedônios, os albaneses). Para esses povos, "os atos pederastas eram um aspecto estabelecido do caminho de um rapaz rumo à idade adulta" (BREMMER, 1995, p. 20). O vínculo entre a pederastia e o ingresso à vida adulta é comprovado pelo fato de os homens deixarem de exercer o papel passivo nas relações, assim que suas barbas surgissem. STOLLER (1993) relata rituais de iniciação pederástica entre os Sâmbia, uma tribo da Nova Guiné, defendendo também a ideia de que se trata de uma forma de o rapaz se tornar homem. Nessas culturas, portanto, a masculinidade não é incompatível com as relações homoeróticas. Ao contrário, a masculinidade só é plenamente atingida através destas mesmas relações.

A representação de cenas de relações eróticas entre homens passou a ser comum no século VI a.C. em imagens estampadas em vasos e jarros gregos, que eram utilizados para servir vinho nos banquetes aristocráticos. Nessas cenas, homens mais velhos aparecem oferecendo presentes, conversando ou copulando com rapazes adolescentes. Os presentes oferecidos a estes indicavam as qualidades que o homem desejava que ele possuísse: "um galo de briga, comportamento guerreiro; uma lebre, velocidade na corrida; e uma lira, qualidades musicais" (BREMMER, 1995, p. 21). Através dessas estampas e de documentos escritos pode-se reconstruir parte da História, possibilitando acesso a informações importantes para o conhecimento de como se davam essas relações. Os estudos históricos evidenciam a existência de normas rígidas que regulamentavam as relações homoeróticas, que eram institucionalizadas. A legislação se ocupava das prescrições e interdições:

> (...) as éticas sexuais eram sobretudo referidas aos chamados amores masculinos e tinham como modelo não a conjugalidade, mas as relações pederásticas (...) [estas] monopolizavam o imaginário social antigo, deixando pouco espaço para a tematização do vínculo conjugal (...) a ética grega era primordialmente dirigida ao homem livre (,..), discriminava mulheres, crianças, escravos e estrangeiros, voltando-se exclusivamente para os cidadãos livres e iguais diante da cidade". (COSTA, 1992, p. 78.)

Há que destacar ainda o pensamento de FOUCAULT (1994, p. 44) quando acentua que a apreciação moral, no campo do comportamento sexual, se baseava mais na quantidade do que na natureza dos atos. Para os gregos, a imoralidade estava nos exageros, nas paixões desenfreadas, independentemente de o objeto de amor ser um outro homem ou uma mulher. A virtude estava na temperança. LIEBERT (1989) e BREMMER (1995) levantam alguns aspectos peculiares das relações ocorridas na Grécia clássica, que demonstram diferenças fundamentais entre aquela forma de relação e as que encontramos hoje, mais comumente, na relação erótica entre dois homens. De início, apontam que essas práticas somente eram bem vistas entre um homem adulto *(erasta)* e um adolescente *(eromeno),* na faixa etária entre treze e dezessete anos, antes do aparecimento de suas barbas. As amizades eróticas entre homens da mesma idade não eram aceitas. Apenas o homem maduro (uma espécie de mentor) é que manifestava claramente excitação sexual, apesar de o sentimento amoroso poder estar presente em ambos os amantes. (LIEBERT, 1989, p. 168)

Nas imagens estampadas nos vasos, a expressão facial dos rapazes era de quem estava envolvido numa atividade acadêmica. Os dados disponíveis não permitem concluir se o rapaz extraía ou não prazer dessas relações. Para BREMMER (1995, p. 20), o fato de as autoridades espartanas coagirem os rapazes a participarem de rituais pederastas permite supor que nem todos gostassem disso. Raramente havia o caráter de exclusividade no exercício da sexualidade. Apesar da atração exercida pelos rapazes, não deveria haver exclusão total da relação com o sexo oposto. O casamento era incentivado, pois havia necessidade de aumentar a população, já que as comunidades gregas eram muito pequenas.

Em Esparta, uma vez por ano, os homens solteiros desfilavam por uma praça, sendo insultados e escarnecidos publicamente. A despeito disso, os homens casados podiam levar suas próprias vidas e participar intensamente do mundo masculino, sem necessidade de estar frequentemente com suas esposas. (BREMMER, 1995, p. 24) Os papéis desempenhados pelos parceiros eram claramente definidos. O homem adulto desempenhava o papel ativo e o rapaz, o passivo. O mais jovem nunca tomava a iniciativa do contato. Isso pode ser explicado pelo fato de que os gregos estabeleciam duas polaridades: a do *sujeito,* relacionada à atividade, ao masculino e à penetração – em última instância, aos homens livres – e a do *objeto,* relacionada à passividade, circunscrita às mulheres, escravos e rapazes. (FOUCAULT, 1994, p. 45) Não era, portanto, admissível que um cidadão se sujeitasse ao papel passivo. Se assim o fizesse, estaria renunciando a seu papel de cidadão e ao exercício de suas funções públicas. (LIEBERT, 1989, p. 168.)

As formas de contato físico aceitas eram definidas: o mais habitual era a penetração entre as coxas do rapaz. O sexo anal, oral e a masturbação só eram claramente admitidos com aqueles excluídos do poder político, ou seja, os não-cidadãos (mulheres, escravos, estrangeiros e prostitutos). Quanto ao tipo de contato físico ocorrido, pairam dúvidas e controvérsias. Parece claro que, na Grécia, submeter-se à penetração anal ou ao sexo oral era inadmissível para um cidadão, e poderia tomá-lo alvo de escárnio público. A submissão do rapaz, que tempos depois se tomaria um aristocrata respeitável, pareceria ser, por isso, pouco provável. No entanto, é pertinente supor que essa prática fizesse parte da iniciação do rapaz, uma vez que o respeito e a submissão aos mais velhos deveriam ser firmados: "demonstração de *status* e posição social é exatamente o que esperaríamos encontrar em ritos de iniciação. Esses ritos devem socializar o adolescente e mostrar a ele sua (baixa!) posição no mundo dos adultos". (BREMMER, 1995, p. 25.) Além disso, o fato de essas práticas fazerem parte de grande número de representações pictóricas demonstra que elas faziam parte da constelação de desejos sexuais.

Vê-se, pelo exposto até aqui, o importante papel que era atribuído aos relacionamentos entre os homens, na Grécia antiga, e quanto eram rígidas as normas que os regulamentavam. Esses relacionamentos eram valorizados por força de seu papel de iniciação ao mundo adulto masculino. Há controvérsias, evidentemente. A diferença entre o "amor grego" e a homossexualidade atual parece clara, uma vez que aquele constituía um meio de promoção do rapaz à elite intelectual e a forma de ele se tornar um adulto completo. Na atualidade, para usar um única palavra: discriminação. Outro fator a ser assinalado é que a sociedade grega esperava de seus cidadãos um comportamento bissexual e não homossexual exclusivo. É digno de nota que em Esparta os homens qualificados que não escolhessem um rapaz como seu amante eram penalizados pelos éforos, que eram as mais elevadas autoridades espartanas:

> Não havia 'homossexuais', significando homens que eram homossexuais no sentido em que hoje empregamos o termo, e muito menos uma 'comunidade gay'. Mais importante ainda, mantinha-se pela força a distinção entre a forma aceitável de desejo e de conduta homossexuais e o que era inaceitável – a saber, o que, na cultura grega, era considerado comportamento sexual feminino'. Se a conduta se confinasse a esses limites prescritos, não havia conflito aparente entre a identidade masculina de gênero e ser eroticamente atraído por outro homem" (...).
>
> Na antiga Roma, de forma semelhante ao que ocorria na Grécia, os relacionamentos homoeróticos eram bem tolerados, desde que ocorressem entre homens bissexuais e jovens não-cidadãos, sendo a conduta passiva aceitável apenas para esses últimos, excluídos do exercício do poder. A diferença principal das relações homoeróticas de Roma e da Grécia é que, em Roma, elas constituíam apenas umas das formas de obtenção de prazer e não faziam parte dos processos de educação. (LIEBERT, 1989, p. 168-171.)

À medida que o pensamento cristão passou a exercer influência cada vez maior na cultura ocidental, a tolerância às práticas homoeróticas foi diminuindo progressivamente (a partir do século III d.C.), passando por períodos de aceitação ambígua, até se configurar em intolerância devastadora na segunda metade do século XII. A partir de então, a Igreja passou a desaprovar oficialmente a homossexualidade, considerando-a uma heresia. Junto com as feiticeiras e os judeus, os homossexuais passaram a ser perseguidos, julgados e condenados à morte. Essa situação perdurou até o declínio da Idade Média, em meados do século XV, quando houve, principalmente na Itália, um ressurgimento da tolerância à homossexualidade, resultado do movimento humanista que tentava uma aproximação entre os ensinamentos cristãos e as obras clássicas. Paralelamente ao Humanismo, desenvolveu-se na Itália o movimento cultural, artístico, literário e filosófico da Renascença, que consistiu no reaparecimento das influências de antigos escritores e filósofos da Grécia e de Roma, influenciando não só as artes, mas as ideias, no campo filosófico.

Através da arte renascentista, observa-se o ressurgimento do culto aos belos corpos masculinos. O mito clássico do rapto de Ganimedes – jovem troiano, amante de Zeus – foi representado em centenas de obras pictóricas, tornando-se uma espécie de metáfora que agenciava certa organização discursiva acerca das práticas homoeróticas. O ideal perseguido, então, era fundir o espiritual com o erótico. Nesse contexto, Ganimedes representava o reino espiritual da alma cristã, que aspirava a ascensão ao êxtase contemplativo, deixando para trás os elementos terrenos e corporais. Tal como Leonardo da Vinci, inspirador de um dos mais importantes trabalhos de Freud sobre a homossexualidade, outros artistas da época (como Giovanni e Miguelângelo) mantinham em tomo de si rapazes imberbes, para os quais serviam de mestres, reproduzindo, em parte, o cenário grego do período clássico. Não se tem informações a respeito da forma como se davam essas relações, na privacidade, mas as amizades íntimas entre um mestre e um discípulo eram frequentes e duradouras.

Nessa época, continuava havendo uma atitude desaprovadora da Igreja em relação ao homoerotismo, mas alguns artistas – aparentemente homossexuais – eram honrados pelo clero, não só através de encomendas de obras de arte, mas também através dos títulos que recebiam. Ainda durante o final da Renascença, na Inglaterra, surge a primeira subcultura homossexual de que se tem notícia, que se assemelha às atuais subculturas *gays* – as chamadas *molly houses*. Os homossexuais se reuniam em tabernas, onde bebiam, dançavam e cantavam.

É mais que plausível diferenciar os dois termos – homossexualismo/homoerotismo – aqui em jogo, ainda que implicitamente. O privilégio recai, logicamente sobre o segundo, dado que este contribui para a discussão do que se conhece como ética da vida privada. É esta, seguramente, a que abrange a relação que é tomada como mote do conto de Mário Cláudio. Há que se manter certa preocupação com o preservar do modo de viver da tradição cultural a que o sujeito se circunscreve. Neste sentido, a Psicanálise contribui e muito. Esse raciocínio se mantém respaldado pela seguinte questão: qual o direito da sociedade, grupos ou indivíduos, de obrigar quem quer que seja a ser social e moralmente identificado em sua aparência pública por suas preferências eróticas? Daí a necessidade da diferenciação conceitual. Há dois pressupostos: a incidência do preconceito sexual sobre a conduta dos sujeitos que agem e sentem de modo "diferente" e o uso que se faz das noções de "perversão" ou "neurose" quando aplicadas ao fenômeno da atração erótica entre pessoas do mesmo sexo biológico. Do ponto de vista da sexualidade (física) nada há o que questionar sobre a relação entre os dois poetas-personagens. De fato, isso pouco me interessa. Por outro lado, do ponto de vista da afetividade, não se pode admitir visão preconceituosa, a partir de argumentos falaciosos.

A teorização acerca do homoerotismo não é assim tão recente. Ela retoma o que foi criado por F. Karsh-Haack, em 1911, e utilizado neste mesmo ano por Sandor Ferenczi, em trabalho sobre o tema. Não se trata, evidentemente, de apenas rebatizar moralmente a chamada "homossexualidade". Ferenczi, com o termo, teve justamente a intenção de criticar o saber psicanalítico da época, fenômeno e percebido como "atração pelo mesmo sexo". Freud, em texto intitulado *Três ensaios sobre a teoria da sexualidade*, de 1920, avalizou o emprego do termo. Quando se emprega a palavra "homossexualidade", inevitavelmente vêm ao pensamento duas coisas: ou que o "homossexualismo" é uma condição natural, um tipo específico de sexualidade comum a certos indivíduos, em qualquer período histórico ou circunstância cultural, ou então que se trata de uma "condição psicológica" igualmente universal e típica de certos sujeitos. Este uso alude ao que é comumente designado como "homossexualidade", mas procura evitar que o leitor moderno, preso a hábitos cristalizados, desse o sentido de "homossexualidade" a quaisquer práticas eróticas entre indivíduos do mesmo sexo biológico. Em se tratando de uso de termos, note-se a já referida sutileza do autor também na passagem seguinte que bem demonstra e ilustra o raciocínio até aqui desenvolvido:

Quando cuida Nobre de viver sem vigilâncias nocivas, nem escolásticos impedimentos, a amizade que entre ele e Alberto de Oliveira foi gloriosamente crescendo, é em Leça da Palmeira que pensa, não como cenário do desenrolar de um drama idílico apenas, mas como substância que deverão dividir em fracções iguais dois poetas, praticando do amor de um Portugal a que os pintores não são capazes de aceder. Alugam uma casinha térrea a um desses velhos pescadores barbudos, conhecido pelos locais pitorescamente como João Moca, e para lá transplantam livros e canhenhos, *toilettes* completas e material de fumo, chapéus e adereços, como se fossem iniciar sem limite fixo uma equilibrada existência dual. (CLÁUDIO, 2014, p. 232.)[9]

Percebe-se aqui a coerência do uso do termo e a abordagem que introdutoriamente apresento. Acrescente-se que o erotismo, nesta circunstância, está muito longe de ser reduzido a práticas, experiências, atos e relações da ordem da sexualidade (apenas). Para além deste perímetro, se acompanhar Foucault ainda é atitude acertada, como penso que é, o horizonte é mais largo, fazendo com que António Nobre e Alberto de Oliveira, sobretudo no conto de Mário Cláudio, sejam considerados sujeitos desta instância da vida privada, ainda que ficcionalmente tratada.

Nesta direção, cumpre ressaltar que observo o fluxo da linha do tempo, no que diz respeito ao desenvolvimento desses conceitos, percebendo que, pelo contraste de culturas diversas, como a greco-romana, por exemplo, o que se acredita "do jeito que sempre foi" é axioma que não tem nenhuma sustentação técnica plausível e, ainda menos, fundamentos científicos, como se supõe. Logo, por óbvio, a pederastia grega e o "homossexualismo moderno" são duas formas absolutamente diferentes de se descrever, sentir e avaliar moralmente as relações ou atração erótica entre pessoas do mesmo sexo. Por isso mesmo, penso na plausibilidade da abordagem aqui adotada, dado que os poetas-personagens agem e sentem, na ficção, de maneira a sustentar as hipóteses de leitura aqui apresentadas, pelo menos, é o que faz perceber a "voz" do narrador.

Para concluir esta digressão, a cultura em que vivemos – contexto no qual se articula a leitura do conto – é, majoritariamente, heteroerótica, o que não significa que outros modos de ordenação

---

[9] Esta passagem me faz lembrar de um conto de Machado de Assis, "Pílades e Orestes", em que igual matéria, em similar sintonia cultural, é objeto da narrativa curta do brasileiro.

do desejo não possam existir. Isto não quer dizer que o conto se proponha a sustentar uma proposta para a reforma da sexualidade. É impossível escolher a sexualidade, assim como não se escolhe a língua materna. No entanto, é possível redescrever moral, social e ficcionalmente, as articulações que o desejo impõe e faz expressar pela linguagem, no caso, ficcional. Afinal de contas, a troca de vocabulário leva, quase automaticamente, à troca de problemas. Com essa troca, algumas coisas da realidade, que antes pareciam absolutamente importantes, passam a não ter mais importância. De certa forma, o conto de Mário Cláudio pode ser lido como uma narrativa incompleta, projeto falhado porque desejou a inteireza. Justamente no bojo desse mesmo desejo, por causa dele, o conto acaba por conseguir certa "completude", no que diz respeito à expressão ficcional de um afeto pouco compreendido, quando de sua ocorrência:

> Se conhecerem-se, e amarem-se, não como é patente obra de um momento, atribua-se à época, tão pronta a conceder o que nega, e a descobrir o que escamoteia, a diuturnidade do afecto, votado a labirintos onde se entra, e donde se sai, quando não se está certo, nem seguro, de pretender alcançar o centro. (CLÁUDIO, 2014, p. 229.)

Esta passagem, em sua dicção ficcional, explicita, na minha opinião, uma das melhores "descrições" do homoerotismo na história dos dois poetas. Por isso mesmo, penso que a ideia de pacto homossocial – no diapasão proposto pela harmoniosa elaboração de Eve Kosofsky Sedgwick – é eficaz, eficiente e efetiva, na leitura da narrativa ficcional da amizade dos poetas. O conto é escrito a partir de uma impossibilidade da escritura: não se tem conhecimento das cartas escritas por Alberto de Oliveira, dirigidas a António Nobre, exceção feita à carta – a que registra indelevelmente o rompimento da amizade – que leva o número 72, na edição de Guilherme de Castilho, como anteriormente mencionado.

Posso concluir, então, que a escrita do conto realiza uma espécie de travessia, aqui, pelo espaço da página em branco, em direção à posse de um corpo: o corpo da própria escrita. Isto por conta da ausência das "respostas" de Alberto de Oliveira às cartas de António Nobre. Note-se que, a tomar como procedente a ideia de travessia, esta se faz por intuição, implicitamente, muito mais pela leitura que, da escrita do conto, se faz. Tal travessia se explicita num discurso eroticamente trabalhado – como, de resto, o foi seu similar, no que se refere à amizade descrita em cartas entre os dois poetas-personagens. Tal assertiva se sustenta ainda que no texto do conto não haja, de maneira explícita, referência ou pontuação direta a estas mesmas cartas. A letra do contista, na voz de seu narrador, é o risco na página, a tomada de posse de um território virgem, definição de uma nova geografia que ganha concretude significante e que restitui à escrita a condição de grafia do humano.

Nesse caso, dadas as circunstâncias da apresentação e caracterização da relação de amizade entre as duas personagens, não vejo como não admitir a efetividade do já referido "desejo homossocial", cujo princípio homônimo estabelece as bases de um compromisso que envolve não apenas o comportamento social, mas os desejos individuais de cada uma delas. Evidentemente, numa direção outra, em relação ao poema, o conto aponta e reafirma a plausibilidade da leitura operacionalizada pelo princípio da homossociabilidade, no sentido estabelecido por Eve Kosofsky Sedgwick:

> "Male homosocial": the phrase in the title of this study is intended to mark both discriminations and paradoxes. "Homosocial desire", to begin with, is a kind of oxymoron. "Homosocial" is a Word occasionally used in history and social sciences, where it describes social bonds between persons of the same sex; it is

a neologism, obviously meant to be distinguished from "homo-sexual". In fact, it is applied to such activities as "male bonding," which may, as in our society, be characterized by intense ho-mophobia, fear and hatred of homosexuality. (SEDGWICK, 1985, p. 1.)

A conceituação da autora corrobora discussões de cunho teórico, implícitas na leitura do conto de Mário Cláudio. Isso se dá porque a ideia de homossociabilidade – e, derivadamente, o pacto que a partir dessa ideia é possível estabelecer – articula-se, psicanaliticamente, à ideia de desejo, no quadrante em que, evidentemente Freud e Lacan se encontram como bastiões. Num segundo momento, Pierre Bordieu, quando fala de "dominação masculina" ajuda na sustentação da hipótese de certa submissão de Alberto de Oliveira a António Nobre, via sedução que este exerce. Evidentemente, afirmar que o fazia de maneira deliberada é passo muito grande que pode levar a queda. No entanto, a sedução que a figura de Nobre exerce indiscrimina-damente – haja vista, por exemplo, sua opção por vivenciar o que é conhecido como "idade de ferro", nas palavras do próprio Alberto de Oliveira – não deixa dúvidas sobre esse aspecto sedutor que pode ser percebido, também implicitamente, nas sutilezas descritivas que o autor do conto executa ao longo da narrativa.

Por fim, se acedermos à ideia de "cuidado" e da "vontade de saber", Foucault vai reforçar outro argumento implícito: o de quê, de fato, no conto – eu ouso afirmar que a correspondência deixa isso muito claro – não está em jogo a pertinência ou não de uma relação física entre os dois poetas, da/na perspectiva da sexuali-dade. Ao contrário, seu afeto ultrapassa a barreira do preconceito, na leitura que do conto se pode fazer, dado que, na perspectiva do próprio pensamento de Foucault, não se criminaliza o afeto, mas a sodomia. Outros pensadores vão pelo mesmo caminho. Fico com os aqui referidos.

Há que destacar o traço poético (no sentido etimológico do termo) que marca os conceitos vinculados à leitura que aqui apresento. Esse traço faz com que sua pertinência seja consolidada na leitura do conto, provocando uma vinculação da ordem do hermenêutico. É nessa perspectiva que se deve tomar o texto aqui lido. Há, nele, elementos que confirmam a potencialidade hermenêutica do conceito de homossociabilidade e, por isso mesmo, abrem novas possibilidades de interpretação do conto, sem necessariamente torcer-lhe a natureza; muito antes, aumentando consideravelmente a espessura de sua fortuna crítica, atualizando – como queria Jauss –, sempre e mais, a obra lida. Complementando esse comentário acerca do traço poético que marca o uso de termos como "homoerotismo", há que se destacar a profunda delicadeza do autor do conto em passagens contundentes de sua narrativa. Em contraposição à "boêmia louca" (CLÁUDIO, 2014, p. 227) que identifica o ambiente um tanto esperado em que tem início a amizade entre os dois poetas-personagens, tem lugar "um drama idílico" (CLÁUDIO, 2014, p. 232), que se desenvolve até um desfecho quase trágico, tratado com sensibilidade e carinho pelo narrador:

> Está em Carreiros na Foz do Douro, e na residência do irmão, com os olhos mais escancarados do que nunca, absorvendo a cintilação do Atlântico, e de mãos juntas como quem espera que lhe venham ensinar uma oração, há séculos esquecida, e que confunde de vez em quando com um soneto rejeitado. Ao entrar Augusto, já o sol declinou, e suspenderam-se os espasmos que lhe provocam estremeções do esqueleto, e esplendidamente se sente, e como se tivesse acabado de nascer, concentrando-se no labor da aranhazinha que, animada pelo calor, afanosamente segrega o fio. É Alberto quem em lugar do mano dedicado se aproxima, e pede-lhe António num murmúrio que o abrace, e ao achar-se apertado pelo companheiro de sempre, consente em que a cabeça se lhe

descaia, de infinito êxtase, sobre o ombro daquele que jamais o traiu. (CLÁUDIO, 2014, p. 243.)[10]

Nos enrijecidos padrões de comportamento que uma experiência inusitada provoca em dois estudantes em Coimbra, no final do século XIX, o contrato homossocial é uma inegável articulação de desejos e discursos que provocam no leitor uma espécie de espanto que leva à percepção de nuances (afinal, uma forma de conhecimento, como queria Platão!), que a dicção literária é capaz de provocar num conjunto de elementos corriqueiros como as palavras. Estas constroem discursos que vão levar o leitor a mundos outros em que as aparentes verdades eternas se desfazem, pela ação de um olhar atento e, por que não, enviesado, apontando para detalhes outros, igualmente inusitados. Assim, trata-se, num plano mais geral, de um espanto que poderia ser chamado de o "paradoxo da doxa":

> (...) o fato de que a ordem do mundo, tal como está, com seus sentidos únicos e seus sentidos proibidos, em sentido próprio ou figurado, suas obrigações e suas sanções, seja grosso modo respeitada, que não haja um maior número de transgressões ou subversões, delitos e "loucuras". (BOURDIEU, 1999, p. 7.)

O autor, tratando de aspectos e representações do que se conhece por "dominação masculina", faz-se pertinente ao ser citado neste trabalho, uma vez que esse "masculino" é o objeto construído pela linguagem no texto do conto, palimpsesto dos outros textos que o compõem. Pode-se perceber isso, por exemplo, em passagens do conto coo esta: "O jogo do mais aliciante magnestismo" (CLÁUDIO,

---

[10] Esta passagem me lembra a narrativa lírica de Caio Fernando Abreu. Na sua contundência, quase agressiva, o escritor brasileiro, em muitas imagens, se aproxima do poeta português, e vice-versa, apesar das óbvias diferenças: distância cronológica, de gênero e cultural.

2014, p. 229), ou ainda, quando da partida de António Nobre, deixando Alberto de Oliveira no cais:

> Mas era em Alberto, nesse que ficara, minúsculo e sem defesa, ao ser observado do cimo da amurada, especado no extenso cais da beira-Tejo, que lançava âncora o pensamento do viajante, e nada havia que não lhe dedicasse, do que ia sentindo, e do que ia acontecendo, mágoas e saudades, ímpetos e planos, medos e desconhecimentos, risos e lágrimas, porque era aquele o seu deus particular, a quem tudo se oferecia, a quem tudo se sacrificava. (CLÁUDIO, 2014, p. 235.)

Numa relação dialética consigo próprio – seja na perspectiva do erotismo, seja na perspectiva do comportamento social – o masculino questiona e reafirma a instabilidade das chamadas "verdades eternas", a doxa. Os paradoxos constitutivos que fazem com que esse masculino esteja vivo e experimente uma crise não levam necessariamente à conclusão de que um modelo prevalece, mas, ao contrário, modelos são construídos à medida que olhares se enviesem, construindo caminhos outros de direcionamento da leitura. Como acontece no conto, pode-se pensar num certo exercício de dominação que, por um momento, parece natural. A fascinação causada por António Nobre sobre Alberto de Oliveira – implicitamente revelada pelas cartas do primeiro – aparece como instrumento de veiculação de um contrato homossocial, responsável pelo desvelamento de relações não-superficiais, que ultrapassam a estreiteza dos padrões sociais vigentes. Isso leva a concordar com o que diz, mais uma vez, Pierre Bourdieu:

> (...) o que é ainda mais surpreendente, que a ordem estabelecida, com suas relações de dominação, seus direitos e suas imunidades, seus privilégios e suas injustiças, salvo uns poucos

acidentes históricos, perpetue-se apesar de tudo tão facilmente, e que condições de existência das mais intoleráveis possam permanentemente ser vistas como aceitáveis ou até mesmo como naturais. (*Idem, ibidem.*)

Mário Cláudio oferece um exemplo que a Literatura Portuguesa produziu, a partir do qual o exercício da leitura pode ser realizado sob a perspectiva de uma hermenêutica do homossocial. Enquanto prática de recepção de textos, essa leitura amplia os horizontes de expectativas da própria obra do escritor, atualizando essa mesma obra, numa visada outra que sai do lugar comum, ousando voos mais amplos e abrangentes:

> Que lhe ofereça António, e num poema lindo, o título de «condezinho Tolstoi» não esclarece sobre com que diferentes primores poderão no futuro homenagear-se entre si, razão por que melhor se tornará remeter-se ele, Alberto, à reserva calculada donde é fácil assistir ao progresso daquilo que, não sendo amizade, só com a mais elevada essência afectiva, perigosa de se nomear, se deparará em condições de coincidir. (CLÁUDIO, 2014, p. 231.)

A crítica que se constrói a partir dessa leitura pode causar, no próprio leitor, a impressão de estar, finalmente, diante da verdade sobre a constante mescla de sofrimento banal e humor trágico que caracteriza a existência humana. Ainda que essa verdade seja sempre revisitada, reconstruída, modificada. Se o objeto central do presente trabalho não é o conto, este desempenha papel fundamental na abordagem da correspondência entre Alberto de Oliveira e António Nobre, por sua natureza provocativa. Aparentemente, os dois poetas saltam da diegese para outro universo, o das cartas. Este, por sua vez, alegoriza a realidade vivida pelos dois missivistas. Em ambos os casos, pressente-se a sombra de um afeto camuflado, forçadamente escondido. Assim, o caráter ficcional do conto, na economia do talento de Mário Cláudio, cria condições mais que favoráveis para a abordagem das cartas. Afinal de contas, na ausência da contrapartida de Alberto de Oliveira para a correspondência ser completa, o relato do conto preenche algumas lacunas que, ao final das contas, fazem proceder a hipótese do homoerotismo como plausível operador de leitura deste "texto" mais que peculiar: o das cartas. Eis, então, a provocação pretendida!

CAPÍTULO II

DO EMBASAMENTO I (TEORIA)

Foucault nous l'enseigne: nous ne pouvons jamais nous situer à l'extérieur de la politique. Les "espaces autres", les "hétérotopies", pour autant qu'ils dépassent le stade incantatoire de l'utopie de la subversion, sont nécessairement situes à l'intérieur d'un monde social dont les normes et les technologies disciplinaires contraignent, dominent et assujettissent. Mais nous ne sommes pas pour autant condamnés à être piégés par le pouvoir et vaincus par ses ruses, impuissants à l'échapper aux mailles de ses filets. Si le geste de "l'écart" est toujours relatif, et si les conquêtes ne peuvent être que partielles, locales, si elles sont incertaines, fragiles et provisoires, cela ne signifie pas que nous sommes perdants à tous les coups. Il faut se défaire de la mythologie du tout ou rien. Nous pouvons, par le travail critique inlassablement répète, déplacer les limites qui nous sont imposées et élargir les possibilités de la liberté: "on doit échapper à l'alternative du dehors et du dedans, écrit Foucault lorsqu'il donne sa définition de l'attitude critique, il faut être aux frontières. La critique, c'est bien l'analyse des limites et la réflexion sur elles.

Didier Eribon
Réflexions sur la question gay

A cada passo, o estudo da Literatura, ao longo de sua História, tem demonstrado que, no balanço de perdas e danos, quem acaba sempre ganhando é o leitor. Ao tomar a Estética da Recepção como um parâmetro cronológico deste percurso, esta convicção se afirma. O papel do leitor não é apenas importante e/ou fundamental. Ele é a própria "pedra de toque" dos Estudos Literários. Com isso, não quero generalizar a negação de valor a qualquer alternativa crítico--metodológica que venha a operacionalizar os Estudos Culturais que partem do literário para o desenvolvimento de seu próprio discurso. Na mesma medida, não quero negar a possibilidade de se recuperar qualquer dos elementos variáveis que, ao longo do referido percurso, fizeram consolidar as posições crítico-metodológicas da própria Teoria da Literatura.

A necessidade e/ou a utilidade das teorias que tento operacionalizar aqui faz-se sentir a partir do momento em que um conhecimento se organiza e, nessa sistematização, pede pelo estabelecimento de requisitos mínimos para a operacionalização das ideias aí articuladas. Não se trata, evidentemente, do estabelecimento de um "receituário", a partir do qual qualquer texto possa ser submetido ao escrutínio de um leitor "ingênuo", levando-o a desvendar os mistérios do sentido do texto. Ao contrário, tal conjunto de requisitos serve apenas para balizar os leitores nas sendas da construção do sentido, como desejava Iser. No que diz respeito ao conjunto de observações que construo a partir da leitura das cartas dos dois poetas portugueses, este princípio operacional se faz pertinente e promissor. Em outras palavras, pode-se continuar considerando tal operacionalidade, desde que ela se volte para uma prospecção do fazer teórico com/ da Literatura. O conhecimento produzido a partir das conjecturas do leitor é que vai estabelecer "matéria constitutiva", nessa nova perspectiva. Ratifica-se, assim, a ideia de que a Teoria da Literatura é um discurso que se constrói como um *work in progress*, e não como um discurso *a priori*, oriundo de "experimentações" anteriores, respaldando-lhes as conclusões "práticas".

Tomando como *parti pris* a convicção de que a Teoria da Literatura é uma disciplina que não pode ser "codificada" em termos de determinação de um objeto definido e uma metodologia específica – o que, afinal de contas, não chega a lhe destituir o caráter "científico", que permanece, numa outra dimensão –, fica mais fácil pretender uma (re)construção da própria Teoria, valorizando, mais ainda, as suas fundamentações metodológicas. Não estou defendendo a Teoria da Literatura enquanto uma disciplina "autônoma" – aqui, no sentido de uma falaciosa independência, em relação a outras disciplinas do campo das Ciências Humanas –, no campo dos Estudos Literários, mas, sim, o contraditório protagonismo intelectual que ela adquiriu na atualidade.

Por outro lado, busco também o desenvolvimento teórico da ideia de que a Literatura é mais "construída" que "natural". Esse "construcionismo" se aproxima muito da ideia que marca o conceito de homoerotismo, fundamental em minha argumentação, e, por outro lado, acaba por explicitar o traço "contraditório" do protagonismo da Teoria, uma vez que dela não se prescinde e a ela se devota a necessidade de um texto "literário", o que, em síntese, acaba por dar-lhe a devida consistência. Assim, acredito que só através de um conhecimento teórico da Literatura, articulado ao ato crítico – nele implícito – e ao ato interpretativo, é que se poder-se-ão deslindar alguns nós que, historicamente, os Estudos Literários têm encarado ao longo do tempo.

Entretanto, a importância da Teoria não se esgota aí. Existe ainda um interesse que implica numa consciência necessária acerca das razões desse próprio interesse, evidenciando a identificação do "poder" do sujeito que utiliza os instrumentos críticos, o que conduz à compreensão do próprio processo teórico. Esse ponto constitui um núcleo discursivo que não denega uma epistemologia, aparentemente, inocente, desenvolvida pela crítica e teoria universitárias. Esse núcleo exige um comprometimento da investigação com o problema insolúvel dos Estudos Literários, isto é, o problema da subjetividade. Esse problema apresenta, aqui, certa particularidade: por um lado, deixa entrever que o entendimento da Literatura, por sua natureza mimética ou pela exclusividade de seu poder de representação, conduziu tanto a deliberadas desvalorizações dela mesma, em nome de princípios morais, quanto a reduções implícitas de sua importância, através da exigência de que ela servisse de suporte para determinações de ordem moral na sociedade. O que acontece com a correspondência entre Alberto de Oliveira e António Nobre, testemunho inescapável de uma história de amor, recalcada e sublimada em poesia, é exemplo mais que cabal disso.

Quando se recorre à Literatura, nesta dimensão, pode-se dizer que se consegue o testemunho de uma modificação que se teria produzido no Ocidente, com a injunção de dizer a verdade, a exigência de confessar. Tal modificação é traço característico dos procedimentos de individualização pelo poder, como os que se encontram nos dispositivos disciplinares, normalizadores da sexualidade, no momento em que a questão "o que é o sexo?", em Foucault, principalmente, torna-se fundamental para saber o que é homem, quem é este sujeito que num discurso tão peculiar, se constitui.

O discurso, como se sabe, já foi considerado uma função representativa da linguagem na época clássica. Agora, o discurso, considerado em sua materialidade ou como prática, é um conjunto de enunciados, isto é, uma espécie de dispersão pura – no sentido em que não tem princípio de unidade, dado por um objeto, um estilo, uma arquitetura conceitual, um tema –, mas a respeito da qual a "arqueologia" estabelece uma regularidade, ou um sistema de relações que funciona como "lei" desta mesma dispersão. O enunciado, neste quadro, é o elemento a partir do qual o discurso pode ser definido: uma função que torna possível relacionar um conjunto de signos, em primeiro lugar, com um domínio de objetos, ou com um referencial; em segundo lugar, com um espaço vazio que diversos indivíduos podem/devem preencher para se tornarem sujeitos, um espaço vazio em que diferentes sujeitos podem vir a tomar posição. Assim, os discursos são feitos de signos, mas o que eles fazem é mais do que utilizar estes signos para designar coisas ou explicitar temas. É esse "a mais" que os torna irredutíveis à língua – e a seu perímetro de ação. É esse "a mais" que é preciso fazer aparecer e descrever. Não se trata de negar o conceito de linguagem – o que, equivocadamente, faria repetir a "condenação" do Formalismo Russo e a operacionalidade de sua ideia de desvio linguístico –, mas de defender que o discurso é mais fundamental que ela.

A Literatura tem dado exemplos de como este tipo de mecanismo discursivo pode ser apreendido, principalmente em certos gêneros, como a memória, a autobiografia e o assim chamado romance intimista. Inclui-se, na mesma medida e com o mesmo peso, a correspondência. No caso de António Nobre e Alberto de Oliveira, um tanto manca, mas reveladora. Estes "gêneros" ou subgêneros narrativos explicitam formas discursivas que podem ser depreendidas, em certa medida, de qualquer formação textual que a Literatura venha a concretizar. É neste sentido que Foucault interpreta uma afirmação de D.H. Lawrence: "a compreensão consciente do instinto sexual é mais importante do que o ato sexual" (LAWRENCE *apud* MACHADO, 2005, p. 128).

É também neste mesmo sentido – o de considerar a criação de procedimentos através dos quais se incita o sujeito a produzir um discurso de verdade sobre a sua sexualidade – que Foucault também interpreta globalmente a transformação ocorrida na Literatura na/da Modernidade ao afirmar que não se pode negar a passagem de um "prazer de contar e ouvir (...) a uma Literatura ordenada em função da tarefa infinita de buscar, no fundo de si próprio, entre palavras, uma verdade (...)." (FOUCAULT, 1976, p. 80) Não será esta a verdade que se desvela nas palavras carinhosas que António obre dirige a Alberto de Oliveira, em suas cartas? E, mesmo, de igual maneira, na única carta de Alberto para António – a que sobreviveu ao "incêndio" – em que o tom carinhoso das palavras dirigidas ao poeta do *Só* insistem em reverberar?

Por outro lado, esse mesmo problema aponta para o fato de que a Teoria é importante, pois pode contribuir para o estreitamento das relações entre a investigação teórica da Literatura com os outros meios e/ou modos de investigação de "fatos" que, a princípio e aparentemente, são estranhos à própria Literatura. Da mesma forma, a Teoria da Literatura desempenha um papel importante, de cunho epistemológico, a partir do pressuposto de que permite estabelecer um pacto trans/interdisciplinar, entre diferentes possibilidades de produção e acesso ao conhecimento. Entre eles, inclua-se o pacto homossocial.

Pode ser que a Literatura seja definível – e, por isso mesmo, teorizável – não pelo fato de ser uma espécie de escrita ficcional ou "imaginativa", para utilizar um termo muito caro a Eagleton. Talvez seja assim porque a Literatura emprega a linguagem de uma forma peculiar, melhor dizendo, produz uma forma peculiar de linguagem. Dessa forma, a Literatura é uma espécie de violência contra a "fala comum", para concordar com Jakobson. A Literatura é uma forma de linguagem que chama a atenção sobre si mesma. Aqui é possível conceber a instância da subjetividade como algo que operacionaliza a "violência" perpetrada pela "linguagem literária". E não é este mesmo o eixo que sustenta a escrita de cartas?

Pode-se afirmar que a Literatura é uma linguagem ao mesmo tempo única e submetida à lei do duplo. Acontece com a Literatura o mesmo que se passa com a personagem de *O duplo*, de Dostoievski: em certa noite encoberta de bruma, a personagem perambula sempre cruzando com um vulto, não apenas pelas esquinas, mas de frente, indo ao encontro deste. Neste ritmo, o encontro causa pânico na personagem, que vê na sombra o seu duplo. Esta percepção é epifânica. Jogo semelhante se dá entre Literatura e obra literária. A obra vai, sem fim, ao encontro da Literatura, que é uma espécie de duplo, passeando diante da obra. Esta jamais a reconhece, embora sempre esteja se encontrando com a Literatura. O que sempre falta é o momento do pânico. Na "Literatura" não há encontro absoluto entre a obra e a Literatura. A obra jamais se depara com seu duplo, sempre dado a conhecer no/pelo percurso. Por isso, a Literatura é o intervalo, a distância que há entre a linguagem e as suas realizações, uma espécie de espaço de desdobramento:

> Na verdade, o que se chama de Literatura é o trabalho com os significantes responsáveis pela criação daquela multiplicidade de significados que tecem a tensão que envolve e desafia o leitor. Por isso, aquilo que é mais do que Literatura na leitura da obra literária está sempre referido a uma organização específica de significante, de tal maneira que os significados extraídos da leitura (psicológicos, históricos, sociais, etc.) são definidos por aquela organização. Eis, portanto, outro paradoxo: aquilo que não é Literatura na leitura da Literatura é dependente, na existência concreta da obra literária, da intensidade com que foi possível trabalhar os significantes. (Intensidade: é preciso chamar a atenção para o que este termo configura na relação entre o dizer e o fazer da obra literária e a recepção dela pelo leitor?)
>
> Por outro lado, aquilo que não é Literatura na leitura da Literatura, isto é, a multiplicidade de significados referidos à

experiência do leitor, tem uma existência dupla: faz parte do mundo na experiência empírica enquanto dado da realidade psicológica, histórica ou social e, por outro lado, eventualmente existe como componente de uma organização, ou construção específica, que é a obra literária.

Se a esta multiplicidade de base acrescentar-se a própria experiência da leitura de outras obras, pois seria difícil imaginar o leitor de uma obra única, é possível completar o ciclo dos paradoxos: a leitura do que não é Literatura é sempre uma releitura daí o teor tautológico das leituras de significados. Mas, atenção, há um outro sentido para a releitura: aquela que procura integrar na leitura de obras do passado a experiência do presente em que se situa o leitor. Experiência do presente não apenas dos significados, por onde a leitura seria não somente tautológica mas anacrônica, mas dos significantes a que outras obras deram acesso. (BARBOSA, 1990, p. 15-16.)

Impressionante a oportunidade e a afinidade entre o que diz Foucault e o que diz João Alexandre Barbosa. A extensão da citação não compromete seu sentido e sua pertinência aqui. Na verdade, o segundo ecoa as ideias do primeiro. No fundo, no exercício da(s) leitura(s), na tautologia anunciada por Barbosa, podem-se perceber rastros do pânico causado pelo encontro com o duplo, no caso da personagem lembrada por Foucault. Por outro lado, este mesmo sentido tautológico, amarrando o tecido de leituras sucessivas e intrinsecamente ligadas, faz pensar na distância entre a linguagem e suas concepções, consideradas, respectivamente, pelos formalistas russos e pelo próprio Foucault. Instituindo o discurso como espaço de representações significativas operadas pela leitura, o desvio deixa, definitivamente, de ficar circunscrito ao campo de ação da linguagem *per se*. O sujeito, no caso, o leitor, vai ser, então, o responsável pela articulação dos sentidos múltiplos de que fala

Barbosa, corroborando a tese de Foucault sobre a imponderabilidade do poder da linguagem por ela mesma. Essas ideias encontram, no desejo satisfeito de Alberto de Oliveira – de ver seus papéis queimados – ilustração mais que contundente, praticamente definitiva. De mais a mais, o simbolismo do fogo cauteriza, aqui, qualquer tentativa de "denegação".

Assumido esse pressuposto, é possível conceber o "olhar" do leitor como o elemento agente da violência pressuposta anteriormente, pois é a ele que a subjetividade autoral se dirige. Nesses termos, pensar essa subjetividade voltada e/ou marcada pela sexualidade, e mais, uma sexualidade que procura a identificação entre seus "iguais" – estou aqui me referindo ao que denomino de olhar homoerótico – faria dessa legítima instância discursiva, textual, um operador a mais para a leitura do que a Literatura está produzindo. Tal possibilidade causa um estranhamento justificável que, nas palavras de Eagleton, remonta aos formalistas:

> Os formalistas começaram por considerar a obra literária como uma reunião mais ou menos arbitrária de "artifícios", e só mais tarde passaram a ver esses artifícios como elementos relacionados entre si: "funções" dentro de um sistema textual global. Os "artifícios" incluíam som, imagens, ritmos, métrica, rima, técnicas narrativas; na verdade, incluíam todo o estoque de elementos literários formais; e o que todos esses elementos tinham em comum era o seu efeito de "estranhamento" ou de "desfamiliarização". A especificidade da linguagem literária, aquilo que a distinguia de outras formas de discurso, era o fato de ela "deformar" a linguagem comum de várias maneiras. (EAGLETON, 1983, p. 4.)

O que o autor parece não ter notado e, por conta disso, não deu a devida importância, foi o fato de que a arbitrariedade é o traço fundamental da subjetividade e esta não tem regras universais e fixas para se expressar, seja em linguagem comum, seja em linguagem literária. De mais a mais, talvez fosse o caso de se associar esse "estranhamento" provocado pela linguagem literária, nas palavras do autor, a uma percepção inconsciente de que um sujeito "outro" se explicita no exercício dessas mesmas possibilidades "técnicas" anunciadas, que caracterizam o fazer literário. Não estaria aqui uma oportunidade de se pensar, nos termos da linguagem literária, em um princípio de sexualização da Literatura? Na altura do formalismo, não é equivocado considerar a influência das ideias freudianas acerca do assunto e perceber seu impacto no desenvolvimento teórico das próprias Ciências Humanas, de maneira geral; afinal de contas, um novo "paradigma" já estava posto. No que diz respeito à correspondência entre Alberto de Oliveira e António Nobre, esse pressuposto se faz pertinente e inescapável.

As ideias de arbitrariedade, artifício e funções, no raciocínio de Eagleton, levam a pensar na ideia *mater* do formalismo: o desvio. Essa noção, relacionada diretamente a seu oposto, a noção de norma, na perspectiva Linguística dos formalistas, pode ensejar uma visada homoerótica, ao explicitar a possibilidade crítica de uma espécie de norma outra, que aponta para a escrita da homotextualidade, sem a preocupação de manter uma ética (ainda que implícita) da legitimação hegemônica da Literatura. Isso faz retomar os caminhos do "cânone", em seu processo de constituição crítico-discursiva, estabelecendo "normas" secundárias para reconhecimento de "valor" literário de obras literárias. Este estabelecimento, por sua vez, far-se-á modificado pela perspectiva do pretendido olhar homoerótico. Com a inserção da ideia de um olhar homoerótico, como mediação operacional, esse tipo de dicotomia deixa de existir, enquanto critério de legitimação e quebra com o influxo do pensamento "formalista". Este, por sua vez, pode sustentar a celebração do desvio como a citada norma "outra".

Em outras palavras, o que se destaca como vetor de orientação da busca de uma literariedade fundadora do estatuto do literário, para os formalistas, acaba por constituir-se como um vetor outro, apontado para a inserção do olhar homoerótico, enquanto olhar desviante – em relação à tradição hegemônica – desenhando um horizonte de expectativas também outro. Tanto no formalismo, quanto na interlocução entre Literatura e Homoerotismo, o que se destaca é o papel do desvio, como o elemento de orientação e discussão do perfil discursivo que a Teoria da Literatura desenvolve, enquanto produção de conhecimento, quando da abordagem do literário, texto cultural diversificado e, por isso mesmo, afeito a essas novas visadas críticas. Mais importante que isso, a ideia de desvio de linguagem – fundamental para os formalistas – é a chave do equacionamento que o olhar homoerótico propõe.

Ou seja, para os formalistas, a Literatura se constitui – enquanto trabalho estético com a linguagem – se, e somente se, souber explorar os desvios que essa mesma linguagem deixa entrever. Estabelece-se, então, uma "norma", a qual tem de ser "esquecida" para que a criação apareça. Ora, toda norma pressupõe o seu próprio desvio e a constância deste acaba, por sua vez, constituindo uma outra norma. Note-se que, aqui, não faço referência ao campo de raciocínio de um certo ativismo da ordem do sexual, enquanto representação identitária de uma parte da população do planeta.

Em outras palavras, a ideia de "desvio" não vai, aqui, corroborar a visão finissecular – em se tratando do pensamento corrente no/do século XIX – no que se refere ao comportamento social de "homossexuais"! Longe disso! No fundo, o que quero destacar é o fato de que a ideia de desvio não semantiza uma valoração da linguagem literária – nos moldes do trabalho dos formalistas russos. Por outro lado, não estou articulando a ideia de desvio a uma fuga, em relação a uma dada (e, por que não, incerta) "normalidade". Trata-se de dizer que o desvio percebido pelo olhar homoerótico se realiza no exercício da leitura, como efeito estético que o texto produz, como pressupostamente se espera dele. Não há nenhuma intenção moralizante subjacente a esse meu raciocínio!

No caso do Formalismo, por que não considerar o desvio linguístico como a explicitação poética de desvios outros, de ordem vária? Subscrever a Literatura à consideração dos desvios da linguagem *per se* é denegar um princípio constitutivo da própria linguagem: a subjetividade. Esse é o *nó* do Formalismo, na perspectiva do olhar homoerótico: a redução do exercício interpretativo/teórico da Literatura apenas como linguagem, como texto. Não há como negar a participação da subjetividade nesse processo, e isso é tudo aqui. Como (pré)determinar, apenas na expressão linguística, o desvio como norma a ser considerada crítica e/ou teoricamente? Esta impossibilidade sustenta a hipótese de revisitar o Formalismo, na perspectiva desenhada, dado que neste a ideia de desvio ganha espessura, desvinculando-se do perímetro linguístico redutor.

Por outro lado, como circunscrever o texto – produto do desvio linguístico – à sua expressão poética de um exercício racional de utilização da língua? O sujeito, para além de suas determinações conscientes – Freud àquela altura já tinha feito suas advertências –, explicita pela língua um universo incomensurável de motivações inconscientes; todas elas, de maneira geral, marcadas pela sexualidade em sua multiforme expressão. Denegar isso é como dizer que a linguagem é uma entidade autônoma e independente. Cada um de nós está cansado de saber que não é assim que as coisas funcionam... Entretanto, a aproximação entre Formalismo e a intervenção do olhar homoerótico sobre a Literatura encontram um ponto comum, ponto de fuga que os aproxima e faz com que os dois passem por uma interação no sentido de voltar-se para as possibilidades infinitas de leitura. O "desvio" dos formalistas, em tudo e por tudo, não deve ser afastado do "desvio" – moralmente condenado – que pode ser explicitado pela operacionalidade do olhar homoerótico. Tanto numa quanto noutra direção, é a ideia de fuga de uma "norma" que se apresenta como panorama ao qual o olhar crítico deve se voltar.

Fica patente, ainda que de maneira um tanto superficial, que o Formalismo provoca o ocultamento da alteridade do sujeito, na alteridade da linguagem. Sua visada crítico-teórica fazia *tabula rasa* das diferentes possibilidades de alteridade, resumindo-as todas na própria ideia de desvios. Ora, ainda que, aparentemente, tenha faltado aos formalistas a sensibilidade de perceber que a linguagem desviante – o que, ao fim e ao cabo, para eles, era a Literatura – é a expressão de uma subjetividade outra, que se dirige a um interlocutor/sujeito, também outro; não se deve descartar a possibilidade de estabelecer uma interlocução entre ele e o olhar homoerótico, na perspectiva mesma da (re)construção da Teoria da Literatura. Esse detalhe, o da interlocução entre alteridades subjetivas (ou subjetivadas!), parece ter escapado aos formalistas, o que não chega a condená-los à execração total. Pelo contrário, é por isso mesmo que esta perspectiva de abordagem se faz interessante. É quase inconcebível acreditar que eles tenham deixado escapar esse "detalhe", uma vez que todo o seu trabalho está imbuído da força operacional da alteridade da linguagem literária. A redução por eles produzida foi profunda, mas pode, hoje, ser resgatada com a operacionalidade do olhar homoerótico.

Nesse sentido, o Modernismo, estética adstrita às últimas décadas do século XIX e às primeiras do século XX, vai oferecer espaço mais amplo para compreender melhor certas situações particulares como a dos formalistas. O que se deve destacar, eu penso, é a força da ambiguidade que começa a ganhar consistência, no sentido de pôr abaixo as "verdades sagradas". Um exemplo dessa mudança é o da leitura da poesia de Walt Withman que era considerada, simultaneamente, obscuramente heterossexual, de acordo com sua recepção em território norte-americano, e francamente homossexual, na sua recepção em território britânico. Essa ambiguidade pode ser referida ao próprio poeta. O que interessa aqui não é decidir sobre as preferências sexuais do poeta, mas, a partir dos "desvios" de sua poesia – de qualquer ordem –, ler, interpretar e criticar sua obra, numa dinamização/renovação constante desta. Da mesma forma, não interessa ver as cartas de António Nobre e a carta de Alberto de Oliveira como elementos cabais e uma homossexualidade condenada – por força da incineração dos papéis deste poeta – ao esquecimento (na verdade, metaforicamente, recalcamento). Um ato falho do poeta, talvez. De qualquer maneira, não se pode negar o homoerotismo que envolve e dinamiza a relação vivida pelos dois poetas.

Partindo desses desvios puramente linguísticos, é possível desenhar a imagem do leitor, o sujeito outro, com quem a voz poética deseja estabelecer uma interlocução, um diálogo. Pena que o Formalismo restringiu-se ao desvio da/na linguagem apenas! Mesmo assim, o olhar homoerótico pode retomar o mesmo percurso, uma vez que seu contexto cultural o permite, estabelecendo, num segundo grau, outra interlocução com a tradição, renovando-a, não simplesmente subvertendo-a. Ora, ao se utilizar a língua como código capaz de produzir uma linguagem do quilate da linguagem literária, fica mais fácil entender por que os formalistas valorizavam tanto o desvio da norma como um traço característico desse tipo peculiar de linguagem. Nesses termos, seria demais pensar que a noção de desvio, aqui e hoje considerada como marca identitária do homoerotismo, pode ser operacionalizada, da mesma maneira, como um desvio que "valoriza" a escrita que dele nasce, no lugar de ser um atavismo cultural a condenação por conta do mesmo desvio? A suposição ainda carece de substância e de reflexão, mas fica posta como provocação.

É claro que a simplicidade desse raciocínio não pode desmerecer a reflexão anterior, mas a ilustra. Além disso, reforça a ideia da necessidade de se reverem os critérios de teorização acerca da noção de desvio (da/na linguagem para os formalistas), uma vez que o que está por trás – na perspectiva do olhar homoerótico – é a relação interlocutória entre alteridades. De um lado, a linguagem literária como alteridade, em relação à linguagem comum; de outro, essa mesma alteridade como expressão de uma subjetividade, também outra, desviante. Cabe reafirmar que não se trata de estabelecer outro critério universal, em substituição ao do Formalismo, mas questioná-lo e deixar aberta uma via de comunicação com ele, tentando perceber e operacionalizar variações das diversas "alteridades" em jogo.

Pensando na mesma perspectiva – a da Literatura como linguagem peculiar –, sem entrar no mérito específico dessa questão, Culler (1999) investe massivamente nessa ideia, apesar de procurar a explicitação de uma crítica contundente e problematizadora desse mesmo conceito. Seria um problema de herança da "cultura marxista". A pergunta ainda é a mesma: o que é Literatura? A importância dela, para o teórico, não é assim tão grande, uma vez que a teoria mistura ideias vindas da Filosofia, da Linguística, da História, da Psicanálise e, até, da Teoria Política. A partir disso, pergunta-se: "por que os teóricos se preocupariam se os textos que estão lendo são literários ou não?" (CULLER, 1999, p. 26.) O tema da literariedade (implícito aqui) volta, não mais como o ponto de fuga da proposição de uma resposta definitiva, mas como "o olho do furacão" da visão crítica defendida. Fica a cada passo mais claro que não se trata de definir se uma obra é literária ou não e, por consequência, decidir o que a faz assim apontando-lhe os traços constitutivos no sentido de normas a serem observadas quando de qualquer tentativa de teorização sobre elas.

Na verdade, deve-se levar em conta que a Literatura é uma instância histórica e ideológica como muitas outras, que apresenta funções sociais e políticas diversas. A Literatura surge no Ocidente como uma ideia muito importante, um tipo especial, particular de escrita, responsável por uma série de "tarefas". Transformada em matéria de "instrução", passa a ser veículo ideológico de representações identitárias diversas, de representações da realidade matizada por idiossincrasia antes não pensadas. No plano "doméstico", a Literatura se contrapõe ao egoísmo e ao materialismo fomentados pela economia capitalista, já se manifestando em plena burguesia, oferecendo às classe média e aristocracia os valores alternativos de que necessitavam para se colocarem acima do bem ou do mal, enquanto portadores de uma cultura que delegava o "resto" da sociedade a uma posição subalterna. Em outras palavras, a Literatura passa a ter um "valor" que ultrapassa as raias do meramente estético. Está fundada a ideia de "comunidades interpretativas", detentoras de um poder de legitimação que era, nada mais, nada menos que uma "ficção":

> (...) as obras de Literatura – particularmente os romances – ajudaram a criar comunidades nacionais através de sua postulação de, e apelo a, uma comunidade ampla de leitores, limitada mas em princípio aberta a todos que podiam ler a língua. "A ficção" (...) filtra-se silenciosa e continuamente na realidade, criando aquela confiança notável no anonimato que é a marca registrada das nações modernas. (CULLER, 1999, p. 43.)

O que é que isso tem a ver com a questão do desvio, da linguagem, do Formalismo? Aparentemente nada, mas o avanço de Culler em relação a Eagleton atesta a constatação de que é possível "ler" a nacionalidade (uma forma de representação identitária tão complexa quanto a sexualidade) em textos que, a princípio, foram escritos para uma seleta comunidade, utilizando um código "comum", mas operacionalizado de maneira peculiar, a que apenas alguns "iniciados" seria dado compreender. É o que parece estar presente na pergunta feita por Eve Kosofsky Sedgwick:

Why, I asked at that final session, when we talk about all the very disparate things we have been talking about, do we always seem to find – do we always seem to fail to notice or query – that we are also talking about and ratifying – by appealing back to different versions of it to ratify us – the primary realness of, of all imaginary things in the world, "America"? (SEDGWICK, 1993, p. 144.)

A crítica irônica da autora a seus colegas de conferência, por si só, já daria o que pensar. Mas a sua pergunta entra aqui como uma daquelas coisas que a academia deixa passar, por não se tratar de um problema "nosso". Ledo engano... Na verdade, existe uma fobia inconsciente em questões desse tipo, que revelam, antes de mais nada, o poder desestruturador que o exercício teórico pode provocar. A especulação sobre esse tipo de reação e seus desdobramentos, causas e contextos pode render uma compreensão melhor, não apenas do próprio exercício, como também das possibilidades discursivas que a Literatura explicita, quando da interlocução com a sexualidade.

Esses "meandros" (que vou chamar aqui de discursivos) escapam à Teoria da Literatura "tradicional", como é o caso de Eagleton, pelo fato de que partem do pressuposto de uma "essência" natural do literário, expresso por uma linguagem particular. Esse equívoco não está presente, por exemplo, na ideia de que um texto que tematiza a nacionalidade, circunscreve, ao mesmo tempo, a sexualidade, não apenas do sujeito que escreve como a da própria nação a que ele "pertence". Esse raciocínio vai ganhando mais consistência à medida em que se pode pensar que a Literatura pode desempenhar funções opostas:

A Literatura é um instrumento ideológico: um conjunto de histórias que seduzem os leitores para que aceitem os arranjos hierárquicos da sociedade? Se as histórias aceitam sem discussão que as mulheres devem encontrar sua felicidade, se é que vão encontrá-la, no casamento; se aceitam as divisões de classe como naturais e exploram a ideia de como a serviçal virtuosa pode casar com um lorde, elas trabalham para legitimar arranjos históricos contingentes. Ou a Literatura é o lugar onde a ideologia é exposta, revelada como algo que pode ser questionado? A Literatura representa, por exemplo, de maneira potencialmente intensa e tocante, o arco estreito de opções historicamente oferecidas às mulheres e, ao tornar isso visível, levanta a possibilidade de *não* se aceitar isso sem discussão. Ambas as asserções são completamente plausíveis: que a Literatura é o veículo de ideologia e que a Literatura é um instrumento para sua anulação. Aqui novamente encontramos uma complexa oscilação entre as "propriedades" potenciais da Literatura e a atenção que realça essas potencialidades. (CULLER, 1999, p. 45.)

A argumentação aqui é "essencialmente" marxista, pois há um esforço discursivo sustentando o papel fundamental da "diferença" como elemento de modificação histórica, no âmbito social. De mais a mais, a insistência no caráter "ideológico" da Literatura e de sua potencialidade, nessa perspectiva, ressumam ao sabor marxista que a crítica tanto gosta de valorizar e que já teve seu lugar de destaque. Se é possível a utilização desse argumento marxista para examinar a "situação" das mulheres, parece-me plausível fazer o mesmo com os homens – especificamente aqueles que compartilham "o amor que não ousa dizer seu nome" – ou, para utilizar uma expressão de Eve Kosofsky Sedgwick, os homens que partilham *the same sex desire*.

O que acontece é que o homoerotismo vai inaugurar um novo "modo" de ler, em que o padrão androcêntrico heterossexista, pelo menos presumivelmente, não procede. Fica a pergunta de sempre: por que é que, quando se trata de diferença social vinculada a gênero e/ou quando se trata de erotismo, é sempre o "modelo" feminino que é tomado como parâmetro crítico? A aparente ingenuidade desse questionamento não se afasta, em minha opinião, de uma proposta como a que aqui está-se desenvolvendo. Não se trata, evidentemente, de apenas trocar "mulher" por "homem", no trecho citado e assim aceitar passivamente o raciocínio análogo como plausível e, até, verdadeiro. Na verdade, isso não se dá por uma razão muito simples: existe uma "coisa" chamada visão heterossexista e androcêntrica que, apesar de todos os pesares, continua a pairar qual eminência parda nos mais diversos discursos.

O que prende a minha atenção aqui, agora, é o fato de que a Teoria da Literatura poderia ganhar muito, nos dias que correm, se aceitasse a colocação de questões análogas às que o autor citado apresenta em relação às mulheres. Isso não vai tirar a mulher de seu lugar de destaque e fazê-la retornar a uma subalternidade há muito superada. Pelo contrário, pensando no fato de que uma boa parte de "feministas", de formação marxista, nos dias que correm, estão a revisar seus conceitos e até procedimentos a partir da premissa do homoerotismo masculino – como uma espécie de pacto episte-mológico –, para repensar as questões de gênero, isso fica muito claro. O que estou afirmando é que, partindo das considerações sobre a linguagem (particular) articulada pela Literatura, chega-se à possibilidade metodológica de pensar a questão dos papéis sociais, numa perspectiva diferenciada, não aquela já anunciada e desgastada pelo uso, pela tradição.

Pode ser que ainda existam pessoas que acreditem que a Literatura é uma prática que encoraja uma leitura que leva a reflexões solitárias, como "modo de se ocupar no mundo", contrapondo-se àquelas que os marxistas tanto teimam em decantar como a solução para uma série de males dos Estudos Literários. Pelo contrário, a Literatura é a possibilidade de exceder ficcionalmente o que foi pensado e escrito antes. Aquilo que sempre pareceu e foi tido como tendo sentido, a Literatura faz sem sentido: isso faz pensar numa personalidade *queer*, para ela, que supera, em muito, os problemas ligados a uma natureza ou essência de sua linguagem particular.

A Literatura é uma espécie de ruído da cultura que, apesar disso, informa e comunica: algo que carrega uma característica entrópica que chega a ser pensada como matéria de um "capital" cultural, para acompanhar as ideias de Pierre Bourdieu. Esse capital se constitui em escrita que exige uma leitura e envolve o próprio leitor nos problemas de sentido que vai criando. Ou seja, uma escrita que não explicita um sentido como *parti pris*, mas problematiza-o, antes de mais nada. Chega-se, então, à possibilidade de pensar a Literatura como uma instituição, marcada pelo paradoxo, e isso se dá porque:

> (...) criar Literatura é escrever de acordo com fórmulas existentes – produzir algo que parece um soneto ou que segue as convenções do romance – mas é também zombar dessas convenções, ir além delas. A Literatura é uma instituição que vive de expor e criticar seus próprios limites, de testar o que acontecerá se escrevermos de modo diferente. Assim, a Literatura é ao mesmo tempo o nome do absolutamente convencional (...) e do absolutamente demolidor, em que os leitores têm de lutar para captar o sentido (...). (CULLER, 1999, p. 47.)

Essa ambiguidade, esse paradoxo constitutivo, faz-me pensar na mesma situação, em relação aos papéis sociais e ao jogo dos gêneros, quando se trata de discursos no campo da cultura. Nesse viés, o homoerotismo desponta como um exemplo do que a Teoria da Literatura denega, obsessivamente, por sua natureza questionadora e, mesmo, paradoxal, tal como a da própria Literatura, se levarmos em conta o que foi dito acima. Essa transgressão marca o discurso da Literatura, como marca a relação social baseada em interesses articulados e mantidos entre sujeitos do mesmo sexo. É claro que a natureza desses interesses não está restrita ao sexo, mas a todas as possibilidades de realização e representação culturais. Por isso é interessante e efetiva a sua contribuição, enquanto operador de uma teorização acerca da Literatura. É fato que a transgressão é um gesto relativo ao limite: é aí, na espessura desta linha virtual que se manifesta epifanicamente a sua origem. A linha que ela cruza acaba por se constituir como a totalidade de seu espaço próprio e particular:

> O jogo dos limites e da transgressão parece ser regido por uma obstinação simples: a transgressão transpõe e não cessa de recomeçar a transpor uma linha que, atrás dela, imediatamente se fecha de novo em um movimento de tênue memória, recuando então novamente para o horizonte do instransponível. Mas esse jogo vai além de colocar em ação tais elementos: ele os situa em uma incerteza, em certezas logo invertidas nas quais o pensamento rapidamente se embaraça por querer apreendê-las.
>
> O limite e a transgressão devem um ao outro a intensidade de seu ser: inexistência de um limite que não poderia absolutamente ser transposto; vaidade em troca de uma transgressão que só transportaria um limite de ilusão ou de sombra. (FOUCAULT, 2001, p. 32.)

Por outro lado, ao considerar a efetividade da proposição da Literatura enquanto instituição, penso no raciocínio de Carlos Reis que faz um apanhado geral (e panorâmico) de possibilidades "alternativas" para o estudo da Teoria da Literatura. No lugar de seguir o padrão enciclopédico (historiográfico, no mau sentido), ele monta um quadro de referências e aspectos envolvidos nesse tipo de estudo. É uma tentativa de renovação, na estruturação do seu texto, que lembra um dicionário, como já mencionado anteriormente.

Sua contribuição, enquanto defensor da ideia de instituição, reside no abandono das tradicionais "fontes" para abordagem da Literatura, ainda que resguardando a faceta linguística – como um componente e não como espinha dorsal do conceito. O caráter "cultural" é privilegiado, ainda que aponte para o "fato" da dificuldade "diacrônica", no desenvolvimento dos Estudos Literários. Diferentemente, por exemplo, da abordagem de Eagleton; mais próximo de Culler, apesar de manter uma certa "dicção erudita". Em síntese, trata-se de uma proposição que questiona a necessidade e efetividade do estabelecimento de fronteiras que delimitem o fenômeno literário, tocando no núcleo de sua proposta renovadora:

> Falar da Literatura como **instituição** corresponde inevitavelmente a projectar, sobre o fenômeno literário, conotações (nem todas positivas) que envolvem o termo. De facto, a expressão **instituição** por exemplo, em **instituição militar, instituição religiosa** ou **instituição universitária**) pode sugerir mentalidades e comportamentos eminentemente estáticos, fortemente hierarquizados e pouco propensos à inovação; por outro lado, também é certo que a feição institucional de certas entidades confere-lhes solidez histórica, bem como o reconhecimento público, factores decisivos para a sua afirmação no plano social. E isso acontece com mais razão quanto aos **actos institucionais** é. (REIS, 1997, p. 25.)

Em se tratando de fronteiras – seja como objetivo a ser alcançado, seja como objeto de crítica e/ou questionamento – é sintomático o fato de o autor recorrer a três exemplos tão "repressivos" como a Igreja, o Exército e a Universidade, para respaldar seu elogio ao caráter institucional da Literatura. Digo sintomático porque me pergunto se esse caráter se faz perceber e/ou legitimar apenas nas manifestações "politicamente corretas". Pensando bem, as três instituições referidas são historicamente aquelas que mais reprimem a possibilidade de conveniência do homoerotismo, em qualquer instância; são instituições de "poder", para lembrar Foucault, principalmente, em *Vigiar e Punir*; John Boswell, em *Christianity, social tolerance and homosexuality*; e Lacan, quando no *Le séminaire – livre XVII – L'envers de la psychanalyse*, fala do discurso universitário. Instâncias de poder discursivo que legitimam o certo e o errado e que, durante muito tempo, nortearam – ainda que indiretamente – o estabelecimento de parâmetros da crítica.

Quais são as conotações "nem todas positivas" a que se refere o autor? Não é abusado, a meu ver, pensar na validade do homoerotismo como uma delas, na perspectiva repressora aqui aludida. Por outro lado, e (de novo!) paradoxalmente, pode-se pensar numa implícita valorização de qualquer tentativa em direção diferente, para não dizer oposta, quando se lê que o posicionamento ideológico de tais instituições explicita "mentalidades e comportamentos eminentemente estáticos, fortemente hierarquizados e pouco propensos à inovação". Isso levaria a admitir que cabe pensar o homoerotismo como uma das possibilidades de operacionalização da crítica, em sua perspectiva institucional, uma vez que esse não se assenta em nenhum pressuposto apriorístico e/ou pré-definido. De mais a mais, sua índole é exatamente a de dinamizar o movimento de leitura, fazendo com que nada fique estático, também não pressupondo nenhuma hierarquização, muito antes pelo contrário. Em síntese, o que o homoerotismo propõe exatamente é a inovação.

Entretanto, o argumento volta à sua feição redutora quando confirma a marca identitária dessas "instituições", por força de seus próprios atos, nos quais é "incutida uma feição ritualizada, de reminiscência fundadora e de propósito legitimador". Essa conclusão não só deixa de fora o que não é previsto por essa "ritualização", como também impede a legitimação de qualquer prática que fira esses princípios. Posicionamentos teóricos como esse, a meu ver, cabíveis em seu tempo e contexto, não podem continuar sendo o único vetor de orientação da prática teórica voltada para a Literatura.

Essa discussão acerca do caráter institucional da Literatura me leva a considerar o que na Teoria da Literatura não escapa, ainda, de uma certa linguagem corrente, uma espécie de jargão, um léxico todo particular e próprio, sobre a própria Literatura. Essa linguagem, quase um código, é de uso corrente entre os ditos leitores preparados e faz com que a própria Literatura se perca nesses meandros discursivos. Desse modo, por mais esforço que se faça em nome da inovação, mais que da renovação, as mesmas noções ressurgem, intocadas, como fênix das cinzas. É possível, então, pensar numa certa resistência à própria Teoria, como exercício de leitura que requer ousadia e uma dose de coragem para não ficar parado no tempo e no espaço, repetindo as mesmas ideias, ainda que com um vocabulário absolutamente *up to date*. Será que essa teoria faz mal? Será que ela fala mais de quem a realiza do que do objeto ao qual se volta? Parece que sim:

> Na crítica, os paradigmas não morrem nunca, juntam-se uns aos outros, coexistem mais ou menos pacificamente e jogam indefinidamente com as mesmas noções – noções que pertencem à linguagem popular. Esse é um dos motivos, talvez o principal motivo, da sensação de repetição que se experimenta, inevitavelmente, diante de um quadro histórico da crítica literária: nada de novo sob o sol. Em teoria, passa-se o tempo tentando apagar termos de uso corrente: Literatura, autor, intenção, sentido, interpretação, representação, conteúdo, fundo, valor, originalidade, história, influência, período, estilo, etc. (COMPAGNON, 1999, p. 17.)

A situação apresentada e criticada pelo autor subscreve o que eu vinha dizendo. Numa outra dimensão, ele mesmo reconhece a insensatez do que está acontecendo, sem, no entanto, pelo menos aqui, fazer uma proposição para mudança desse estado de coisas. No fundo, ele detecta o problema, mas não dá o "salto". Percebe-se uma concordância com a inutilidade de se abandonar um vocabulário por outro, se o modo de pensar continua o mesmo. Implicitamente, pode-se afirmar que é isso que é apontado por ele como a *causa mortis* da Teoria da Literatura em sua inércia. Essa particularidade "vocabular" leva a considerar o tópico do senso comum como um instrumento instrutivo e bastante revelador de tendenciosidades falaciosas pelas quais a Teoria da Literatura passou e, por força das quais se encontra em estágio de letargia. Digo isso porque acredito que uma das tarefas da prática teórica é fazer com que o senso comum leve o leitor a se sentir um tanto incomodado e procure esclarecer suas próprias dúvidas, em vez de eleger um lugar de verdade inquestionável, deixando de lado oportunidades outras, esboçadas por esse mesmo "senso comum".

O fato de não nomear a reação afetiva entre Alberto de Oliveira e António Nobre como homoerótica é exemplo disso. Chegam a ser irritante os torneios vocabulares para evitar dizer o que, de fato, os dois poetas viveram: uma paixão, uma história de amor. Qual o problema em se dizer isso? Insiste-se ainda em eufemizar algo que, por "natureza", joga qualquer sujeito, em qualquer circunstância, a viver – de um jeito ou de outro – as consequências do envolvimento afetivo em que são imersos – ainda que inconscientemente. Relações afetivas não podem, mesmo que pela Literatura, ser rotuladas, compartimentadas e, pior, controladas.

Fugindo dessa tendência de manter ou não um jargão (sem entrar, aqui, no mérito dessa tendência), essa tarefa se respalda numa constante busca de denúncia, de crítica de uma série de ilusões que esse "senso comum" alimenta, valoriza, canoniza mesmo! Estou chamando de senso comum, aqui, a massa crítica formada por aqueles que deixam de lado a leitura de textos literários sob o argumento falacioso de que a teoria é insuperável e prescinde dessa leitura;

bem como daquele grupo formado pelos "conservadores" de plantão que não admitem a mudança de referenciais teóricos sob pena de se perderem em seu próprio caminho: não se trata, efetivamente, do público formado pelos leitores "ingênuos", há algo de assumidamente capcioso nesta situação. Essa resistência não é nem um pouco negativa, muito pelo contrário, ela alimenta o desenvolvimento da prática teórica, uma vez que não pode haver um vencedor nesse embate, não se trata de uma disputa e, por isso mesmo, a resistência é que faz valer a pena o desafio da prática teórica.

Não se pode neutralizar a subjetividade do leitor, qualquer que seja ele. Pode-se dizer que existe uma verdade da teoria que a faz sedutora e atraente, mas essa verdade não é tudo. Em outras palavras, a teoria não se reduz à explicitação dessa mesma verdade "porque a realidade da Literatura não é totalmente teorizável". (COMPAGNON, 1999, p. 258.) Mais do que nunca é necessário lembrar que a Teoria da Literatura é uma prática que deve ser "atravessada": via de mão dupla que leva o leitor a perceber suas sendas e não o assusta, antes o seduz, para que, ao sair, não deixe de levar consigo as marcas do caminho percorrido. Assim, ela se faz uma epistemologia: prática que critica a crítica ou a teoria em si mesma, seu leitor tem que ter uma consciência de que está praticando uma "dobra crítica". Essa dobra só é conseguida quando a prática da própria Teoria é tomada como produção de um conhecimento particular, não havendo, portanto, a possibilidade de uma "preparação":

> Se as soluções propostas pela teoria fracassam, elas têm pelo menos a vantagem de abalar as ideias preconcebidas, de sacudir a boa consciência ou a má-fé da interpretação: esse é mesmo o primeiro interesse da teoria; sua pertinência está nisto: ir contra a intuição. Do processo levantado contra o autor, a referência, a objetividade, o texto, o cânone, resulta uma lucidez crítica renovada. O caráter conjectural do esforço teórico não faz dele,

em absoluto, um esforço vão, mas as certezas teóricas são tão maniqueístas quanto aquelas de que era preciso se desvencilhar. (COMPAGNON, 1999, p. 260.)

Talvez não seja possível alguém se ver livre desse maniqueísmo. Assim, a proposição do homoerotismo como uma saída possível para alguns dos impasses teórico-críticos da Literatura sofre do mesmo mal. Dizendo de outra forma, se existe um impacto epistemológico do homoerotismo sobre a Teoria da Literatura, ainda assim o esforço aí despendido vai ser marcado por esse atávico maniqueísmo, não há como escapar. Nesse sentido, o "passeio" que faço para constatar a viabilidade/efetividade ou não desse impacto já é, em si mesmo, o abalo esperado pelo "esforço teórico" necessário e gratificante, se é que eu quero contribuir de alguma forma com esse mesmo "fazer". Desejo esse abalo, antes de mais nada. Desejo apresentar uma forma plausível de abordar, em perspectiva teórico-crítica, uma relação que já passou tempo demais recalcada, sem ter que pagar os impostos devidos a uma tradição que quase não me diz mais nada (o que seria utópico). A proposta desse novo olhar, então, ultrapassa o limite exíguo da linguagem, mesmo aquela propalada linguagem literária – em essência, a identidade do fenômeno literário, enquan-to linguagem –, para se jogar num horizonte de expectativas mais amplo, ainda que mais perigoso porque desconhecido. Não há como abordá-lo sem se jogar nele, esse é o risco a correr, para que o es-forço não resulte vão. Por isso, a leitura das cartas, uma vez mais, faz-se pertinente e instigante.

A Estética da Recepção é trilha interessante para se pensar na possibilidade do efetivo impacto epistemológico do homoerotismo sobre a Teoria da Literatura. Acredito que essa aproximação, assim como no caso da Literatura Comparada, vislumbra encaminhamentos interessantes para o fazer teórico acerca da Literatura. Começo fazen-do uma pergunta muito comum. Uma pergunta que cada um de nós já se fez, pelo menos, uma vez na vida, não importa onde, nem quando: o que é que eu estou fazendo aqui? Banalidade? Desinformação completa? Não parece. Essa pergunta é a responsável pela abertura de um atalho, um recorte, uma rasura nessa folha em branco. Uma página que parece uma boca aberta. A hiância da página em branco metamorfoseia-se agora nessa fala que tenta, mais uma vez, suturar esta "falha". Nessa mesma medida, a teorização pode ser lida como esse texto que se inscreve num espaço desejoso de esclarecimento, de compreensão. Ele é, também, mais uma demanda de "afeto".

Nesse sentido, quatro disciplinas podem ser apontadas como os pilares de um edifício: a Teoria, a História, a Análise e a Crítica. Estou apostando na simplicidade didática de um conhecimento pressuposto. Dentre os quatro pilares, destaco o primeiro, mais ousado. A Teoria da Literatura tem se mostrado, na verdade, um grande conjunto de disciplinas afins que se completam, se interpenetram, questionam-se mutuamente. A continuar acreditando nesse "modelo", é possível afirmar que uma dessas disciplinas "segundas" é a Estética da Recepção. Aqui, uma primeira questão aparece: é estética ou teoria da recepção? A terminologia sempre foi, é, e será um nó a ser desfeito. A proposta específica aqui se alarga um pouco mais quando se vislumbra, na atualidade – e tome-se aqui esse termo em seu sentido mais largo –, a articulação de mais uma disciplina igualmente pletora de experiências, ousadias e desejos intelectuais voltados para a Literatura. Trata-se da Literatura Comparada. Esse alargamento é viabilizado pelo contato com a Psicanálise.

Vale lembrar que, por volta de 1967, um grupo de investigadores, reunidos sob o nome de "Escola de Constança", publicava uma série de textos que, paradoxalmente, não podem ser classificados de programáticos. Como se trata de uma provocação, nas palavras de Jauss (1994), a Estética da Recepção parte do pressuposto de que o texto literário é um ato intencional dirigido a certo mundo, o mundo com que ele se relaciona não é repetido, mas experimenta ajustes e correções. Sendo assim, ele tem a função de servir de fundamento para uma prática teórica (entre outras possibilidades) e, assim, abre um painel imensurável de oportunidades para um balanço de um mundo problemático ou por ele problematizado. Não é sensato abandonar a imensa operacionalidade de uma palavra simples, *função*. Ela detona um movimento de revisão de certos conceitos, igualmente operacionais, que a Estética da Recepção propõe para a Teoria da Literatura, como um todo. O momento histórico em que os primeiros textos da escola de Constança aparecem é de extrema fecundidade. A revisão crítica do Estruturalismo já se processava de maneira séria e profunda. Por outro lado, os posicionamentos de outra linha de abordagem, a Hermenêutica, apontavam para a renovação criativa do trabalho de investigação literária. Nesse sentido, a função emerge como uma questão fundadora de uma possível "teoria da leitura".

A leitura não é movimento linear, progressivo, diz Terry Eagleton. Continuando em sua linha de raciocínio, é mais necessário afirmar que não se processa uma acumulação de sentidos. Na medida em que se lê, as especulações iniciais acerca do texto lido estabelecem, geram, um quadro suficiente de referências para aquele momento da leitura. A interpretação, momento seguinte, acaba por continuar esta sucessão, bem como pode modificar, em retrospectiva, o entendimento da leitura original, da leitura primeira:

> (...) a leitura passou a ocupar realmente o primeiro plano dos trabalhos históricos, mas enquanto instituição social. Com o nome de estudos da recepção, não se pensou, contudo, nem na tradicional atenção da história literária aos problemas de destino e de influência, nem aos da nova história social e cultural consagrada à difusão do livro, mas na análise mais restrita da leitura como reação individual ou coletiva ao texto literário. (COMPAGNON, 1999, p. 147.)

A partir desses dados, a função do texto literário deixa de ser meramente semântica. Outros quadrantes serão atingidos. É nessa direção que se faz possível afirmar que ler assume hoje um significado tanto literal, sendo, nesse caso, um problema de escola, quanto metafórico, envolvendo a sociedade (ou, ao menos, seus setores mais esclarecidos) que busca encontrar sua identidade, pesquisando as manifestações da cultura. Ilustra bem este pressuposto, a leitura das cartas de António Nobre e da carta de Alberto de Oliveira. Essa "correspondência" evidencia o alargamento semântico e discursivo do conceito de função, aqui observado. Esse raciocínio exige que se volte a atenção para outra questão crucial para a Estética da Recepção: a identidade. É bom que se diga da oportunidade criada pelos estudiosos da escola de Constança, no sentido de abranger os trabalhos historiográficos de determinação ou, ao menos, de delineamento do perfil nacional das mais variadas Literaturas: sua identidade. Essa seria uma atitude até *naïf*:

> Oferecer a Estética da Recepção como um novo figurino ou esperar que ela encontre seguidores e adeptos entre nós, seduzidos por suas promessas e já saturados de alguma outra corrente crítica ou filosófica, é não apenas ter uma visão frívola da teoria da Literatura (...), significa também colaborar para a alienação e dependência culturais, de que aquela frivolidade é um dos sintomas. (ZILBERMAN, 1989, p. 5.)

É nesse sentido da antifrivolidade que se faz útil, rentável e instigante ler a contribuição de Jauss, com suas "teses sobre a História". A Estética da Recepção seria, então, uma "nova" Teoria da Literatura(?). Nova porque ancorada no interminável manancial da "historicidade da arte"? Esse é o elemento decisivo para que se possa desejar – sempre e mais – a compreensão da Literatura, no conjunto da vida social. Assim, pode-se afirmar, como sua meta principal, a reabilitação, constantemente perseguida, da Literatura enquanto marca dessa mesma historicidade. A Estética da Recepção vem oferecendo um leque de sugestões, variado e competente, instigante e iluminador. Apresenta-se como uma teoria em que a investigação muda de foco: do texto, enquanto estrutura imutável, ele passa para o leitor, o "Terceiro Estado" seguidamente marginalizado, porém não menos importante, já que é condição de vitalidade da Literatura enquanto instituição social.

Outro desdobramento é vislumbrado aqui, e interessa de perto às considerações acerca do impacto das teorias sobre o homoerotismo que podem ter algum efeito sobre a Teoria da Literatura. A "dupla dinâmica" agora é formada pelas noções de estrutura e de leitor. Com relação à primeira, é bom que se diga que existe um relacionamento entre os elementos que constituem a "estrutura" do texto literário. Esse relacionamento instaura um certo "procedimento" que possibilita a produção, a construção de um sujeito do texto. Isto porque, nas propostas vindas, inicialmente, de Constança, passou-se a ser verificado um esforço de encontrar um conjunto de "modos de acesso intersubjetivos à Literatura". É a derrocada da imanência do texto literário, tão cara ao Estruturalismo, herança perversa de certo olhar oriundo da fenomenologia husserliana, outra cesura filosófica.

Num rápido intercurso, Heidegger, leitor de Husserl, trabalha arduamente nessa linha. Motivo pelo qual, num certo sentido, pode compor essa herança fenomenológica da Estética da Recepção. O sentido do texto, contrariamente a esse posicionamento, não é dado, aprioristicamente. Os procedimentos do texto literário, nesse âmbito da especulação teórico/estética, esclarecem o modo como é produzido seu sentido de conjunto. Tem lugar, então, a subliminar aparição do mito do eterno retorno. O sentido enquanto horizonte final, de expectativa do texto, fica fora de cogitação. Desprovido de relações conjunturais, abstrai-se: o sentido desse sentido é sua função.

Retomando o fio da meada, tentando acompanhar o raciocínio de Iser, as estruturas têm o caráter de indicações pelas quais o texto se converte em objeto imaginário, na consciência de seu receptor que é, afinal de contas, o leitor – implícito, preparado, adequado, crítico, etc., as denominações são muitas. É o aludido sujeito (e a etimologia não pode ser, aqui, desprezada de forma alguma!). Esse sujeito é construído pelo contraste, pela polaridade, pela diferença, pela repetição, pelo paralelismo, pela sinceridade e pela gradação operados pelo próprio texto. Seria demasiado pensar em alienação e clivagem?

É isto que possibilita, paradoxalmente, afastar a compreensão do gosto subjetivo, em favor de uma "consideração objetivável" da Literatura. É claro que, no jogo de palavras, o desejo se manifesta, fazendo retornar um recalcado por demais conhecido, e especulado! Esse objeto serve a esse desejo. É nessa direção que o olhar homo-erótico ganha um pouco mais de consistência. Construído a partir de uma certa perspectivação do olhar de um sujeito – notadamente o do leitor – sobre o texto, ele se faz tão volátil quanto o sentido. Na perspectiva da Estética da Recepção, essa possibilidade é con-solidada pelo próprio ato de leitura.

Seguindo esses rastros, não se trata de uma aberração afirmar que os conceitos-chave da Teoria da Literatura não mais se deixam embalar por certa dose de ingenuidade. Esta ainda é explosiva, desin-tegradora mesmo, "quando se trata de encontrar um único sentido", conforme quer Iser. Seria possível, então, perguntar se a Estética da Recepção se presta ao papel de instrumento dessa busca. O sentido não é o horizonte de expectativa do texto literário, mas apenas de seus discursos e, por consequência, da Estética da Recepção, que agem dessa forma para que o texto se torne "traduzível".

A recepção, nesse enquadramento, é muito mais que um processo semântico. É um processo de experimentação de uma configuração do imaginário, projetado no texto. Na recepção, produz-se, no leitor, o objeto imaginário do texto. É uma experiência sempre revivida: desejo latente. A recepção está mais próxima da experiência do texto, da experiência do imaginário que esse mesmo texto projeta, desvela, revela. Não é uma interpretação, uma semantização do imaginário. É assim que a recepção, por força de experienciar um imaginário, transforma-se em objeto de uma interpretação outra. Aqui, o conceito de horizonte expressa a extensão superior de visão que o sujeito tenta compreender. Isso é uma espécie de obrigação para esse mesmo sujeito:

> En primer lugar, en un nivel de organización meta teórico, la teoría de la recepción puede definirse como "el intento de investigar las condiciones tanto internas como externas de los juicios de valor estéticos". Desde este punto de vista, se sostiene que las decisiones valorativas, que pueden parecer, en particular y e en conjunto, como arbitrarias e irracionales, reciben una explicación satisfactoria al abordar las condiciones históricas y sociales en que se produjo su formulación. En otros términos, el objetivo de la elaboración teórico-crítica es "desvelar la relación existente entre cambios literarios y socio-históricos", relación que se plasma en el lector (individuo, grupo) en tanto categoría mediadora entre Literatura y sociedad. (ALTAMIRANDA, 2001, p. 23.)

Destacando o papel do leitor e do contexto, sem hierarquização necessária, como categorias necessárias para a construção do sentido, Altamiranda acaba criando uma brecha para a entrada de olhares diferenciados. Com a Estética da Recepção, propicia-se a "valorização" de outros elementos "extratextuais" para esse processo de construção discursiva. Em outras palavras, a sexualidade pode ser listada aqui como uma categoria outra que, a partir da interação com o leitor, pode criar horizontes de expectativas diversificados para a própria leitura.

Dessa forma, outra direção seria dada ao trabalho teórico que, ao invés de estacionar nas categorias tradicionais, abrir-se-ia a essas outras que revelam "mundos insuspeitados" de sentido, possíveis e igualmente plausíveis e consistentes. De certa forma, é o que anuncia, ainda que timidamente, Terry Eagleton, quando afirma que "O leitor abordará a obra com certos 'pré-entendimentos', um vago contexto de crenças e experiências, dentro dos quais as várias características da obra serão avaliadas." (EAGLETON, 1983, p. 83) Inegável, então, a constatação de que a correspondência – meu objeto de desejo aqui – "significa" (em sentido lacaniano) o resultado o processo de leitura que articula os tais sentidos "insuspeitados".

O leitor é esse sujeito desejado na/pela obra, originalmente "aberta", pois passa a construir uma hipótese de trabalho, capaz de explicar e fazer coerentes o maior número possível de elementos dessa mesma obra. Na ambiguidade do termo leitor, a Estética da Recepção constrói o seu texto, vai tecendo suas observações e constatações, inscreve seus desejos e metaforiza suas imagens no *écran*. A folha de papel é o simulacro da tela branca: nenhuma leitura é inocente. Por fim, todo texto literário é construído a partir de certo sentimento em relação ao seu público potencial. Ele inclui a imagem do seu próprio destinatário.

Filha (perversa?) da Hermenêutica, a Estética da Recepção desdobra o mito que acentua o caráter da consumição pelo fogo. Hermes diz presente. Passando pela obsessiva metodologia na busca de uma verdade inalcançável – porque feita de palavras – Gadamer também diz presente, algum tempo depois. Adorno contribui, num momento mais adolescente da especulação "recepcionista" – o nome é, em sua natureza, impróprio, pobre, mas muito sintomático –, sobre a negatividade. Aqui, ela poderia apontar para uma interlocução com Barthes e a sua noção de desvio.

Mais tarde, a Linguística aponta para a questão do caráter pragmático da linguagem literária. Denegação? A recepção, nos moldes de Stanley Fisch, daria conta de simbolizar a castração imaginária operada pelo texto literário em seu leitor. Novamente a ambiguidade. A hermenêutica de Gadamer aponta para elementos que dão consistência para a possível abordagem de viés homoerótico da Literatura, uma vez que a ideia de subjetividade vai estar ligada não a seu caráter essencialista, mas às possibilidades de se alcançar a compreensão de um fenômeno cultural. Não há pressupostos *a priori*, nem proibições processuais; mas apenas o desejo de interpretar para conhecer: o que, afinal de contas, leva à constituição de uma "identidade", em nada e por nada, essencialista. Afinal de contas, qual o sentido de um texto literário? Que relevância tem para esse sentido a intenção do autor (se é que ela é factível e pode ser tomada como objeto de especulação)? Podem-se compreender obras cultural e historicamente estranhas ao leitor? É possível o entendimento "objetivo", ou todo o entendimento é relativo à própria situação histórica? Há, no universo possível de respostas para essas perguntas, muito mais coisas que a simples "interpretação literária": a sexualidade é uma delas, claro!

A discussão de uma possível objetividade ou não, ainda que implícita aqui, leva a considerar outra afirmação "bombástica" de Terry Eagleton: "As significações variam ao longo da história, ao passo que os sentidos permanecem constantes; os autores dão sentido às suas obras, ao passo que os leitores lhes atribuem significações." (EAGLETON, 1983, p. 73.) Esse pressuposto, a meu ver, diz exatamente o contrário daquilo que eu acredito ser possível afirmar, na teorização que desenvolvo.

Hoje, depois de passado o momento em que a "tradição" reinou solene e absoluta como objeto de desejo – Octávio Paz, com suas rupturas modelizantes, e Hobsbawn, com sua fascinada invenção, apontam para essas "ruínas" –, os trabalhos da recepção apontam para novas direções igualmente questionadoras, inegavelmente sedutoras. Uma delas é a revisão provocada pelos novos posicionamentos da História, Le Goff e Guinsburg seriam dois vetores dessa inversão molecular outra, na busca de verdades, pulsações de desejo: a revisão de conceitos caros à Literatura Comparada como o de fontes e influências.

No fim, a constatação óbvia: mais um texto se escreveu e se inscreveu. Um texto para ser lido: criando um pequeno horizonte de expectativas, em que a imagem desejada/desejante de um sujeito, de um leitor – em toda a sua ambiguidade – foi projetada. Como será a recepção desse texto que, mesmo que não queiram outros leitores, é um texto literário? Ah, a etimologia... No fundo, continuam notáveis, perceptíveis, as pulsações de um desejo, sempre o mesmo desejo. A sexualidade está presente, seja implícita ou explicitamente: esse fato é inegável, incontornável. Por isso, a recepção parece mais maleável, ela respeita esse desejo "subjetivo" de construção de um sentido possível.

Em síntese, em seu esforço de provocar os estudos de historiografia literária, Jauss acaba por inaugurar uma nova perspectiva teórica muito rica em possibilidades de encaminhamentos. A principal delas, depois de sua orientação teórica, é claro, é a que se volta para a reconstrução de um discurso historiográfico. Por isso falo tanto de História aqui. Em se procedendo a uma prática teórica, inclusive a que se volta para as articulações proporcionadas pela interlocução da Literatura com o Homoerotismo, uma História da Literatura se escreve. É bom repetir: "uma" História se escreve. Essa indefinibilidade não é negativa, uma vez que acentua o caráter teórico que pode ser percebido no fazer historiográfico, e vice-versa. Em outras palavras, de certa maneira, a mesma interlocução proposta para Literatura e Homoerotismo pode ser celebrada entre História e Teoria, sem a necessidade de uma hierarquização metodológica e/ou epistemológica entre elas. Esse seria um dos reflexos plausíveis no exercício de leitura a que se procede, aqui, das cartas trocadas entre os dois poetas portugueses.

A teorização acerca do conceito de homoerotismo constitui uma interessante proposta de trabalho de cunho teórico, que contempla as preocupações expressas por Altamiranda, por exemplo. Na medida em que esse viés didático-pedagógico é valorizado e colocado em pauta pela atividade teórica, concernente ao "ensino" de Literatura, a questão do gênero (para utilizar o termo técnico consagrado) aparece como um dos vetores de direcionamento dessas atividades, uma vez que esse tipo de abordagem vem ao encontro do "presente" dos Estudos Literários, considerados no âmbito dos Estudos Culturais.

As relações entre os sexos, de qualquer natureza, representadas e explicitadas pela Literatura – tanto no nível da ficção, quanto no nível da teorização crítica – podem ser utilizadas como um dos motivadores da especulação teórica dos Estudos Literários: no sentido de "temas" e/ou "dados" representacionais que enfatizam a articulação de discursos crítico-analíticos, de natureza diversa, no campo desses estudos. Em outras palavras, ultrapassadas as fases da "explicação de texto", da análise estrutural, da interpretação psicanalítica e/ou semiótica – dentre todas as possibilidades de "leitura" já experimentadas – faz-se plausível tomar essa nova perspectiva como "mais uma".

Isso não se dá no nível da mera elucidação de "mais uma" atividade a ser esquecida com o tempo e/ou superada por mais um modismo posterior. Ao contrário, trata-se de se considerar essa prática como "mais uma" perspectiva que coloca em questão os movimentos legitimadores de um poder de decisão ilusório sobre o que é verdade e o que não é, principalmente na faceta institucional de que os Estudos Literários se valem nesses casos.

O olhar homoerótico, então, não é apenas a efetivação de uma tentativa a mais, mas uma prática que tenta resgatar aquilo de que os "Estudos Culturais" – pelo menos uma parcela desses estudos, ou melhor, grupos isolados de pesquisadores que se dizem "defensores" dessa nova aurora de certo porvir epistemológico – se valem para desmerecer o trabalho de "leitura" interpretativa dos Estudos Literários, qualquer que seja a sua orientação. Desse modo, essa provocação se sustenta não apenas como uma reação "revolucionária" pura e simples – expressão de um descontentamento localizado, restrito e efêmero –, mas como uma tomada de posição, igualmente institucional, no sentido de legitimar, consolidadamente, uma prática interpretativa e teórica de inegável possibilidade acadêmica.

Isso significa que a crítica literária, amparada por sua atividade precípua de teorização, trilharia um caminho não inverso, mas complementar, vicinal, em direção à renovação dos Estudos Literários, na perspectiva dos salutares Estudos Culturais, sem perder sua vocação primária de interpretação (tomando aqui o sentido etimológico do termo, e não sua interpretação ideológica). Ou seja, sua vocação hermenêutica. Esse é o horizonte de expectativas que, sobremaneira, pode-se vislumbrar na obra de Altamiranda, colocando esse "manual" no lugar daquele mais aberto à perspectiva renovadora dos Estudos Literários que consideram o Homoerotismo como um de seus vetores de orientação de leitura crítico-teórica. Afirmo isso porque, no decorrer de sua exposição, Daniel Altamiranda é explícito quanto à importância e fundamentalidade dos estudos de gênero na atividade teórica da Literatura:

> Un determinante básico del pasaje del feminismo a los estudios de género há sido la clara distinción entre las nociones de "sexo", "sexualidad" y "diferencia sexual". De acuerdo con las formulaciones feministas tradicionales, el término *sexo* define un conjunto de diferencias biológicas, irreductibles, que incluyen: dimorfismos de formación genital, crecimiento del pelo (em ciertas etnias), distribución de la grasa, funciones hormonales y capacidad reproductiva. Por otra parte, se entiende por *sexualidad*, el conjunto de actos, expectativas, relatos, placeres, formaciones de identidad y saberes, tanto en hombres como

134

mujeres, que tienden a agruparse más densamente alrededor de ciertas sensaciones genitales pero que no son definidos del todo por ellas. Por último, se define la *diferencia sexual* como la producción social más plena y rígidamente dicotomizada y la reproducción de identidades y conductas masculinas y femeninas, em un sistema cultural en el cual el binarismo "hombre"/"mujer" funciona como modelo primario para otros binarismos que no están conectados directamente con las diferencias cromosomáticas. (ALTAMIRANDA, 2001, v.2, p. 173.)

Como se pode ver, o trecho citado evoca as ideias que vinha desenvolvendo, apontando para um dado fundamental: a diferenciação conceitual entre sexo, sexualidade e diferença sexual. É sabido que os estudos de gênero não mais se fixam apenas em questões ligadas ao feminismo e isso é corroborado pelo autor argentino. Quando ele fala de "passagem", abre-se uma possibilidade mais que concreta, instigante mesmo, para pensar o Homoerotismo como um canal possível para a realização da passagem mencionada.

Claro está que, no quadro de referências do autor, a visada didática e/ou pedagógica chama a atenção para o fato de que não é mais possível pensar o "ensino" de Literatura circunscrito às suas próprias categorizações e conceitos. Assim, a sexualidade firma-se como ponto de ancoragem de uma abordagem do literário, do ponto de vista das representações (identitárias ou não) sexuais no/pelo texto literário, seja ele uma peça discursiva acerca do assunto ou apenas um exercício de leitura de questões a ele relacionados. Os três conceitos apontados respaldam a ideia de uma perspectivação do olhar homoerótico de leitura. Sexo, sexualidade e diferença, então, ultrapassam a faixa conceitual que recobrem, apontando para discursos críticos que envolvem interlocuções outras, para além de uma relação sujeito X objeto. Existe uma "identidade de gênero" implícita nesses discursos.

A identidade de gênero, estavelmente organizada a partir de seu núcleo, e reforçada pelo desenvolvimento da sexualidade é constituída por uma autodesignação – "sou homem" ou "sou mulher" – que reflete a percepção de ser de um outro sexo, comportando uma imagem de corpo equilibrada pela escolha de um "objeto preferencial", uma atribuição social que se refere ao comportamento "adequado" para cada sexo – definido pela perspectiva de determinada cultura de gênero (papéis, estereótipos, expectativas). Tudo isso determina a forma como o sujeito se apresenta, desde a escolha de roupas até maneiras e costumes.

A sociedade e a cultura são campos de relacionamento em vários níveis e direcionamentos, o que proporciona ao sujeito experiências que são objetivas e subjetivas, simultaneamente. Nessa mutabilidade, as escolhas do sujeito se atualizam e se limitam. Assim, a dinâmica dessas relações determina a constituição disso que se denomina uma "identidade de gênero". Nesse sentido, o homoerotismo se localiza nesse campo relacional, sendo escusado tratá-lo, enquanto forma de encaminhamento identitário de gênero, como um distúrbio e/ou um desvio – no sentido moral do termo. Os contextos sociais, as diferentes culturas de gênero, definem valorativamente padrões identificatórios, em sua oscilação moral. Claro está que a Literatura, enquanto um discurso que, de uma maneira ou de outra, acaba por representar, entre outras coisas, esse tipo de relações, dinamiza essa perspectiva de relacionamento social. Por outro lado, a própria Literatura também constrói, constitui uma realidade que não está "essencialmente" ligada a uma representação, qualquer que seja ela. Essa dubiedade "funcional" faz do discurso literário, um campo fertilíssimo para a análise das relações de gênero que a sociedade, por seus princípios morais, insiste em rotular de desviantes e absurdas, para não falar em doentias e letais.

O conceito de olhar homoerótico, nesse sentido, é resultado de múltiplos fatores e não unideterminado. O plano dessa "diferença" de gênero é amplo: existem diferenças dadas pela ancoragem biológica, que serão dadas pelas formas de investimento pulsional; diferenças no plano relacional, além, é claro, daquelas estabelecidas pela "criatividade" poética, primordial na perspectiva dos estudos de Literatura. Cabe a esta estabelecer os parâmetros a partir dos quais abordará a problemática estética das identidades de gênero que circulam pelo discurso ficcional.

A identidade (inclusive de gênero) é sofisticada, subentendendo inúmeros desdobramentos processuais, múltiplas fronteiras da aventura identitária de um sujeito, que constituem o plano das condições de possibilidade para que a subjetividade venha a se constituir, e possa ser reportada a algum acabamento (ainda que efêmero ou temporário) para o ego. Quando penso em algo desse possível acabamento no que tange ao território da sexualidade e especialmente à referência às diferenças de gênero, refiro-me às grandezas das identidades e das culturas. Uma das maneiras de pensar nesse sentido é considerar tais conceitos *como* fronteiras, territórios da sexualidade. As dificuldades colocam-se de imediato: a identidade seria interna e a cultura externa? Ambas as categorias cumprem o papel de demarcar na vivência prática dos sujeitos a presença de um território possível: o da sexualidade. Nesse sentido, podem ser entendidos como limites ou contornos dos ordenamentos do território sexual e de gênero, que é ainda mais vasto. São contornos de uma fronteira viva em constante tensão e movimento, em que "corpos-sujeitos" se aventuram no processo de subjetivação – inclusive ficcional. Exemplo ilustrativo dessas ideias são as cartas, meu objeto de estudo aqui e a relação entre Alberto de Oliveira e António Nobre, sobremaneira.

A identidade de gênero tem como função não apenas a defesa imaginária, mas faz o possível para o sujeito emergir com uma percepção própria, sua, particular, da relação tensional inevitável presentificada pelas diferenças entre os gêneros, afetos, pulsões, etc.

O sujeito, ainda que incorpore dimensões dialógicas, é sempre pensado como "efeito" que desliza pela instabilidade constante da cadeia significante. Essa categoria é bem mais interessante por dois motivos: ela reconhece o débito à dimensão múltipla das temporalidades (inclusive do inconsciente e do desejo) que a constitui, não sendo, pois, autônoma e cognitivamente reflexiva; ela também reconhece, na sua construção, o poder de transformação e mudança características de outras duas categorias – "invenção" e "agência" – que estão presentes nas dimensões da reflexividade estética e ética.

Essa pequena digressão contribui para a continuidade de meu raciocínio, na medida em que associa as ideias contidas nos manuais aqui compulsados a uma proposta de revisão teórica, enquanto exercício de interlocução com a sexualidade e suas representações. Nesse sentido, a peculiaridade de uma identidade de gênero é fundamental em sua descrição, dado que a prática literária, de orientação teórica, nos termos em que aqui é repensada, não vai esboçar a descrição de um processo de constituição identitária, em termos mais tradicionais.

Partindo de Sedgwick, para chegar a Jurandir Freire Costa, o processo de conceituação básica, com vistas à operacionalização de uma discursividade homoerótica, tem que se ancorar, quase obrigatoriamente, por um terceiro nome: Michel Foucault. Ainda que eu não tenha considerado nenhuma obra em particular do pensador francês, não consigo lutar contra a tentação de trazê-lo aqui, para acrescentar um pouco mais de esclarecimento sobre o assunto. É claro que não estou considerando Foucault um teórico da Literatura, pura e simplesmente. Na mesma medida, não o tomo aqui como um dos "pilares teóricos" do/para o Homoerotismo. No entanto, a partir de *História da sexualidade*, é possível considerá-lo como uma referência obrigatória. De mais a mais, pode-se muito bem aceitar a constatação de que aparecem certos "efeitos" desse mesmo Homoerotismo – nos termos em que aqui é considerado, ou seja, enquanto um operador a mais para a própria Teoria da Literatura –, quando da leitura de uma obra de Jonathan Dollimore, *Sexual dissidence*, em que o autor norte-americano vai discorrer sobejamente sobre Foucault. Além disso, no que se refere aos textos de embasamento teórico em língua francesa, a referência a Foucault é, praticamente, uma "norma".

Considero aqui os comentários acerca de Eve Kosofsky Sedgwick, no que se refere à necessidade de se estabelecerem as diferenças conceituais entre sexo, sexualidade e diferença, tal como apresentado por Daniel Altamiranda. Desta feita, a apresentação de Foucault passa pela obra de Jonathan Culler. Bem distante da preocupação marcadamente didática que caracteriza a obra do professor argentino, o "manual" de Culler reflete sobre questões mais abrangentes, ainda que igualmente no sentido de colocar em questão a hegemonia de valores, critérios e parâmetros tradicionais da Teoria da Literatura. Nesse sentido, ele também abre um espaço generoso para considerações de diversa ordem acerca da articulação possível entre Literatura e Homoerotismo.

Tudo isso leva a refletir sobre a consistência de uma "hipótese repressiva": a ideia generalizadamente comum de que sexualidade é alguma coisa que foi reprimida, marcadamente no século XIX, quando começa a haver uma movimentação, no sentido de buscar uma liberação que acabou se dando e se refletindo nos mais variados quadrantes da atividade cultural no Ocidente: os "modernos" lutaram muito para a consolidação dessa liberação. O pressuposto aqui ainda é o mesmo: a sexualidade não é, nem de longe, algo natural e que, por isso mesmo, pode vir a ser reprimido, como sugere o próprio Foucault – "sexualidade" é uma ideia complexa produzida por uma gama de práticas discursivas que, em resumo, foram articuladas, difundidas e institucionalizadas no século XIX.

Todos os tipos de conversa – por arte dos médicos, clero, romancistas, psicólogos, moralistas, assistentes sociais e políticos –, que estão intrinsecamente ligados à ideia de repressão da sexualidade, foram, de fato, modos de fazer existir essa coisa chamada "sexo": evidencia-se então a sua natureza "construída" e não sua decantada "origem natural", marca de uma visada positivista que a tudo desejava controlar e rotular como verdade e/ou mentira. Foucault também leva a pensar que a noção de sexualidade tornou possível agrupar, numa unidade meramente "didática", para não dizer falsa e artificial, elementos anatômicos, funções biológicas, condutas, sensações, prazeres. Esse movimento de aglutinação possibilitou a utilização dessa "unidade" fictícia como um princípio causal, um sentimento onipresente, um segredo a ser descoberto em toda parte.

Foucault não nega que haja atos físicos de relação sexual, ou que homens e mulheres tenham um sexo biológico e órgãos sexuais. Afirma, isso sim, que o século XIX encontrou novas formas – e na perspectiva do pensador francês, essas formas são discursivas, evidenciando, mais uma vez sua marca de "coisa construída" e não de elemento "dado" na/pela natureza –, de agrupar sob uma única categoria, a sexualidade, uma variada gama de coisas que são potencialmente bastante diferentes: certos atos a que se apõe o nome de "sexuais"; distinções biológicas, partes de corpos, reações psicológicas e, sobretudo, sentidos sociais – tudo isso uma decorrência aparentemente natural dessa coisa que a natureza teria legado ao homem, o sexo. Ledo engano!

As diversas possibilidades de que se servem as pessoas para falar sobre e lidar com essas condutas, sensações e funções biológicas criaram algo diferente, uma unidade artificial, chamada "sexualidade", que passou a ser tratada como fundamental para a identidade do indivíduo. Note-se que o caráter "ficcional", ainda que implícito e não causal, marca todo o processo de construção deste conceito. Daí, através de uma inversão crucial, a sexualidade passa a ser vista como a *causa* de variedades de fenômenos que haviam sido agrupados para criar a ideia mesma de sexualidade. Esse processo conferiu à sexualidade uma nova importância e um novo papel, tornando-a o segredo da natureza do indivíduo.

Volto a me referir aqui a Sedgwick quando, em seus estudos, deixa enfatizada essa "diferença": sexo e sexualidade. Duas categorias que não se confundem, sob pena de emaranhar nos discursos que deles se servem dados e ideias, concepções e posicionamentos absolutamente imiscíveis e/ou articuláveis, uma verdadeira Babel conceitual. Tendo como pano de fundo de sua argumentação a importante ideia freudiana de "impulso sexual" e de "natureza sexual", Foucault observa que, ao se chegar aí, atingiu-se o ponto em que o sujeito espera que sua inteligibilidade venha daquilo que, por muitos séculos, foi pensado como loucura; sua identidade, daquilo que foi percebido como um impulso inominado. Daí a importância que é conferida ao sexo, à sexualidade; o temor reverencial com o qual essas "coisas" são cercadas; o cuidado que se toma para lidar com elas; daí o fato de que, ao longo dos séculos, sexo e sexualidade tornaram-se mais importantes que a própria ideia de alma. Ainda que pareça contraditório, Foucault não está defendo a essência do sexo e da sexualidade como o núcleo de formação de uma identidade, pelo menos, não no sentido de uma definição *a priori*, mas no sentido de uma vinculação discursiva inexorável.

Uma maneira que ilustra bem como a sexualidade tornou-se o segredo do "ser" do indivíduo, uma fonte-chave da identidade desse sujeito, é a criação, no século XIX, do termo identitário "homossexual", como um tipo, quase uma "espécie". Períodos anteriores haviam estigmatizado os atos de relação sexual entre indivíduos do mesmo sexo (tais como a sodomia), mas agora isso se tornava uma questão não de atos, mas de identidade, não se tratava de saber se alguém havia realizado atos proibidos, mas se esse sujeito "era" um homossexual. A sodomia era um ato, escreve Foucault, mas "o homossexual era agora uma espécie". Anteriormente, havia atos homossexuais nos quais as pessoas poderiam se envolver; agora era uma questão, ao contrário, de um cerne ou essência sexual pensada como determinante para o próprio ser do indivíduo. A pergunta que cala fundo, inexplicavelmente, ainda hoje é: aquele sujeito ali é um homossexual?

A esta altura, é ponto pacífico que a teorização do homoerotismo – como operador teórico-crítico da/para a Literatura – não pode ser refutada como resultado de uma crítica a tentativas de renovação da Teoria da Literatura, enquanto objeto passível de uma (re)construção necessária, dinâmica e constante. Esse posicionamento é um dado que referenda (legitima) a pertinência do olhar homoerótico, pois, como um operador de leitura, ele "toca" na sexualidade como um elemento composicional de identidade, mesmo que, aqui, esse não seja o seu objetivo fulcral. Quando articula essas ideias às propo-sições instigantes acerca das possibilidades da aludida renovação, Culler recupera os posicionamentos do pensador francês:

> Na explicação de Foucault, o "sexo" é construído pelos dis-cursos ligados a práticas sociais e instituições variadas: o modo como médicos, o clero, os funcionários públicos, os assistentes sociais, e até mesmo os romancistas, tratam os fenômenos que identificam como sexuais. Mas esses discursos representam o sexo como algo anterior aos próprios discursos. Os modernos, de modo geral, aceitaram esse quadro e acusaram esses discursos e práticas sociais de tentar controlar e reprimir o sexo que estão de fato construindo. Invertendo esse processo, a análise de Foucault trata o sexo como um efeito e não uma causa, como produto de discursos que tentam analisar, descrever e regular as atividades dos seres humanos. (CULLER, 1999, p. 16.)

Esse é um posicionamento que evidencia a "natureza" discursi-va do sexo. Tal como Foucault, Culler constata que se fala de sexo como se pode falar de Literatura. Em outras palavras, tomando a

Literatura como uma prática discursiva e considerando que o sexo/a sexualidade tem um componente igualmente discursivo, enquanto categoria cultural, não se pode negar a viabilidade das ilações oriundas do raciocínio de Culler. Por outro lado, enquanto práticas sociais e discursivas, sexo/sexualidade e Literatura estão inexoravelmente amalgamados pela instância do sujeito, espaço em que a discursividade alcança foros de elemento constitutivo de uma identidade particular.

A análise de Foucault é um exemplo de argumento do campo da História que se tornou "teoria" porque inspirou e foi sendo apropriado por outros campos do saber. Ainda que seja uma repetição, esta ideia é pertinente, pois reforça o papel fundamental do pensamento de Foucault, na sustentação do olhar homoerótico, como operador de leitura. O que o pensador faz não é uma teoria da sexualidade, no sentido de um conjunto de axiomas que passam por universais. Sua contribuição aqui se volta para a pretensão de ser uma análise do desenvolvimento histórico específico, mas claramente implicado com outras situações da própria cultura: uma espécie de provocação que encoraja o estudioso a suspeitar do que é identificado como natural, como um dado. Isso não poderia, ao contrário, ter sido produzido pelos discursos de especialistas, pelas práticas vinculadas a discursos do conhecimento que afirmam descrevê-lo? Na explicação de Foucault, foi na tentativa de conhecer a verdade sobre o sujeito – humano e social – que esse mesmo sujeito produziu o sexo/a sexualidade como uma espécie de "segredo" da natureza humana.

A contribuição de Foucault à investigação aqui desenvolvida extrapola a mera especulação filosófica e, mesmo, a abordagem psicanalítica que se pode perceber, implicitamente, em seu discurso. Uma característica de seu pensamento, que se torna teoria, é a de que ele oferece "lances" notáveis que são usados por sujeitos dos mais diversos campos do conhecimento, na abordagem dos mais variados tópicos. Aqui, uma das providenciais sugestões do pensador francês é a de que a suposta oposição entre uma sexualidade natural e as forças sociais ("poder"), que a reprimem, poderia ser, ao contrário, uma relação de cumplicidade.As forças sociais fazem existir o sexo, num movimento que parece contrário: o sexo é consolidado como operador ideal para uma discursividade que, aparentemente, se faz porta-voz de um controle absoluto. Ao mesmo tempo em que se abrem todas as possibilidades, cerceiam-se todas as iniciativas que parecem provir daí mesmo.

É necessário, então, perguntar o que se ganha com o ocultamento dessa cumplicidade entre o poder e o sexo que se diz que ele reprime. O que se ganha quando essa interdependência é vista como uma oposição e não como uma interdependência? A resposta que Foucault dá é que isso mascara o caráter difuso do poder: uma espécie de faca de dois gumes; enquanto se procede na direção de defender uma posição revolucionária, corre-se o risco de se estar defendendo aquilo a que se reage. Ainda uma vez, estou correndo o risco de repetir as mesmas posições "engessadas" que a tradição me legou, ao me posicionar tão acirradamente contra ela. Este é um risco que cada um de nós corre e do qual não se pode escapar, sob pena de colocar em jogo a própria atividade teórica. Pensa-se estar resistindo ao poder defendendo o sexo, quando, de fato, está--se trabalhando inteiramente nos termos que o poder estabeleceu. A ideia de poder, fundamental no pensamento de Foucault, explicita--se aqui e vai fazer eco ao que já disse sobre o "poder institucional" da Literatura.

O poder, para Foucault, não é algo que alguém exerce, mas alguma coisa que faz desse mesmo poder uma fonte de conhecimento e vice-versa: quem domina o conhecimento tem poder e o poder dita o que deve ser considerado para a consolidação desse mesmo conhecimento – uma espécie de cobra mordendo o próprio rabo. O que se pensa saber sobre o mundo – o referencial conceitual dentro do qual se é levado a pensar sobre o mundo – exerce grande poder.

O poder/conhecimento produziu, por exemplo, a situação em que se pode definir um sujeito pelo próprio sexo: a possibilidade de uma ("artigo indefinido", não "numeral") "identidade" sexual.

Tal raciocínio sustenta a hipótese de se produzir uma situação interessante: definir uma mulher como alguém cuja realização como pessoa deve residir numa relação sexual com um homem. A ideia de que o sexo está fora do e em oposição ao poder oculta o alcance do poder/conhecimento. Enquanto instância discursiva, o poder é uma faceta do conhecimento sobre a sexualidade que abre a possibilidade de se pensar da seguinte forma: pode ser essa a argumentação que me leva a constatar que a homofobia crítica (ou da crítica) é uma forma de explicitação de poder, uma vez que me leva à construção de "saberes" ocultados pelo "poder estabelecido". Penso que este é bem o caso, quando se trata dos comentários acerca da correspondência de que me ocupo. Percebe-se, e boa parte dela, um exagerado "cuidado"- na escolha das palavras, nas explicações – com relação ao caráter homoerótico que, evidentemente, marca a relação afetiva entre os dois poetas. Por isso mesmo, a minha já referida irritação. É preciso "dar nome aos bois": Alberto de Oliveira e António Nobre se amaram. Ponto final. Isso não é crime, nem pecado. Afirmar isso, também não!

A hegemonia da perspectiva heterossexista se vê ameaçada quando o homoerotismo desponta no horizonte de expectativas (principalmente) nos/dos Estudos Literários. Essa resistência não procede ou, antes, é equivocada, uma vez que o homoerotismo (em sua teorização) não anseia "tomar" o poder – ainda que tal transpareça. Ao contrário, procura diversificar, multiplicar, ampliar as possibilidades de "ler" o espectro de constituição, disseminação e legitimação dos mais diversos "poderes". Esse assunto requer, a meu ver, mais uma breve digressão.

O que é o poder? A definição de Foucault parece muito simples, o poder é um relacionamento de forças, ou antes, todo o relacionamento de forças é um relacionamento de poder. Compreenda-se, em primeiro lugar, que o poder não é uma forma, e que o relacionamento de poder não se dá entre duas formas, como o "saber". Em segundo lugar, que a força nunca existe no singular, que lhe cabe essencialmente estar em relação com outras forças, tanto assim que toda a força é uma espécie de relacionamento: a força não tem outro objeto nem outro sujeito que não seja ela mesma. Foucault encontra-se mais próximo de Nietzsche e de Marx, para quem o relacionamento de forças excede a violência, e não se define por ela. A violência incide sobre corpos, objetos ou sujeitos determinados, cuja forma pode ser destruída ou modificada, ao passo que a força não tem outro objeto que não outras forças, sua marca é o relacionamento: uma ação sobre ações eventuais ou atuais, futuras ou presentes, tais como incitar, induzir, desviar, facilitar ou dificultar, alargar ou limitar, tornar mais ou menos provável.

Essas são algumas das categorias de poder. As grandes teses de Foucault sobre o poder se desenvolvem em três rubricas: o poder não é essencialmente repressivo (incita, suscita, produz); exerce-se antes de se possuir e passa pelos dominados, não menos que pelos dominantes. Não se pergunta "o que é o poder?" e "de onde é que ele vem?", mas "como é que ele se exerce?" E nisso está toda a diferença, uma vez que o exercício da leitura, institucionalizado na universidade (por exemplo) é uma prática que se renova a cada momento, não podendo, portanto, definir-se em princípios universais e imutáveis de operacionalização. A ideia de um "poder" teórico, portanto, parece completamente absurda.

A questão do poder não é o mais velho desafio formulado pelas análises de Foucault. Surgiu em determinado momento de suas pesquisas, assinalando uma reformulação de objetivos teóricos e políticos que, se não estavam ausentes dos primeiros livros, ao menos não eram explicitamente colocados, complementando o exercício de uma arqueologia do saber pelo projeto de uma genealogia do poder. Qual a grande inovação metodológica que se pode inferir dos trabalhos do pensador francês, principalmente a partir de 1961, com a *História da loucura*? Uma possível resposta é dizer que tal inovação se constitui na resolução de estudar – em diferentes épocas e sem se limitar a nenhuma disciplina – os saberes sobre a loucura para estabelecer o momento exato e as condições de possibilidade do nascimento do que hoje se conhece como Psiquiatria.

Para tanto, o pensamento de Foucault assenta-se no pressuposto de que a História não é uma ciência com desenvolvimento linear e contínuo, a partir de origens que se perdem no tempo e são alimentadas pela interminável busca de precursores. O objetivo da análise é estabelecer relações entre os saberes – cada um considerado em sua especificidade, incorporando criticamente o que foi efetivamente dito e que, por via de consequência, deve ser aceito como tal e não julgado a partir de um saber posterior e superior. Assim, dessas relações surgem, numa mesma época ou em épocas diferentes, compatibilidades e incompatibilidades que não sancionam ou invalidam, mas estabelecem regularidades, permitem individualizar formações discursivas. Não se limitando a fronteiras espaciais e temporais, a análise percorre o campo do saber, procurando estabelecer suas diversas configurações arqueológicas. Mas isso não é tudo.

Outra inovação trazida por Foucault para o âmbito das Ciências Humanas foi não se limitar ao nível do discurso, propriamente dito, deixando brechas para a sua operacionalização nos/pelos mais diversos campos de investigação, inclusive o ligado aos estudos que se voltam para a Literatura. Nesse sentido, qualquer análise poderia centrar-se nos espaços institucionais de controle, revelando a heterogeneidade dos discursos teóricos. Foucault articula os saberes com o que está extramuros desse mesmo controle – mais desejado que efetivo, diga-se de passagem – estabelecendo interlocuções extradiscursivas, tanto institucionais (como o hospital, a família e a escola) quanto "globais" (como as transformações político-sociais).

Desta forma, fica mais fácil entender outro pressuposto para o pensamento de Foucault. Ele diz da necessidade de se considerar que só se pode falar em Ciências Humanas como uma espécie de "totalidade" abrangente – nesse contexto circunscrevendo a Psicologia, a Sociologia, a Antropologia, etc. – a partir do aparecimento, no século XIX, de ciências empíricas, como a Biologia, a Economia, a Filologia, e das filosofias modernas, que têm como marco inicial o pensamento de Kant – tematizando o homem como objeto e como sujeito de conhecimento, abrindo a possibilidade de um estudo do sujeito como representação. Isso pode parecer enigmático, mas o que interessa aqui é assinalar que esse tipo de encaminhamento consiste em descrever a constituição dos discursos críticos e teóricos constituídos a partir da interlocução entre a Literatura e o Homoerotismo. Esta é mais uma relação dialógico-discursiva entre saberes que leva, quase que obrigatoriamente, ao estabelecimento de uma rede conceitual que lhes cria o espaço de existência, não privilegiando, de propósito, as relações entre os saberes e as estruturas econômicas e políticas. Se Foucault não invalida o passado, ele parte de outra perspectiva. Procurando estabelecer a constituição dos saberes e dando privilégio às inter-relações discursivas e sua articulação com as instituições, ele respondia a outra questão adjacente: como os saberes aparecem e se transformam? Pode-se, então, dizer que a análise que é proposta, para equacionar possíveis respostas a essa questão, tem como ponto de partida a pergunta: por quê?

O objetivo não é simplesmente descrever as compatibilidades e incompatibilidades entre saberes, a partir da configuração que vão tomando ao longo do tempo, explicitando suas peculiaridades. O que se pretende é, em última análise, explicar o delineamento teórico que vai ensejar "uma" explicação possível para a consolidação de um saber que, aparentemente, surgiu do nada. É essa análise do porque dos saberes – ao fim e ao cabo, uma forma de justificar as investidas da Teoria da Literatura, principalmente em sua faceta interdisciplinar –, que pode levar a uma confirmação da "existência" de um saber e de suas transformações. A partir disso, o fruto dessa intervenção teórica vai situar o saber produzido numa rede de relações de poder ou, de outro lado, vai incluí-lo numa série de argumentos que sustentam um discurso "político".

Não existe, portanto, em Foucault, uma teoria geral do poder. O que significa dizer que este não é uma realidade que possua uma "natureza", uma "essência", passível de ser definida por suas características universais. Não existe algo unitário e global chamado poder, mas unicamente formas discursivas diversificadas de representação de poder; formas heterogêneas, em constante transformação. O poder não é um objeto natural, uma coisa, é uma prática social e, como tal, constituída historicamente. Essa razão, no entanto, não é suficiente, pois, na realidade, deixa sempre aberta a possibilidade de se procurar reduzir a multiplicidade e a dispersão das práticas de poder, através de uma teoria globalizante, que deseja sempre subordinar a variedade ou descontinuidade a um conceito universal.

Nessa direção, portanto, o poder interessa à Teoria da Literatura como uma instância discursiva que a retira do campo de abrangência de uma ordem do "científico", para circunscrevê-la numa ordem outra, a do discursivo – da mesma maneira que Foucault faz com a ideia de poder. Para este pensador, toda teoria é provisória, acidental, dependente de um estado de desenvolvimento da pesquisa que aceita seus limites, seu inacabado, sua parcialidade; formulando conceitos que clarificam os dados, organizando-os, explicitando as inter-relações, desenvolvendo implicações. A partir disso, essa teoria é sempre revista, reformulada, substituída sempre pelo resultado de outro trabalho de igual "natureza". Nesse sentido, nem a arqueologia, nem, sobretudo, a genealogia – como nas propostas do próprio Foucault – têm por objetivo fundar uma ciência, construir uma teoria ou se constituir como sistema: o programa que elas formulam é o de realizar análises fragmentárias e transformáveis. Exatamente como a que desejo esboçar aqui.

Por isso, a ideia de poder não pode ser considerada como uma entidade metafísica. Como prática sociocultural e fruto de inter-locuções multifacetadas, o poder se exerce discursivamente, cada vez que um saber é produzido, renovado e/ou transmitido. Neste exercício, o sujeito faz escolhas. Aqui não é diferente. Os motivos de minhas escolhas, ao longo do raciocínio que aqui desenvolvo, vão aparecer no capítulo seguinte. Agora, cumpre apenas asseverar que, quando os formalistas definem Literatura em termos de "desvio da linguagem", eles têm justificativas para isso. Eles elaboram suas proposições a partir de uma prática crítico-teórica, justificando-as nos mesmos termos. Em outras palavras, eles elaboram um discurso que lhes assegura o poder de estar apontando para novos horizontes da Teoria da Literatura.

Da mesma forma, em outro contexto cultural, a Estética da Recepção faz o mesmo percurso epistemológico, deslocando o eixo de referência da linguagem (em si) para o sujeito da leitura, e os efeitos desta sobre a "realidade" do texto. Na mesma medida, o discurso teórico da Estética da Recepção lhe assegura um poder que, em outros momentos, esteve alhures. Nesse caso, a meu ver, a mudança de eixo impõe uma radicalidade comparável àquela exigida pelo Formalismo.

De qualquer maneira, é a partir da noção de poder no/do pensamento de Foucault, que esse tipo de raciocínio ganha mais consistência. O pensador francês, ao disponibilizar os elementos discursivos para a interlocução entre saberes – principalmente no que diz respeito a esse tópico específico, o poder – abre espaço para as aproximações aqui feitas. No que diz respeito à interlocução entre Literatura e Homoerotismo, tal pressuposto procede, uma vez que a arqueologia proposta por Foucault tem efeito direto – ainda que esse não tenha sido seu objetivo específico – sobre a Teoria da

Literatura. O embate, já explicitado aqui, entre sexo, sexualidade"
e diferença, em certa medida, ilustra bem esse efeito. No fundo, não
se trata de eleger Foucault como uma espécie de tábua de salvação.
O mais rentável é pensar a partir de sua elaboração do conceito
de poder, nas estratégias discursivas que estão por detrás/sob o
discurso da teoria. É ao "poder" de submergir nos mais intrincados
discursos que me refiro aqui; por isso, a fundamentalidade do pensamento de Foucault.

Mais uma vez, há que se ressaltar que o pensador francês não
está lidando, específica e particularmente, com Literatura. A sua
teorização é analítica – a análise de um conceito – mas é também
inerentemente especulativa, no sentido de que não há evidência de
que se poderia citar para mostrar que essa é a hipótese correta sobre
a sexualidade". Nesses termos, sinto ser possível acompanhar seus
passos, rumo a uma definição de linhas mestras para uma Teoria
da Literatura, renovada pela perspectiva da sexualidade" e de seus
desdobramentos discursivos, explicitados por uma prática crítico-
-teórica responsável, sensata e provocadora:

> Foucault chama essa espécie de investigação de uma crítica
> "genealógica": uma exposição de como categorias supostamente
> básicas, como o "sexo", são produzidas por práticas discursivas.
> Essa crítica não tenta nos dizer o que o sexo "realmente" é mas
> procura mostrar como a noção foi criada. Observe-se também
> que Foucault aqui não fala absolutamente de Literatura, embora
> sua teoria tenha provado ser de grande interesse para as pessoas
> que estudam Literatura. Primeiramente, a Literatura é sobre sexo;
> a Literatura é um dos lugares onde essa ideia de sexo é cons-
> truída, onde achamos promovida a ideia de que as identidades
> mais profundas das pessoas estão ligadas ao tipo de desejo que
> sentem por um outro ser humano. A explicação de Foucault foi
> importante para as pessoas que estudam o romance assim como

para aqueles que trabalham na área dos *"gay* and lesbian studies" e do gênero em geral. Foucault foi especialmente influente como o inventor de novos objetos históricos: coisas como "sexo", "punição" e "loucura", que não havíamos pensado anteriormente como tenho uma história. Suas obras tratam dessas coisas como construções históricas e desse modo nos encorajam a examinar o modo como as práticas discursivas de um período, inclusive a Literatura, podem ter conformado coisas que aceitamos sem discussão. (CULLER, 1999, p. 17-18.)

Aqui eu encontro uma das possibilidades operacionais ensejadas e desejadas pelo/para o sujeito homoerótico. Foucault não dita essa "regra", mas abre espaço para sua consideração. De mais a mais, a regra aqui não é fixa e aponta, sempre e mais, para uma dinâmica constante que não se deixa fossilizar por argumentos "legitimados" por uma tradição que se faz objeto da própria atividade crítica e teórica. Nesses termos, faz-se necessário levar em conta aspectos pouco considerados por essa tradição. Em primeiro lugar, o postulado de coerência interna do modelo teórico, segundo o qual uma "crença" expressa por um contexto dado por um especialista deve ser tomada provisoriamente, como meio de se sustentar enquanto convicção que vai se espraiar por contextos subsequentes. Esse primeiro aspecto chama a atenção para o fato de que nada, absolutamente nada, pode ser tomado como definitivo numa prática teórica que se quer séria e consistente. Isso porque os contextos vão determinando nuances e detalhes inusitados, que fazem com que essa prática seja sempre um objeto de constantes revisitações.

Em segundo lugar, o postulado da determinação histórica da terminologia utilizada, que faz com que seja possível a prevenção de rasgos de interpretação anacrônica dos próprios termos, levando o teórico a cometer disparates e proferir inverdades. Tal procedimento também deixa preparado o caminho para a atualização de sentidos dos próprios conceitos operacionais, o que faz com que "nada se perca", numa acumulação dinâmica e renovadora desses mesmos sentidos, sem perda de consistência e relevância do trabalho teórico com eles e por eles realizado. A esse respeito, René Wellek, num ensaio sobre o conceito de crítica literária, destacou o fato de que o sentido (ou significado, numa tradução mais contextualizada com a época de produção do próprio ensaio) de uma palavra é o sentido (da mesma forma, aqui) assumido em seu próprio contexto e que lhe foi "imposto pelos usuários". Tal fato implica reconhecer que as palavras têm sua própria história, os sujeitos percebem e assinalam seu sentido e nada disso pode ser tomado como natural. Como eu disse acima, a relatividade dessas "verdades" é absoluta e nada pode ser tomado como definitivo, sob pena da perda da própria dinâmica da "significação", para usar um termo caro a Terry Eagleton.

Finalmente, o postulado de sincronia explicativa, apontando que, ao tratar de entender por que se professam determinadas crenças em determinadas "verdades", o sujeito seja levado a perceber que os fatores explicativos a que recorre têm que ter estado presentes já no contexto histórico real. Em outras palavras, não se inventam conceitos do nada, não se pode propor uma linha de raciocínio teórico que não tenha sido, de alguma forma, ventilada antes. Além do mais, a Literatura vai conservando certos elementos, valores, procedimentos que se vão acumulando, da mesma forma, sua crítica e sua teoria. Portanto, mais uma vez, nada se perde, tudo se transforma, ainda que a blague não seja um princípio operacional em si mesmo aqui. Estes, em síntese, são alguns dos elementos fundamentais para constituir e sustentar, rentavelmente, o que pode ser chamado de "prática teórica". A partir disso, sinto necessidade, agora, de fazer alguns comentários atinentes às ideias de escritura, pós-modernidade e mudança de paradigmas. Por que fazer isso? Porque sinto que, numa perspectiva de "grande temporalidade", como postulou Bakhtin, sou levado a revisitar essas ideias, com o intuito de não perder o ritmo de articulação constante que a teoria requer:

> A ciência literária deve, acima de tudo, estreitar seu vínculo com a história da cultura. A Literatura é uma parte inalienável da cultura, sendo impossível compreendê-la fora do contexto global da cultura numa dada época. Não se pode separar a Literatura do resto da cultura e, passando por cima da cultura, relacioná-la diretamente com os fatores sócio-econômicos, como é prática corrente. Esses fatores influenciam a cultura através desta e junto com ela, influenciam a Literatura. (BAKHTIN, 1992, p. 362.)

Percebe-se que Bakhtin pensa a cultura a partir de um conceito antropológico, no contexto do qual só se apreende o sentido de um determinado elemento cultural a partir de uma compreensão de um sistema sígnico. Sem circunscrever a proposta a esse aspecto específico de seu pensamento, é necessário considerar a natureza "textual" da memória cultural, o que faz do signo e de seu sistema uma referência operacional bastante rentável. Assim, sua noção de contexto será necessariamente mais ampla e mais rica que aquela frequentemente adotada pela crítica, cercada por um corte temporal restrito. Nessa medida, fica viabilizada a análise da interlocução entre Literatura e Homoerotismo, como um sistema sígnico da Literatura, lida pelo viés da crítica literária, a partir da hipótese de que é possível repensar seus paradigmas mínimos, considerando, é claro, toda a gama possível de interlocuções que, com ela, podem ser estabelecidas.

Os dois elementos – Literatura e Homoerotismo – funcionam aqui como os signos que operacionalizam a memória cultural que vai sendo grafada pela historiografia literária. É claro que essa passagem é aqui considerada no âmbito teórico dos Estudos Literários. Esse detalhe relembra os pressupostos da Estética da Recepção. O ponto de fuga, sempre, é o trabalho teórico com a/da Literatura. Tudo isso vai nos remeter, quase que obrigatoriamente, à consideração do que Jauss denomina de "horizonte de expectativas". Esse horizonte requer, portanto, uma visada menos "sincrônica" para os Estudos Literários, colocando-os na perspectiva da grande temporalidade, nos termos em que se coloca a proposta de integração de atividades de cunho eminentemente teórico aqui:

> Nossa pesquisa costuma operar com base nas características da época a que pertencem os fatos literários em estudo sem distingui-las, na maioria das vezes, daquelas que se aplicam à História em geral e sem introduzir a menor análise diferencial do campo cultural, nem de sua interação com a Literatura. Tais análises demonstram, aliás, uma total ausência de metodologia. A chamada vida literária de uma época, cujo estudo se efetua sem referência ao estudo da cultura, resume-se a uma luta superficial de tendências literárias, e quando se trata dos tempos modernos (sobretudo do século XIX), o processo se resume às lutas verbais das revistas e jornais que ficaram sem grande influência sobre a Literatura da época. A intensa ação exercida pela cultura (principalmente a das camadas profundas, populares) e que determina a obra de um escritor ficou inexplorada e, muitas vezes, totalmente insuspeita. Semelhante procedimento barra o acesso à profundidade das grandes obras. A Literatura adquire ares de algo insignificante e frívolo. (BAKHTIN, Mikhail", 1992, p. 363.)

Há, nessas palavras, evidentes ecos dos estudos anteriores de Bakhtin, especialmente daqueles que tratam do conceito de dialogismo. Essa não é a mola mestra desse livro, mas coloca em cena o caráter intertextual que as leituras da memória cultural vão proporcionando ao longo do tempo. Para o crítico russo, o texto apresenta-se como uma convergência de múltiplos textos e, portanto, deve ser estudado a partir de um corte temporal mais amplo, ao que ele se refere como grande temporalidade: uma espécie de superfície em que os elementos de uma tradição linguística e literária se atualizam e se organizam. Nessa perspectiva, a obra só pode ser compreendida ao ser libertada de sua contemporaneidade. Essa ideia faz encontrar eco na proposta de buscar no rico acervo que é a Literatura, com seus "documentos" de época, os elementos necessários à consolidação de um contexto que não apenas recupere o passado como também oriente a leitura do momento presente, aquele em que se insere tanto a obra (se for o caso) em estudo, como o contexto de leitura desse mesmo momento. As cartas, em sua "personalidade" textual compõem – com outros "gêneros" da escrita – *corpus* afeito a esta abordagem.

O suporte teórico, então, é insofismavelmente necessário, *conditio sine qua non* para que esse processo deslanche e tenha as consequências que dele se esperam. Signo, texto, intertextualidade e História são os conceitos discursivos elementares, necessários para a operacionalização da perspectiva aqui adotada: uma perspectiva teórica, acima de tudo. Eles remontam à ideia de escrita, de escritura. Não cabe dúvida de que essa noção, na tradição barthesiana, implica esforço de inovação, experimentalismo expressivo, incorporação do texto teórico/crítico ao cânone literário – seja ela ficcional, crítica ou teórica – uma boa dose de espírito progressista (no melhor dos sentidos) e um senso de atualidade, que não se esgota no jargão pós-moderno de última fornada. É claro que tais características não sobrevivem isoladas, pois requerem investigação frequente, com direito a todas as atividades correlatas: elaboração de informações acadêmicas, reiteração de procedimentos, corroboração de hipóteses, adoção de modelos de organização das proposições, etc. A isso eu posso dar o nome de "prática teórica" da/na leitura da Literatura. A "dinamicidade" historiográfica de Jauss diz presente!

Nesse conjunto de observações digressivas, penso em de Paul de Man, quando aproximado da noção de pós-modernidade. Isso é relevante aqui uma vez que o dialogismo de Bakhtin e o pensamento "escritural" de Barthes se fazem presentes, de uma maneira muito sutil no ideário pós-moderno, ainda que seus defensores mais ferrenhos não o reconheçam. Na verdade, considero como pós--moderna essa articulação, uma vez que ela traz de volta elementos fundamentais para a construção do pensamento teórico da Literatura, por um lado. Por outro lado, a ideia de criar e sustentar ilações teóricas a partir do binômio Literatura/Homoerotismo é igualmente uma "prática" que carrega em seu ideário muito da perspectiva pós-moderna, pois trafega do antigo ao novo, sem a preocupação de derrubar velhos mitos. Ademais, esse tipo de posicionamento sempre recebeu duras críticas daqueles que aceitam "aplicar" as teorias "novas" que se apresentam, simplesmente por serem novas. Estes se esquecem de que a "novidade" aparece, ainda que em certa medida, como uma reação às provocações que constantemente são feitas ao pensamento teórico.

É nesse sentido que me remeto aqui a Paul de Man, quando afirma que os teóricos da Literatura têm sempre o desejo de alinhar seu trabalho ao que está sendo produzido, enquanto Literatura de ficção, na atualidade. Eles sempre sentem, ao permanecerem fiéis a essa demanda, a ligeira intimidação que os críticos também experimentam, às vezes. Assim, caso essa situação seja aceita, sem muita dissensão, resultaria que o esforço de experimentação e busca expressa nos informes elaborados por alguns estudiosos da Literatura, nos mais diversos campos de atividade cultural, não é mera consequência de uma necessidade interna dos projetos de investigação que são desenvolvidos sob a denominação de pós-modernos. Como se isso fosse a chancela de sua relevância indiscutível e da implausibilidade de qualquer outra proposição que não atendesse aos mesmos critérios. Isso se chama imposição arbitrária.

Diante do compromisso de explorar as fronteiras entre as diversas práticas discursivas, não se trata, na verdade, de negar a importância da preparação das informações, bem como de sua difusão e transmissão, como instrumento de consolidação do dialogismo crítico-teórico necessário, como se pode deduzir das ideias de Bakhtin. Nessa etapa de produção de conhecimento, as ideias são concretizadas e organizadas; são definidas as estratégias de argumentação e, em última instância, manifestam-se os mecanismos orientados para provocar um determinado efeito nos leitores: o de resgatar o papel desempenhado pela própria investigação, ou seja, o de uma prática complexa e igualmente fundante, a cada passo. Como se pode deduzir, o pensamento pós-moderno não apresenta uma novidade absoluta, a partir do nada, como se costuma vituperar por aí, quando se deseja derrubar argumentos que, por utilizarem "material ultrapassado" ou autores não canônicos, fazem desmerecer a própria proposta investigativa. Em síntese, é inegável que não se pode prescindir de determinações operacionais impostas pelo contexto, uma vez que é a partir dele, e somente assim, que se consolida a prática teórica que se quer sempre renovada e dinâmica.

Nesse sentido, cumpre ainda trazer à baila o tópico da "mudança de paradigmas", tão decantado como responsável pela invalidação de iniciativas inusitadas, para o *status quo*, é claro! Essa teorização acerca das mudanças de paradigmas científicos, sempre associadas ao pensamento de Thomas S. Kuhn, se propõe a explicar esse fenômeno. Convém destacar que os estudos de Kuhn não apenas têm colocado em questão a posição da teoria científica concebida tradicionalmente como independente e neutra – enquanto problema ligado aos valores assumidos –, como também propiciaram o desenvolvimento de um instrumental mais preciso para dar conta dos trabalhos mais particularizados, principalmente no campo das Ciências Humanas:

En la postura kuhniana, un concepto central es el de "ciencia normal". Por él se entiende la labor de los científicos que se ocupan, de ordinario, en três clases de actividades: la determinación de hechos significativos, la puesta em relación de dichos hechos con la teoría y la articulación en sí de la teoría. (ALTAMIRANDA, 2001, v.1, p. 17.)

A contribuição de Kuhn é relevante, uma vez que ela vai sustentar a hipótese de que é possível, senão preciso, necessário mesmo, uma mudança constante de paradigmas. Diria mais: sem essa modificação dinâmica e regular, não haveria como desenvolver propostas de investigação de cunho teórico, pois apenas a experimentação concreta não é capaz de dar conta de todas as possibilidades de interpretação disponíveis a cada passo. Na linguagem cotidiana, um paradigma pode ser tomado como modelo operacional, como, por exemplo, os verbos em uma língua. Para Kuhn, os "saltos" científicos – frutos do desenvolvimento da própria ciência, qualquer que seja ela – têm uma performance análoga: uma "descoberta" científica particular (para usar uma linguagem mais tradicionalmente usada pelas ciências exatas e/ou biológicas) constitui um "paradigma" – ainda que momentâneo – para abordar e resolver problemas similares. Sem dúvida, o termo foi cunhado com uma marca que explicita um conceito ambíguo.

De qualquer maneira, tomando como referência uma versão mais sintética do processo de construção conceitual, o paradigma pode apresentar, no mínimo, dois valores: um de caráter sociológico, enquanto designação de uma "constelação de crenças", valores, técnicas, etc., que são compartilhadas entre os membros de uma comunidade dada – nesse sentido, seria uma construção ideológica; e um de caráter técnico, quando se refere às realizações científicas universalmente reconhecidas durante certo tempo, proporcionando modelos de problemas e soluções para uma comunidade, a que me interessa mais de perto aqui.

São muito variadas as possibilidades de articulação do pensamento de Thomas Kuhn no âmbito da Teoria da Literatura. Um dos "fundadores" da Estética da Recepção alemã, Hans Robert Jauss, por exemplo, exercita uma dessas possibilidades para caracterizar seu próprio trabalho como uma troca de paradigma nos Estudos Literários, reconhecendo como paradigmas dominantes na tradição da modernidade o historicismo neopositivista e a análise formalista de textos. Pode parecer anacrônica e contraditória essa observação, mas o que dela resulta eficaz para meu raciocínio é a ideia de que a Estética da Recepção preza, entre outras coisas, a prática da relativização dos paradigmas, como uma forma de combater o espírito neopositivista de que Jauss fala. Esse "espírito" prevaleceu, como ele mesmo argumenta, na prática teórica dos Estudos Literários, na segunda metade do século XX, ainda que a "pós-modernidade" já tivesse sido entronizada como a nova "chave do reino".

Em outras palavras, posicionamentos como o de Jauss reiteram a veracidade da constatação de que um paradigma não se constitui "naturalmente", como se fosse dotado de uma essência imanente. Pelo contrário, ele é construído a cada passo, o que faz com que o contexto retome o seu lugar de fundamentalidade no processo mesmo dessa construção. Por outro lado, esse mesmo raciocínio faz lembrar do papel do leitor no meio disso tudo, ou seja, não mais se considera um sentido *a priori*, mas aquele que vai sendo construído a cada "ato de leitura", como um "efeito de real" que os textos oferecem aos olhos desse leitor. Assim se constroem (também) os paradigmas, por isso as ideias de Kuhn ainda são relevantes, mesmo que muitos não o queiram admitir. Sem dúvida, o modelo "combinado" de Kuhn é um instrumento que permite organizar internamente os componentes das diversas manifestações que a especulação teórica tem adotado nos Estudos Literários. Disso, ninguém pode abrir mão:

En relación con los aspectos metafísicos del centro firme o núcleo duro del programa de investigación, se establece un modo particular de problematizar a la Literatura, es decir, definirla como problema y, en consecuencia, anticipar su resolución: el soporte formal de la Literatura es el lenguaje. Ello determina, como observa Colin MacCabe, la necesidad de manejar una serie de saberes que tienen que ver directamente con los estudios lingüísticos: la habilidad de leer depende del conocimiento de los cambios de significados, de la sintaxis y la fonología, y la habilidad de analizar los textos exige la capacidad de emplear las categorías gramaticales y prosódicas que articulan los efectos literarios.

En general, estas modalidades de teorización adoptan la Linguística como modelo "natural": si la Lingüística estudia los fenómenos que denominamos "textos literarios", esto es, aquellos textos lingüísticos que una cultura dada caracteriza como Literatura. (ALTAMIRANDA, 2001, v.1, p. 23.)

O campo linguístico da Literatura aqui desenhado traz de volta uma velha questão ainda não resolvida. Não é minha pretensão resolvê-la agora. No entanto, essa referência confirma a ideia de uma especularidade impossível entre as ciências exatas de um lado e as ciências humanas de outro. Além disso, essa mesma dicotomia ecoa quando os pares opostos são os Estudos Linguísticos de um lado e os Estudos Literários de outro. De qualquer maneira, essa bipolaridade faz com que não seja possível esquecer do fato de que a linguagem literária não pode ser vilipendiada sob o argumento de que a preocupação com ela é um retrocesso aos procedimentos formalistas, por exemplo. De mais a mais, acima e antes de tudo, Literatura é linguagem e sua Crítica, sua História, sua interpretação e sua Teoria são igualmente variações dessa linguagem, daí a pertinência da observação de Altamirandaprincipalmente depois das considerações acerca da ideia de paradigma.

Enquanto instrumentos de definição de estratégias discursivas para a Teoria e a Crítica, os modelos de base linguística se caracterizam por recorrer à leitura "estrita", colada, de textos (o que em Inglês se denomina *close reading*), correndo atrás de rasgos caracterizadores da linguagem literária, o que acaba por explicitar a introspecção institucional como caminho para a identificação dos conhecimentos necessários para participar da cultura letrada. Ao mesmo tempo, é possível reconhecer que, como não existe a possibilidade de se estabelecer uma leitura como ponto neutro, sem qualquer contaminação ideológica, todo processamento do texto é sempre interpretativo, o que me leva a supor – como qualquer crítico ou teórico da Literatura o faria em sã consciência de sua prática – que os textos não têm um sentido único e que é necessário prestar atenção detida no nível de poder de determinação do leitor, em geral previsto, não como indivíduo, mas como instância ou projeção discursiva e textual. Esse é, exatamente, o procedimento da Estética da Recepção; por isso mesmo, sua importância fundamental em toda essa teorização.

Direta ou indiretamente, as diversas formas de análise cultural que se podem levar em consideração, principalmente quando se deseja manter a prática teórica em seu pleno vigor, estão conectadas a uma sociedade concebida como entidade basicamente homogênea. Isso pode também ser constatado quando das análises de orientação marxista, ou mesmo na perspectiva do feminismo, nas quais existe e procede uma clara consciência das fissuras e das tensões que geram fenômenos sociais tais como a luta de classes ou de sexos. Nos últimos anos, têm surgido vozes que começaram a questionar as teses monoculturalistas, que aceitam indiscriminadamente, sem um refino crítico rigoroso, a imposição hegemônica de uma determinada cultura local que se autodenomina como "universal". Frente a elas, partindo de diversos pontos de reflexão, novos patamares para os problemas teóricos da Literatura começam a desenvolver-se, quando se sustentam teses alternativas que, em primeiro lugar reconhecem que as sociedades modernas estão integradas pela diversidade de grupos étnicos e raciais, por distintas expressões da sexualidade", por posicionamentos institucionais ideologicamente variados, práticas essas que chegam a solapar a pretendida unidade da vida social.

A partir desse tipo de considerações, abrem-se novos campos de indagação – *Gender studies, Minority studies, Border studies, Queer studies*, dentre outras denominações – que nem sequer possuem equivalentes exatos em Português, mas que evidenciam o estado atual de efervescência intelectual no âmbito acadêmico internacional. Como se pode notar, a partir do mero enunciado da questão, o que está em jogo aqui é uma discussão geral dos valores habitualmente admitidos: nada mais do que a Teoria da Literatura sempre advogou a seu favor.

Nesse conjunto de possibilidades, o que me interessa de perto está intimamente ligado – ainda que não seja por ele definido, enquanto estabelecimento de campo de investigação, o que seria muito redutor, em minha opinião – ao que se conhece pela expressão *gender studies*; expressão eufemística que recobre, basicamente, três áreas (notadamente como possibilidades de constituição de um campo de pesquisa interessante): a crítica *gay* e lésbica, o feminismo (agora reconfigurado, a partir de sua inscrição num contexto mais abrangente) e os estudos sobre o masculino, campo interdisciplinar já plenamente estabelecido nas universidades do primeiro mundo. A expressão pode ser lida e interpretada não como um posicionamento crítico que recorre às categorias da análise da diferencia(ção) sexual (em Inglês, *gender*), mas como aquela que coloca essas mesmas iniciativas sob o jugo de uma crítica constante e de um a revisão tenaz e rigorosa em seus fundamentos epistemológicos. Como expressa a fundadora dessa linha de indagação, Eve Kosofsky Sedgwick: a "projeção em um mapa das bordas fractais entre diferença sexual e seus outros." (SEDGWICK, 1992, p. 273.)[11] Tudo isso, quando bem arti-

---

[11] Tradução minha.

culado, seguindo critérios de rigoroso controle epistemológico, sendo orientado segundo preocupações legítimas como a prática teórica, é suficiente para ratificar a eficácia da tematização do homoerotismo, como operador de um discurso teórico acerca da Literatura.

O *new criticism*, assim como, algumas gerações antes, a *História Literária*, de Gustave Lanson, são dois exemplos de práticas teóricas que se viram rapidamente reduzidas a algumas receitas, truques e astúcias para brilhar publicamente: instituiu-se certo tipo de poder que assegura ao portador dessa voz uma autoridade quase divina, o que não deixa de ser, no mínimo, patético. O impulso teórico estancou-se desde que forneceu certa ciência de apoio à sacrossanta explicação de texto:

> Quando mencionamos o carácter **institucional** da Literatura ou quando falamos em **instituição literária** estamos desde logo a remeter para práticas e para sujeitos que asseguram ao fenômeno literário a sua feição de **estabilidade** e de notoriedade pública, nem sempre pacificamente aceites pelos escritores (...).
>
> Seja como for, a estabilidade e a notoriedade referidas estão implicitamente representadas nos termos em que Julia Kristeva postula o conceito de instituição literária: "Teria tendência a ver nele duas coisas: por um lado, a própria Literatura, a prática da escrita,o facto de querer inserir-se num código que consiste em transpor preto no branco e a partir de um certo número de imposições uma experiência oníricas ou real; por outro lado, entenderia por 'instituição literária' todas as margens da prática literária: as revistas, os júris, eventualmente as universidades, tudo o que consagra a experiência literária e lhe dá uma possibilidade mais ou menos grande de chegar ao público; isto é, finalmente, os canais de transmissão. (REIS, 1997, p. 25-26.)

A ambiguidade da afirmação de Carlos Reis, ainda que ele esteja amparado pela solidez do raciocínio de Julia Kristeva, deixa transparecer a ideia de que o caráter institucional da Literatura continua sendo julgado um objeto de desejo. Por isso mesmo, a prática teórica perde consistência caso se mantenha atrelada a esse patamar de poder, igualmente ambíguo. Porque não é do lado teórico ou teleológico que a Teoria se apresenta com cores e proposições interessantes e autênticas, mas pelo combate feroz e vivificante que empreende contra as ideias preconcebidas dos Estudos Literários, e pela resistência igualmente determinada que as ideias preconcebidas lhe opõem.

Faz-se necessário, nesse sentido, um balanço da Teoria da Literatura que, mesmo depois de ter oferecido sua própria definição de Literatura, como definição contestável – trata-se, na verdade, do primeiro lugar-comum teórico: "O que é a Literatura?" –; depois de ter prestado uma rápida homenagem às teorias literárias antigas, medievais e clássicas, desde Aristóteles até De Man, sem esquecer uma passagem pelas poéticas não-ocidentais, arrolasse as diferentes escolas que compartilham a atenção teórica no século XX: Formalismo, Estruturalismo, *New Criticism*, Fenomenologia, Psicanálise, Marxismo, Pós-estruturalismo, Hermenêutica, Neo-marxismo, Feminismo, etc. Inúmeros manuais são assim: ocupam os professores e tranquilizam os estudantes. No entanto, não realizam sua missão precípua, mais primária e necessária (por que não?!): esclarecer. Ao invés disso, contentam-se com a apresentação e pseudodiscussão de um lado muito acessório da teoria; ou, até mesmo, deformam-na, pervertem-na; porque o que a caracteriza, na verdade, é justamente o contrário do ecletismo, é seu engajamento, sua *vis polemica*, assim como os impasses a que essa última a leva sem que ela se dê conta.

Os teóricos dão a impressão, muitas vezes, de fazer críticas muito sensatas contra as posições de seus adversários, mas visto que estes, confortados por sua boa consciência de sempre, não renunciam e continuam a repetir seus lugares-comuns e suas verdades insofismáveis – como se, com isso, pudessem salvar o mundo do intelectual absoluto –, os teóricos se põem, também eles, a falar alto, defendem suas próprias teses, ou antíteses, até o absurdo, e, assim, anulam-se a si mesmos diante de seus rivais encantados de se verem justificados pela extravagância da posição adversária. Basta deixar um teórico discorrer sobre seu assunto predileto, como se estivesse enunciando um novo evangelho e contentar-se em interrompê-lo de vez em quando com um "Ah!" um pouco debochado; ou então fazer uma pergunta bastante banal sobre o óbvio do que ele está falando, para vê-lo desmanchar seu *aplomb* e transformar-se numa máscara de absoluta ignorância, ou melhor, de pavor por ter sido pego de surpresa, num ponto banal de seu raciocínio; por ter percebido que seu discurso está vazio de sentido para o resto do mundo! Está aí o que eu chamo de inconsistência legitimada pelo corporativismo acadêmico, objeto de uma ferrenha atenção de qualquer atividade teórica que se coloca contrária à estagnação das ideias, veementemente contra a preguiça e a inércia, filhas perversas do poder.

Na teoria, os paradigmas não morrem nunca, juntam-se uns aos outros, coexistem mais ou menos pacificamente e jogam indefinidamente com as mesmas noções – noções que pertencem à linguagem popular. Eles realizam o que deve ser realizado: uma relativização constante de seus conteúdos e de suas demandas, em nome do maior rigor de sua própria "aplicabilidade prática". Ecoando o raciocínio de Antoine Compagnon, como já foi referido anteriormente, esse é um dos motivos, talvez o principal motivo, da sensação de repetição que se experimenta, inevitavelmente, diante de um quadro histórico da Teoria da Literatura hoje em dia. Passa-se o tempo tentando apagar termos de uso corrente: Literatura, autor, intenção, sentido, interpretação, representação, conteúdo, fundo, valor, originalidade, história, influência, período, estilo etc. (COMPAGNON, 1999, p. 163.) A falácia teórica prescinde da leitura de textos literários e concede ao "teórico" uma agradável sensação de poder de determinação.

A Teoria da Literatura não conseguiu desembaraçar-se da linguagem corrente sobre a própria Literatura – o que Compagnon chama de senso comum –, a linguagem dos leitores conhecidos sob a alcunha de "ingênuos" ou não preparados, os amadores. Assim, quando a teoria se afasta, as velhas noções ressurgem intocadas. É por serem "naturais" ou "sensatas" que nunca deixam que esse tipo de teórico escape delas realmente. Como pensa De Man, é porque só se deseja resistir à teoria, porque a teoria faz mal, contraria as ilusões sobre a língua e a subjetividade. Pode-se dizer que, hoje, quase ninguém foi tocado pela teoria – pelo menos, da maneira que seria, a meu ver, desejável –, o que talvez seja mais confortável. É o que eu chamo de princípio da inércia, a tentativa de canonização de um léxico que não se desenvolve, aparentemente, para conservar um poder que, de fato, não existe (!):

> Há teoria quando as premissas do discurso corrente sobre a Literatura não são mais aceitas como evidentes, quando são questionadas, expostas como construções históricas, como convenções. Em seu começo, também a história literária se fundava numa teoria, em nome da qual eliminou do ensino literário a velha retórica, mas essa teoria perdeu-se ou edulcorou-se à medida que a história literária foi se identificando com a instituição escolar e universitária. O apelo à teoria é, por definição, opositivo, até mesmo subversivo e insurrecto, mas a fatalidade da teoria é a de ser transformada em método pela instituição acadêmica, de ser recuperada. (COMPAGNON, 1999, p. 18).

É necessário frisar que, em primeira instância, quem fala em teoria – mesmo que não seja um marxista convicto – pressupõe uma prática, a partir da qual a teoria se coloca, ou da qual ela se elabora enquanto um discursivo constantemente questionador. Qual seria, portanto, a direção, ou a prática que a Teoria da Literatura codifica, isto é, organiza mais do que regulamenta? Ao que parece, esse ponto de fuga não é a própria Literatura, mas são os Estudos Literários, isto é, a História e a Crítica literárias – no sentido de que essas práticas se erigem como disciplinas literárias, quase ditando as regras para o correto funcionamento desse jogo.

É claro que se poderia pensar nos Estudos Culturais como uma saída honrosa para esse impasse. No entanto, essa saída não existe, não pode existir, uma vez que os Estudos Literários são Estudos Culturais, em sua "natureza". A Teoria da Literatura não ensina a escrever romances como a retórica outrora ensinava a falar em público e instruía na eloquência, mas desempenha o papel de desenvolver uma instrumentalização como objetivo pedagógico, como *goal* na preparação de um teórico competente e rigoroso.

Outra consideração de base é a de que a Teoria da Literatura não é a polícia das Letras, mas, de certa forma, sua epistemologia. E, mais uma vez, percebe-se a presença das ideias de Antoine Compagnon, em obra aqui referida. O apelo à sua prática responde necessariamente a uma intenção polémica, ou opositiva (crítica, no sentido etimológico do termo): a teoria contradiz, põe em dúvida a prática alheia. É útil acrescentar aqui um terceiro termo à teoria e à prática, conforme o uso marxista, mas não apenas marxista, dessas noções: o termo ideologia. Entre a prática e a teoria, estaria instalada a ideologia. Uma teoria diria verdade de uma prática, enunciaria suas condições de possibilidade, enquanto a ideologia não faria senão legitimar (canonizar?) essa mesma prática com uma mentira, dissimularia suas condições de possibilidade. Assim, a Teoria da Literatura reage às práticas que julga aleatórias ou anti--teóricas. Agindo assim, ela as institui como bodes expiatórios. Parece haver certo maquiavelismo teórico que busca, sempre e mais, a manutenção de um certo *status quo*, como condição para que o poder de decisão não saia das mãos que tão ciosamente o guardam.

Em resumo: a Teoria da Literatura tem como marca característica – ou deveria ter, a meu ver – um posicionamento constantemente contrastante com a prática dos Estudos Literários, isto é, a Crítica e a História literárias. O contraste não tem aqui o caráter de diferenciar defeitos e/ou qualidades, mas acima de tudo de analisar a própria prática teórica, ou melhor, a descrição de todas as práticas possíveis, tornando explícitos seus pressupostos, criticando-os (criticar é separar, discriminar). A Teoria da Literatura seria, então, numa primeira abordagem, a crítica da crítica, ou a *metacrítica*: ficam explicitadas as oposições possíveis entre linguagem e metalinguagem; linguagem e gramática, que descreve seu funcionamento. Trata-se de uma consciência crítica, uma espécie de crítica da ideologia literária, uma dobra crítica, uma auto-referencialidade, que não esgota as possibilidades de leitura que ela mesma pode ensejar. Esses traços se referem, na realidade, a uma definição operacional de Teoria, embasada que está, nesta nova perspectiva, na dinamicidade reflexiva do olhar homoerótico.

À Teoria da Literatura se articulam outras "disciplinas" (que eu, sempre prefiro chamar de práticas) como a História e a Crítica. Por Crítica Literária pode-se compreender um discurso sobre as obras literárias que acentua a experiência da leitura, que descreve, interpreta, avalia o sentido e o efeito que as obras exercem sobre os leitores, no sentido de perceber os meandros desse mesmo processo e não apenas no sentido de edificar-lhes um documento avaliativo, como se costuma fazer com o que é conhecido como cânone. Ou seja, não se trata absolutamente de apenas chegar à legitimação da obra, para cristalizar-lhe o sentido, como final.

A crítica aprecia, julga – e o faz por simpatia ou por antipatia, por identificação ou projeção. Nessa perspectiva, ela pertence "ao salão", do qual a imprensa é uma metamorfose, para depois institucionalizar-

-se na universidade; ela passa de uma fase "de conversação", para uma segunda fase, de escrita. Não há porque estabelecer uma dicotomia excludente entre essas duas fases: na verdade, elas se complementam e sempre tomam uma o lugar da outra, a cada momento, em cada etapa do processo dinâmico de leitura.

Já por História da Literatura, pode-se compreender um discurso que insiste nos fatores exteriores à experiência da leitura, por exemplo, na concepção ou na transmissão das obras, ou em outros elementos que em geral são fundamentais para a Estética da Recepção. A História da Literatura é a disciplina acadêmica que surgiu ao longo do século XIX, mais conhecida, aliás, com os nomes de Filologia, *Scholarship*, *Wissenschaft*, ou pesquisa, o que faz dela mais uma das definições críticas e operacionais, um dos dois pilares da teoria, como acabei de defender. Levando-se em consideração, dentre outras, essas duas "definições", chega-se à constatação de que a Teoria da Literatura não se sustenta num discurso legitimador, ela pede que os pressupostos dessas afirmações sejam explicitados:

> O que você chama de Literatura? Quais são seus critérios de valor?, perguntará ela aos críticos, pois tudo vai bem entre leitores que compartilham das mesmas normas e que se entendem por meias palavras, mas, se não é o caso, a crítica (a conversação) transforma-se logo em diálogo de surdos. Não se trata de reconciliar abordagens diferentes, mas de compreender por que elas são diferentes. (COMPAGNON, 1999, p. 22.)

Da mesma forma, a resposta a essas perguntas não é suficiente para definir os rumos da Teoria da Literatura. É evidente que existem outras maneiras de conduzir a Crítica e a História pelos caminhos da Teoria e, muitas vezes, essas maneiras são opostas, divergentes, conflitantes, pois esse campo é, por "natureza" polémico. No entanto, não há necessidade de adesão a uma ou a outra das possibilidades que se vão apresentando, como forma definitiva de tomar uma posição e defendê-la num duelo igualmente definitivo. A meu ver, a melhor política, nesse caso, é refletir de maneira analítica e, por que não, cética sobre a Literatura, sobre o estudo literário, ou seja, sobre todo discurso – crítico, histórico, teórico – a respeito da Literatura. Essa seria uma tentativa de se colocar numa posição menos ingênua, uma vez que a Teoria da Literatura é uma aprendizagem da não ingenuidade, o que leva à mesma conclusão de Compagnon: "todo discurso sobre a Literatura, todo estudo literário está sujeito, na sua base, a algumas grandes questões, isto é, a um exame de seus pressupostos relativamente a um pequeno número de noções fundamentais." (COMPAGNON, 1999, p. 25.)

A Teoria da Literatura, no sentido em que, na esteira de Compagnon, venho pensando aqui, é uma prática que se caracteriza muito mais pelo relativismo do que pelo pluralismo, na medida em que, em seu exercício, as respostas às diversas questões que vão aparecendo são possíveis e aceitáveis, no lugar de serem compossíveis ou compatíveis. No fundo, não existe a possibilidade de se encontrar uma "visão total" da Literatura, uma vez que a cada passo uma possibilidade nesse sentido pode estar eliminando outra(s), dado que a "definição" de Literatura não é um consenso, ou seja, cada um dá o nome de Literatura a uma "realidade", cada um pode "classificar" como literárias as experiências mais diversificadas; nesse sentido, os estudos teóricos nunca visam a diferentes aspectos do mesmo objeto, mas a diferentes objetos: "não é possível tudo ao mesmo tempo. Na pesquisa literária, 'mais é menos', motivo pelo qual devemos escolher (...). Minhas decisões literárias dependem de normas extra-literárias – éticas, existenciais –, que regem outros aspectos da minha vida. (COMPAGNON, 1999, p. 26.)

Esse seria um ponto de partida interessante para o olhar homoerótico da própria Teoria da Literatura, um desejo que vai ao encontro das demandas que a própria Teoria apresenta a si mesma e aos Estudos Literários e Culturais como um todo. Trata-se, finalmente, de derrubar tabus e preconceitos – em todos os sentidos possíveis e viáveis – contrariando as contradições traiçoeiras, os paradoxos fatais que dilaceram os Estudos Literários, sem que com isso seja necessário "substituí-los" pelos Estudos Culturais. Essa prática constitui um exercício de resistência à alternativa autoritária que por vezes tenta se impor, alternativa entre dois termos apenas – teoria e senso comum:

> Inventariar inimigos da teoria parece-me o melhor, o único meio, em todo caso o mais econômico, de examiná-los com confiança, de traçar seus passos, testemunhar sua energia, torná-la viva, assim como ainda é indispensável, depois de mais de um século, descrever a arte moderna através das convenções que a negaram. (COMPAGNON, 1999, p. 27.)

O que tem ficado claro, entre os manuais considerados aqui, é que existe um embate entre dois grandes paradigmas para os estudos de Literatura, enquanto proposições e/ou posicionamentos teórico-críticos: o humanismo e o marxismo. Desse duplo vetor, todas as "correntes" se beneficiaram e/ou se afastaram, sustentando as discussões que as obras apresentam. Em todo caso, as discussões não perdem eficácia porque, de uma maneira ou de outra, demonstram a preocupação em dissecar o impasse e (re)organizar possíveis linhas de força para a proposição de saídas. Tal constatação, contudo, não põe um ponto final nas possibilidades crítico-metodológicas de operacionalização do olhar homoerótico. Principalmente se ele é tomado como um operador de reconstrução da Teoria da Literatura, na busca de encontrar o caminho das pedras para o equacionamento de questões que sempre estiveram presentes no decorrer de seu desenvolvimento, enquanto disciplina académica.

No entanto, tudo isso é feito com o mesmo instrumental que constitui o objeto do próprio impasse. Nesse quadro, aparece, às vezes implícita, às vezes explicitamente, a imagem (sombra, influência, marca e até citação) de Michel Foucault. Passa-me pela cabeça, então, a ideia de considerá-lo um paradigma mais que útil e consistente, constitutivo mesmo, para as proposições que a teorização acerca do homoerotismo faz para a Teoria da Literatura. De certa forma, ele sintetiza as ideias que essa teorização apresenta. Mais que isso, na maioria dos autores estudados, é o nome de Foucault que acaba por representar a discursividade dos estudos oriundos dos *gay and lesbian studies*, para usar uma expressão terminológica igualmente sintetizadora. Não temo em propor o nome desse pensador como paradigma da Teoria da Literatura, na perspectiva em que a estou considerando aqui, da mesma forma que Freud pode sê-lo, em relação às Ciências Humanas, de maneira abrangente e genérica.

Não sei muito bem por que, mas, penso, uma última vez, no Romantismo, uma espécie de canto de cisne. É fato que o Romantismo legou à cultura ocidental algo sobre o quê não se pode falar de maneira conclusiva, ainda. Muito do que *somos* hoje está conectado "essencialmente" a esse momento. Por outro lado, o mesmo Romantismo rasurou nossa personalidade cultural, de forma a deixar nela cicatrizes que, muitas vezes, fazem-nos parecer ingênuos, para dizer o mínimo. De uma maneira ou de outra, esse espírito do Romantismo persiste.

Na Teoria da Literatura, o fato ao qual se deu o nome de romance, traz para a cena da cultura literária uma inovação inusitada. Pode-se falar num antes e num depois do romance. Essa ideia leva a outra, mais ligada ao sujeito – tanto o que escreve, quanto o que lê: a experiência, a biografia, a intuição, a memória, a impressão. Impressionismo é, na teoria e na crítica que lidam com a Literatura, um momento que supervaloriza o indivíduo e sua experiência pessoal de leitura. Daí, a sua impressão, em alguns casos, alça ao patamar de "verdade" crítica acerca da obra lida. Com o passar do tempo, essa impressão, tornada verdade, metamorfoseia-se, ou melhor, é metamorfoseada, em critério valorativo. De certa maneira, e em certa medida, é contra isso que a crítica marxista se volta, no afã de dar, ao exercício da teoria/crítica e à sua produção, um caráter mais científico/objetivo e menos apriorístico, impressionista/subjetivo.

Pensando bem, não se pode escapar da impressão causada pela leitura, mas não se pode assumir que esta é a expressão do sentido da obra. Nesses termos, o olhar homoerótico contribui sobremaneira para a construção de sentidos novos da Teoria da Literatura, não apenas com sua experiência, como também com seu posicionamento transgressor. No fundo, ganha a Teoria da Literatura, uma vez que ela ainda é marcada pela adoção de modelos hegemônicos, como ponto de partida para qualquer de suas manifestações inovadoras.

Vale a pena insistir na constatação de que a experiência continua a contar, pois, nesse caso, sem ela, a marca da diferença deixa de ser sentida. Além disso, a transgressão provocada leva à renovação dinamizadora dos Estudos Literários, no sentido de perscrutar o texto, através da leitura, sem deixar de levar em conta elementos (intuitivos?!) que são deixados de lado, às vezes homofobicamente. Arrisco-me a afirmar que a tradição insiste em rotular esses mesmos elementos como superficiais, subjetivos demais, apriorísticos. O retorno dos anos 60, que pode ser "sentido" a partir das proposições da Escola de Constança, faz pensar que, de alguma forma, está-se realizando algo parecido com o espírito revolucionário que marcou aquela década e as seguintes, com suas consequências. De certa maneira, penso que é isso mesmo que se deve fazer, para que não se perca mais uma oportunidade de modificação e, não apenas isso, de dinamização dos Estudos Literários.

Existe um movimento na Teoria da Literatura que apresenta uma oscilação em seus pontos de referência. Tradicionalmente, esses pontos de oscilação são dois: autor e texto. Depois dos anos 60, com a

Estética da Recepção, a oscilação pode ser abandonada como modelo de movimento, sendo substituída pela dinamicidade do modelo triangular: autor – texto – leitor, sem linearidade fixa no posicionamento dos elementos que o constituem. Isso deixa claro o pressuposto de que a Teoria da Literatura, ainda que, considerando elementos extratextuais para sua constituição analítico-discursiva, deixa de lado certos "dados", por uma questão moral, ética e, às vezes, financeira. Nesse quadro, o homoerotismo é um desses elementos que podem, em algumas propostas de cunho marxista, compor o que se convencionou chamar de "conjunto de fatores". Este pode colaborar na renovada configuração da Teoria da Literatura.

O que chama a atenção, e eu quero destacar isso, é o fato de que – a partir da leitura e da análise dos manuais aqui estudados – percebe-se, sem muita dificuldade, que há uma abertura para o homoerotismo, numa perspectiva genericamente associada a um posicionamento homofóbico. O advérbio se justifica, aqui, pois não vou aprofundar-me na análise ideológica do discurso marxista, para constatar ou não sua dicção homofóbica. Ela fala por si. No entanto, em relação a outros discursos críticos mais afeitos e/ou permeáveis a manifestações diferentes e/ou transgressoras de percepção, não consigo perceber a legitimação do homoerotismo como categoria operacional para a Teoria da Literatura. É claro que não estou descartando, por inútil, a possibilidade de "ler" essa dicção, ainda que implicitamente.

O ponto central aqui é: uma teorização marcadamente conservadora, do ponto de vista ético, apesar de seu ímpeto revolucionário, como é o caso da teorização de cunho marxista, é explicitada nas palavras de um teórico de igual orientação – Jonathan Culler; que se faz porta-voz de um discurso que defende e fomenta a abertura para o homoerotismo. Mesmo que não explicitamente. É claro que essa *abertura* não é assim tão "natural" ou direta – note-se que ela vem a reboque da preocupação social dos teóricos marxistas, portanto, devedores de um compromisso (ético) com os modelos hegemônicos de análise. No entanto, ao colocar, como parte integrante de seu instrumental analítico, o "gênero" como um dos operadores de articulação teórica, o homoerotismo encontra seu espaço "funcional".

É claro que essas constatações podem ser prematuras. No entanto, não posso deixar de notar essas coisas em dois dos manuais, ainda dos anos 80, muito marcados por uma índole *filosófica*, na abordagem da Teoria da Literatura. Muita coisa aconteceu e muitas mudanças se deram de lá para cá. O fato é que parece haver uma certa coincidência "histórica" (?) que se dá no período mediano do século XX, o que faz convergir minha atenção para a Estética da Recepção. Coincidentemente, um momento em que o marxismo (pelo menos, no cenário da crítica e teoria literárias) ainda tinha fôlego de influência e, mesmo, determinação de critérios de abordagem e análise. Coincidentemente, também, é no mesmo período "mediano" que a conhecida revolução sexual tem seu lugar: Paris, Woodstock, Stonewall, as ditaduras latino-americanas e tanta coisa mais. Parece coincidência demais para deixar de lado. Talvez seja por isso que eu ainda invoque certo espírito romântico... Em frase celebrada mundo afora, Machado de Assis expressa, em passagem de *Dom Casmurro*, na voz do narrador, um desejo de unir duas pontas de um único fio:

> O meu fim evidente era atar as duas pontas da vida, e restaurar na velhice a adolescência. Pois, senhor, não consegui recompor o que foi nem o que fui. Em tudo, se o rosto é igual, a fisionomia é diferente. Se só me faltassem os outros, vá; um homem consola-se mais ou menos das pessoas que perde; mas falto eu mesmo, e esta lacuna é tudo. O que aqui está é, mal comparando, semelhante à pintura que se põe na barba e nos cabelos, e que apenas conserva o hábito externo, como se diz nas autópsias; o interno não agüenta tinta. Uma certidão que me desse vinte anos de idade

poderia enganar os estranhos, como todos os documentos falsos, mas não a mim. (MACHADO DE ASSIS, 1955, p. 8-9.)

Aproveito o trecho de Machado para estabelecer uma metáfora de provocação para essa última parte. Na verdade, sublinho a importância da metáfora para a elaboração de discursos teóricos ou críticos ou interpretativos acerca da Literatura, como já mencionado anteriormente. No fundo, a homenagem ao escritor se faz, implicitamente, ao retomar suas palavras, sempre instigantes. O desejo de atar "as duas pontas da vida" expressa, aqui, a discussão de dois autores distantes no tempo – Terry Eagleton e José Luiz Jobim – não com o intuito de estabelecer uma tabela de valores comparativos entre um e outro, no sentido de demarcar o terreno de atribuição de valor a um e a outro, como se um ou outro pudessem representar a quintessência da Teoria da Literatura em seus respectivos momentos de aparecimento.

Ao contrário, essa aproximação, meramente didática, tenta fechar uma etapa do raciocínio do ensaio, tentando mostrar as diferenças e semelhanças, o que pode ser aproveitado e o que deve ser deixado de lado, o curioso e o comum, sempre entre os dois autores, no contexto geral do ensaio. Assim, eles são respectivamente a "velhice e a adolescência" da Teoria da Literatura, em dois sentidos: enquanto posicionamentos localizados na linha do tempo, ambos representam momentos importantes da teorização acerca da Literatura; na perspectiva da proposta de um olhar homoerótico, operador dessa mesma teorização, ambos também representam o que já foi feito (ou não) e o que pode ser feito (ou não).

É claro que ambos tratam do mesmo "assunto", mas esse "rosto", ainda que permaneça o mesmo, tem sua "fisionomia" mudada, não apenas pela passagem do tempo, mas igualmente pelas concepções utilizadas e pelas possibilidades inauguradas a cada passo, em cada contexto. Eu diria que a "lacuna" aqui é uma referência explícita ao homoerotismo, como um operador a mais, o que se explica: no caso de Eagleton, não era mesmo de se esperar uma abordagem dessa natureza, ainda que eu pense que uma grande oportunidade foi perdida, em se tratando de um posicionamento marxista, como já aventado logo no início.

Por sua vez, a lacuna em Jobim se faz pelo absoluto silêncio acerca do tópico, dado que a abordagem do livro se volta para os aspectos mais *up to date* da Teoria, o que constitui uma falha quase intransponível, a lacuna mencionada por Machado. As tinturas que uma renovação teórica pode apor sobre o cabelo branco podem apenas enganar a quem sabe a cor natural dos cabelos, assim como quem sabe a idade real que os documentos forjam. De qualquer maneira, a menção a Machado de Assis, para além de mera referência ficcional, chama a atenção, neste momento, exatamente por sua instigante provocação quanto à atenção que se deve dar a pequenos "detalhes", muitas vezes deixados de lado por um olhar menos atento.

A (ainda) crise no campo dos Estudos Literários é, em suas raízes, uma crise da definição da própria matéria. Não é de se surpreender que seja difícil encontrar tal definição. Os que trabalham no campo das práticas culturais provavelmente não cometerão o erro de considerar sua atividade como de grande importância: os homens não vivem apenas pela cultura; a grande maioria deles, em toda a História, sempre foi privada da oportunidade de conhecê-la. A cultura, na vida das nações que lutam pela sua independência, tem um significado muito distante das páginas de resenhas e livros dos suplementos culturais e/ou literários, normalmente publicados aos finais de semana. Isso pode servir para orientar uma certa política de abordagem do "fenômeno" cultural que tem que prestar atenção a todas as nuances possíveis desse/nesse mesmo fenômeno.

Nesse sentido, a sexualidade", em suas mais diversas formas de expressão, constitui um elemento a mais de orientação das abordagens possíveis, infelizmente deixado de lado ao longo dos anos. Talvez, um tanto da crise anunciada possa ser, não digo resolvida, mas, pelo menos, equacionada, se detalhes como esse não forem deixados de lado, mas utilizados em sua potência de operadores de leitura da própria cultura. Nessas situações, que não estão muito longe do cotidiano de uma prática teórica da Literatura, a cultura está vitalmente ligada à identidade comum, não havendo necessidade de se mostrar a sua relação com a luta política. Tentar mostrar a inexistência dessa relação é que seria incompreensível: a crise dos Estudos Literários explicita sua resistência a reconhecer a faceta cotidiana, corriqueira e banal das articulações que ela faz e das quais sobrevive, sem se esquecer de que esse cotidiano é que transforma uma prática aparentemente distante, em um exercício de "reconhecimento".

Em se tratando de crise e de fundamentação de um princípio outro de orientação teórica, já afirmei que a homossociabilidade – enquanto um conceito que pode levar ao equacionamento de propostas metodológicas – tem uma dívida comum com os estudos de gênero, principalmente com o feminismo, de onde provém boa parte da teorização que a mim interessa. Nesses termos, posso falar de um segundo aspecto da atual situação da Teoria da Literatura – enquanto ação cultural e ação política. É da natureza da política feminista que os signos e as imagens, a experiência escrita e dramática devem ter significação especial. O discurso, em todas as suas formas, é de interesse óbvio para as feministas, seja como instâncias nas quais se pode perceber a opressão da mulher, seja como instâncias em que ela pode ser desafiada.

Em qualquer política que coloque em jogo a identidade e o relacionamento, renovando a atenção para com a experiência vivida e o discurso do corpo, a cultura não precisa argumentar para chegar à relevância política. Na verdade, uma das realizações do movimento feminista foi redimir frases como a "experiência vivida" e o "discurso do corpo", libertando-as das conotações empiristas que lhes foram dadas por grande parte da teoria. "Experiência" já não precisa significar um recurso a uma esfera situada fora dos sistemas de poder e das relações sociais a uma esfera das certezas privilegiadas do que é particular, pois o feminismo não estabelece distinções entre as questões do sujeito humano e as questões da luta política. O discurso do corpo não é uma questão simplesmente biológica, mas uma política do corpo, uma redescoberta de sua sociabilidade por meio de uma consciência das formas que o controlam e subordinam.

Aqui se instaura uma analogia possível com o homoerotismo masculino na/da Literatura: em lugar de se paralisar a especulação teórica nos pressupostos metodológicos de um feminismo há muito superado, é possível partir daí para admitir novos modelos de abordagem do fenômeno cultural explicitado na/pela Literatura, como tem feito Eve Kosofsky Sedgwick, por exemplo. Nesse sentido, a "política", aqui, ultrapassa os limites de definição de um campo mais largo de ação e respeito, como no caso específico das mulheres, para o estabelecimento de novas linhas de abordagem do literário, a partir de análises que tenham início na constatação de interesses comuns entre pessoas de mesmo sexo: no caso em estudo, dos homens.

Na verdade, não é necessário estabelecer uma vinculação estreita entre política e âmbito da Teoria da Literatura, no sentido marxista de apenas acatar os posicionamentos que envolvam uma "mudança" comportamental da sociedade. Nessa perspectiva, a anunciada articulação faz-se rasteira e reduz muito o potencial, por exemplo, do homoerotismo como um operador cultural interessante. Não se trata, mais uma vez, de alcançar e conservar um poder que, como se sabe, é apenas uma representação discursiva, nesses casos. Por "político" é necessário entender a maneira pela qual as comunidades interpretativas se organizam, tanto socialmente, quanto no que diz respeito às relações de poder que isso implica.

A Teoria da Literatura está indissoluvelmente ligada a espécies variadas de crenças – algumas delas aproveitáveis, outras nem tanto, mas todas elas fazendo parte de um conjunto especulativo, em nada e por nada dispensável – e valores ideológicos. Na verdade, essa teoria é, em si mesma, menos um objetivo de investigação intelectual do que uma perspectiva na qual é possível ler a própria História do momento em que ela mesma se produz, divulga-se e se faz objeto de investigação, questionamento e afirmação: uma clara explicitação de objetivos não redutores dos Estudos Culturais. Não existe "pureza" na teorização acerca da Literatura, não existe neutralidade:

> Essa teoria literária "pura" é um mito acadêmico: algumas das teorias (...) são claramente ideológicas em suas tentativas de desconhecer totalmente a história e a política. As teorias literárias não devem ser censuradas por serem políticas mas sim por serem, em seu conjunto, disfarçada ou inconscientemente políticas; devem ser criticadas pela cegueira com que oferecem como verdades supostamente "técnicas", "auto-evidentes", "científicas" ou "universais", doutrinas que um pouco de reflexão nos mostrará estarem relacionadas com, e reforçarem os interesses específicos de grupos específicos de pessoas em momentos específico. (EAGLETON, 1983, p. 210.)

O trecho deixa clara a posição do autor, que vem ao encontro do que estou defendendo aqui. Na verdade, esse "mito de pureza" – e eu acrescentaria de neutralidade – tem sido utilizado como argumento para afugentar qualquer tentativa de colocar em questão as supostas "verdades eternas", que certa teoria insiste em propalar. Simultaneamente, sou levado a pensar naqueles posicionamentos que impõem modos de pensar que fossilizam cânones questionáveis, em nome da manutenção de uma igualmente pressuposta "qualidade de ensino". Estou sempre voltando a esse ponto, uma vez que não acredito que uma Teoria tenha consistência ou possa fazer-se consistente e relevante, sem um compromisso com a transmissão do conhecimento que ela possa vir a produzir. Assim é que não se pode negar que a Teoria da Literatura tem uma relevância muito particular para o sistema político representado por institucionalização, enquanto "disciplina" acadêmica: ela sempre contribuiu, conscientemente ou não, para manter e reforçar seus pressupostos.

Na verdade, esse "extremismo" da Teoria da Literatura – porque se trata de uma espécie de extremismo, sim – percebido em sua prática discursiva e subjetivamente operada em momentos diferenciados de sua trajetória – a recusa obstinada, maldosa, interminável e cheia de recursos, de aceitar as realidades sociais e históricas, às vezes explicitadas em argumentações resistentes à ideia de uma (re)construção constante, é o que mais surpreende o estudioso, muito embora esse mesmo "extremismo" seja um termo mais comumente usado para os que buscam chamar a atenção para o papel da Literatura na vida real. No ato mesmo de julgar as ideologias modernas, porém, a Teoria da Literatura, que sempre resulta de abordagens marcadas pela subjetividade, revela uma cumplicidade do sujeito que a pratica, muitas vezes inconsciente. Em certa medida, tal situação revela elitismo, sexismo ou individualismo, com a linguagem bastante "estética" ou "apolítica" que parece ser "natural", por isso mesmo cerceada em sua articulação com o/a partir do texto literário. Com base na pressuposição dessa "falácia", acredito que o homoerotismo deflagra um pouco desse processo perverso de denegar realidades "sociais" em nome de uma qualidade "estética" que apenas pressupõe a manutenção de um *status quo* necessário para a igual manutenção de um poder legitimado.

Como já disse, há de existir uma preocupação constante com a faceta que chamo de pedagógica dos Estudos Literários, inclusive na perspectiva de sua prática teórica, no sentido de que, sem esta, nada terá relevância suficiente para se sustentar enquanto tal. É assim que pensar a Teoria da Literatura, em geral, e pensá-la enquanto campo aberto a abordagens em constante movimento de (re)construção, deve ser uma atitude sempre voltada para a "formação", em sentido mais amplo. Assim, em vez de imaginar que a atividade interpretativa é derivada apenas do contato direto com as obras, admite-se a mediação dos sentidos atribuídos pela tradição crítica e teórica que em diversos momentos tematizou a obra, incluindo-se aí toda a gama de elementos socioculturais que, de uma maneira ou de outra, influenciam no desenvolvimento das relações sociais e culturais a cada momento, em cada contexto particular. Ou seja, admite-se a importância da apropriação crítica de diferentes perspectivas sobre a obra analisada, inclusive a sexual, por que não?! Também se destacam as habilidades de exploração das relações dos textos literários com outros tipos de discurso e com os contextos nos quais essas relações estão inseridas; da mesma maneira que se deve atentar para a importância do desenvolvimento de habilidades de relacionar o texto literário com os problemas e concepções dominantes na cultura do período em que foi escrito e com os problemas e concepções do presente – mais uma vez, a sexualidade" pode ser arrolada como um dos motivadores dessa preocupação, e os estudos de gênero são uma prova incontestável da pertinência da consideração desse elemento.

Além disso, deve-se incrementar a busca da capacitação e qualificação constante das práticas de interpretação de textos de diferentes gêneros e registros linguísticos – dentre outros, as cartas –, buscando explicitar os processos ou argumentos utilizados para justificar essa mesma interpretação. Tudo isso, ressalte-se, aponta para aspectos intertextuais que constituem como pressuposto institucional. Nesse sentido, é pertinente considerar a sexualidade", como já disse, na medida em que ela também pode sustentar um discurso analítico instigante para o desenvolvimento de todas as habilidades, no campo dos Estudos Literários. Se a abordagem intertextual "aparece" como vetor semi-explícito dos pressupostos da/para a formação no campo das letras, a sexualidade" poderia constituir outro vetor: o que se faz como diversos textos, gêneros, discursos, saberes, disciplinas, etc.; pode ser feito com a sexualidade" em sua representação discursivo-identitária:

Se elejo um texto interpretativo como modelo legitimador dos que o seguem aspirando a cobrar destes a correspondência com *o que* e *como* ele diz –, posso até produzir uma espécie de matriz de reiteração em um certo quadro de referências, por determinado período. Usar um texto interpretativo como norma, regendo *o que* devemos dizer sobre uma obra literária e *como* devemos dizê-lo, pode produzir, durante algum tempo, um efeito de naturalidade do sentido que se atribui à obra. Pode também gerar um parâmetro mais visível para avaliação de textos interpretativos a serem produzidos, que poderão ser julgados à luz do modelo, de onde se derivariam as categorias de aprovação ou recusa. Assim, por exemplo, o aluno poderia com maior segurança invocar um paradigma a partir do qual configuraria sua interpretação, e sua capacidade de falar de uma obra literária derivaria de um *corpus* interpretativo, de uma fortuna crítica.

A ideia de paradigma, além disso, nos afastaria da noção ingênua de que a interpretação é um ato privativo do sujeito – isto é, algo que concerne somente a ele e a mais ninguém –, porque trata-se de uma ideia que remete a critérios extra-subjetivos. Quando interpretamos um texto num sentido determinado, está implícita nesta atividade uma referência às normas que regulam a prática interpretativa vigente na comunidade de Letras, as quais de alguma maneira nos constrangem a seguir certos caminhos (em vez de outros), e a considerar estes caminhos como corretos. Contudo, mesmo quando existem modelos interpretativos que aspiram a funcionar como regra, a questão da correspondência ou não ao que se supõe ser o sentido do modelo pode tornar-se um complicador. Isso porque a distinção entre o que corresponde ou não ao modelo dependerá da própria compreensão do modelo. Esta compreensão, se não deriva de vozes de autoridade (como o próprio autor do texto interpretativo, por exemplo), pode ganhar muitas variantes. (JOBIM, 2002, p. 165.)

A citação joga um pouco de luz no raciocínio que eu venho desenvolvendo, no sentido de afirmar a instância do "modelo" em sua "natureza" discursiva do paradigma que orienta a já referida "formação". Nesse sentido, possibilidades infinitas podem ser descritas, circunscritas e desenvolvidas no trabalho da Teoria, em geral, e na sua prática formativa, em particular. A adoção de um "modelo" tem suas vantagens e desvantagens, como Jobim deixa claro. É também explícita a vinculação de seu raciocínio à teoria, aqui também já referida, de Thomas Kuhn.

No entanto, não é demais insistir no fato de que a escolha de um modelo, qualquer que seja ele, para além de recobrir um certo "livre arbítrio" concernente ao sujeito da pesquisa, acaba por enquadrá-lo e à sua escolha num quadro de referência para um momento posterior. Nesse sentido, nenhum modelo pode ser "paradigmaticamente" considerado, caso não contemple essa flexibilidade de abordagem e consideração. Isso porque se tem como certa a constatação de que a representação moderna do sujeito como emancipado de toda instância normativa que o constranja, de toda instância heterônoma e exterior a ele, serviu de fundamento para colocar em xeque valores morais que se apresentavam como universais, atemporais e permanentes, o que está sendo deixado de lado aqui, uma vez que o princípio geral é, ainda que implicitamente, relativizar o que antes (e desde sempre!) foi tomado como definitivo.

A ideia de que a consciência de si pode formular auto--reflexivamente os valores pelos quais deseja pautar-se, submetendo-se apenas à sua própria instância normativa, entra em choque com propostas de que a sociedade (e cada um de seus membros) deve adequar-se a valores morais compartilhados, anteriores e exteriores ao sujeito. Existe aqui a influência insofismável de uma "subjetividade móvel" e "moral", no sentido de que não é nem pré-existente, nem definitivamente instauradora de uma verdade universal insofismável.

Nesse quadro de referências, fica clara a necessidade de se tomar o texto literário não apenas como uma obra de arte, um artefato estético – como pode ser feito quando da consideração dos princípios orientadores de uma crítica marxista, por exemplo; ou, antes, de um formalismo e/ou de uma Estilística –, mas também como um porta-voz discursivo da cultura que o engendra. Dizer isso corresponde a dizer que o texto literário pode ser um instrumento identitário, entre outras coisas. Em nenhuma dessas instâncias, esse texto vai ser apenas e somente um "objeto" de pesquisa, definido e desenhado em quadrantes explícitos e irrecorríveis; ele vai ser, sempre e mais, o resultado de intervenções constantes – e cada vez mais instigantes e questionadoras – de subjetividades contextualizadas que, a cada passo, vão lidar com esse "objeto", trazendo-o à baila em constantes produções teóricas, de "natureza" igualmente discursiva.

Assim, um processo ao qual se pode dar o nome de "valorização do texto literário", encara-o como fiel depositário de normas e princípios morais – vistos como importantes ou imprescindíveis para a formação do homem – o que não é novidade nenhuma. Com esse *status*, já ocupou lugar de importância no passado, principalmente em circunstâncias em que a Literatura correspondia à memória escrita dos dogmas socialmente herdados, do senso comum, das convenções. Não se pode denegar o fato de que vai continuar nesse lugar, caso se venha a desejar que ele seja o referido porta-voz de uma "cultura". Entretanto, "será que contestar a função da Literatura como elemento importante para a formação moral do leitor significa descartar automaticamente esta função?", pergunta Jobim. Com essa questão ratifica-se a eficácia do olhar homoerótico, implícita nesse quadro de possibilidades.

Faz-se aceitável, então, afirmar que a Literatura pode ter um papel de elemento formador, como espaço em que se podem vivenciar e problematizar modos possíveis de ser, com suas respectivas implicações morais. Os textos literários vão, então, permitir que as culturas, de alguma forma, compreendam umas às outras, aprendam umas com as outras: com as suas próprias diferenças, inclusive na compreensão de si mesmas. Esses mesmos textos podem transformar o leitor – em qualquer de suas instâncias – num sujeito mais hábil para lidar com as implicações morais de nossa relação com a "alteridade" que se vislumbra a cada passo. Nesse contexto, a "tradição" pode ser relembrada, num momento em que contribui insofismavelmente para essa perspectiva de visão:

> A Literatura pode formar; mas não segundo a pedagogia oficial, que costuma vê-la ideologicamente como um veículo da tríade famosa – o Verdadeiro,o Bom, o Belo, definidos conforme os interesses dos grupos dominantes, para reforço da sua concepção de vida (...).
>
> Muitas correntes estéticas, inclusive as de inspiração marxista, entendem que a Literatura é sobretudo uma forma de conhecimento, mais do que uma forma de expressão e uma construção de objetos semiologicamente autônomos (...) o problema é determinar qual o aspecto dominante e mais característico da produção literária. (...) a obra literária significa um tipo de elaboração da personalidade, e do mundo que possui autonomia de significado; mas que esta autonomia não a desliga das suas fontes de inspiração no real, nem anula a sua capacidade de atuar sobre ele. (CANDIDO, 1972, p. 805-806.)

O texto do qual retiro a citação é por demais longo, por isso fiz alguns recortes, na tentativa de ressaltar os aspectos mais instigantes para a minha argumentação. Ainda que datado, o texto de Candido reforça alguns de meus argumentos, sem deixar de ressumar uma visão marxista e sociologicamente determinada, o que poderia ser tomado como contra-argumento. No entanto, a pertinência das observações destacadas sustenta a plausibilidade da escolha.

O fato é que a Literatura, em sua demanda de formação não pode prescindir de alguns aspectos que a atual Teoria da Literatura insiste em denegar. O que desejo ressaltar é o fato de que ele afirma a autonomia da Literatura, diante de seus impasses contextuais, sem deixar de manter sua estreita relação com esses mesmos conceitos, sem se deixar escravizar por eles. Outro aspecto importante é o de que a fatura teórico-crítica depende de eleições, "essencialmente" marcadas pela subjetividade, o que não depõe contra essa propalada autonomia. Ao contrário, reforça-se, desde que a "explicação" seja suficiente para sustentar a consistência do "partido" tomado. Não se deve descartar uma possibilidade pelo simples fato de não se gostar de sua orientação, nem pelo fato de se revelar enquanto um tabu ou preconceito. A atitude madura a ser esperada é exatamente a oposta: a aquiescência de um operador novo, diferente, instigante e questionador, por seu papel nesses níveis de aproveitamento.

O texto literário pode ser tomado – enquanto "objeto" de uma teorização – como uma espécie de laboratório de subjetividades, em que, por exemplo, o leitor se encontra com personagens e suas subjetividades, todos circunscritos a um "lugar" determinado, cujas condições de alguma forma definem, configuram um devir, diante do qual, tanto personagens que agem sob aquelas condições, quanto leitores que observam aquelas ações se posicionam, numa atitude séria e comprometida de aceitação da legitimidade da regra vigente ou de questionamento do próprio fundamento em que ela se baseia. A experiência de leitura, então, pode contribuir para a constituição dos aspectos morais da subjetividade do leitor, e é a isso que a Teoria tem que voltar sua atenção, sobretudo. Quando se fala em homoerotismo, então, essa perspectiva "ética", aqui sublinhada, consolida-se como uma espécie de "paradigma" teórico necessário:

> (...) a imaginação literária é ingrediente essencial de uma instância ética que nos leva a preocupar-nos com o bem de outras pessoas cujas vidas estão distantes das nossas, em um mundo no qual o cotidiano das pessoas é dominado por várias formas de exclusão e opressão. (JOBIM, 2002, p. 184.)

Nessa circunstância, fica difícil negar que, pelo menos, certa imagem de Literatura, vigente desde o século XVII, pode ser tomada como o elemento que associa a identidade do que chamamos de Literatura à forma de livro. Contudo, se considerarmos que parte do que chamamos de Literatura no Ocidente originalmente não tinha a forma de livro (por exemplo, as Literaturas clássicas, grega e latina), o quadro pode ficar diferente. Assim, o famigerado texto cultural ganha relevância, fazendo-se o portador dessa "mensagem" que o livro, na concepção aqui destacada, fazia questão de portar.

Às vezes, quando se partilham as crenças que são colocadas em questão, a suspensão da crença aplica-se a quem está envolvido nessa mesma partilha: o autor, o leitor, o crítico e o teórico. Isso faz parte de uma origem ou parte fundadora do julgamento que até então operava a partir dos pressupostos que se passa a investigar. Todavia, também é necessário ter em mente que, no contexto dos Estudos Literários, a reflexão sobre o mundo é, simultaneamente, uma reflexão no mundo. Em outras palavras, nem a Teoria da Literatura pode se arvorar enquanto detentora de uma autoridade transcendental em relação às situações em que é produzida e utilizada, nem o sujeito que a opera, o "teórico", é geralmente um pensador isolado ou um misantropo.

Há sempre um passado inscrito no saber, embora os pressupostos que comandaram os saberes no passado, do qual esse sujeito, o teórico, se apropria, possam não mais comandar os nossos saberes no presente, mas apenas e somente ir mostrando as possibilidades de operacionalização desses mesmos saberes. Se os Estudos Literários podem constituir uma memória, cuja forma não cessa de ser modificada pela própria atividade crítico-teórica que embasa esses estudos, também podem ser um espaço de inteligibilidade compartilhado, embora não necessariamente tematizado ou explicitado para todos que dele compartilham. Por que, então, denegar os Estudos Literários, em nome dos "Estudos Culturais"? Essa seria, na perspectiva do olhar homoerótico, uma atitude "essencialmente" homofóbica, intolerável.

A Análise do Discurso, que nesse quadro de referências se constitui, deve servir, inclusive, para ampliar a compreensão do próprio teórico – em primeiro lugar e acima de tudo – sobre a sua configuração e o seu papel social, relacionando-o, interlocutoriamente, com o que as comunidades interpretativas inventaram no passado – e continuam a inventar a cada dia – e com as representações que foram criadas para preencher seu imaginário, por um lado. Por outro, com as justificativas necessárias para essas invenções, esse mesmo sujeito seria capacitado a interferir, de tal maneira que, às vezes, pela imposição de crenças coletivas operadas socialmente, ele seria capaz de transformá-las de possibilidades em necessidades. Não se trata, efetivamente de absolutizar um posicionamento, mas de colocá-lo em jogo, articulá-lo com outros jogadores e "jogar". Isso ecoa no pensamento de Heidegger, quando afirma que uma transformação do mundo pressupõe uma mudança da representação do mundo e uma representação do mundo só pode ser obtida por meio de uma interpretação suficiente desse mesmo mundo.

CAPÍTULO III

DO EMBASAMENTO II (HOMOEROTISMO)

> Can the theory of the discourse define a priori
> which principles of normative evaluation be adopted
> in discourses? Would this not contradict the funda-
> mental principle of a discourse ethics that only those
> norms (and meta-norms) can claim validity which
> could meet the consensus of all participants in a
> practical discourse?
>
> Seyla Benhabib
> *Critique, norm and utopia*

Dizem que uma imagem vale mais que mil palavras. Começo este capítulo com uma imagem. No palco, Marina Lima canta uma música que tem a seguinte frase; "um homem pra chamar de seu, mesmo que seja eu". Nada demais. Vestida com jeans e jaqueta de couro, sua imagem andrógina cria certo "clima" para a música, fazendo ferver a imaginação (talvez, nunca se sabe!) das lésbicas que a admiram. Destaco isso, não para fazer uma apologia ou a detração da preferência sexual de muitas mulheres, mas apenas para marcar um ponto no risco da imagem que estou apresentando.

Numa outra situação, Ney Matogrosso, vestido com uma saia de franjas brancas, o torso magro, peludo, nu, requebra no palco cantando a mesma música. Delírio para muita gente: horror para as senhoras católicas de Santana.[12] De um jeito ou de outro, o que quero destacar é o que se pode "ler" nessa imagem que fala de um homem que deseja ser chamado assim por seu/sua amante – dependendo de quem canta. No caso em questão, sendo os dois cantores sabida e publicamente homossexuais, a frase ganha outro colorido, fazendo a pequena-burguesia, androcêntrica e heterossexual, ficar arrepiada. Por outro lado, uma camada numerosa da população vibra de alegria e prazer com a dubiedade sensual e marota da frase, cantada, especificamente por esses dois intérpretes, esses dois artistas.

Alguém poderia perguntar, contra-argumentando: o que é que isso tem a ver com Teoria da Literatura? Eu respondo: tudo! Trata-se da leitura de um fato, uma criação artística – tanto a letra, quanto a música e sua interpretação são o atestado "material" desse fato – que apresenta elementos interpretativos de uma série de estratos culturais, transformando essa imagem num "texto" que pode ser lido, interpretado e constituído como um objeto de crítica e de teorização. No caso específico da frase dúbia da música em questão, o homoerotismo se faz presente, o que transforma a imagem num elemento mais que curioso e instigante.

Isso pode ser sustentado se, como argumento, pensar-se nas cantigas trovadorescas que, literalmente, expressavam a voz "travestida" do poeta, para falar de amor no feminino, uma vez que a mulher, então, não tinha "voz". Se essa inversão é tida e havida como séria e, por isso mesmo, aceita pelo cânone crítico-teórico da literatura, não vejo por que não pensar o mesmo da imagem aqui suscitada. O que desejo afirmar, por um lado, é que não se pode mais sustentar uma argumentação com ideias que expressem qualquer tipo de

---

[12] Bairro tradicional da cidade de São Paulo.

preconceito. Por outro, a Teoria da Literatura já deixou de ser uma prática exclusivamente textual – e o advérbio aqui é tudo! Nesse sentido, a dupla inversão que a letra da música provoca, quando cantada pelos intérpretes aqui lembrados, remete à ideia central aqui, que é a de propor uma retomada da Teoria da Literatura, assentada em sua própria História e tradição, sem se apegar aos valores que assim a constituíram, mas, numa mudança radical de rumos, e numa atitude produtivamente ousada, estabelecer uma interlocução entre ela mesma e os demais elementos constitutivos do palimpsesto em que se transformou a cultura nos dias que correm.

Existe certo pudor, em tudo insustentável, quando se trata de pensar os Estudos Literários em termos de sexualidade", que insiste em "velar" as tentativas de renovação – conscientes, criativas e ousadas – sob a pecha de pouca seriedade ou de superficialidade na/da abordagem. Ora, quem pode estabelecer o que é e o que não é sério e/ou profundo é quem assim determina a sua própria prática, assentado, é claro, numa sólida construção argumentativa. Não estou fazendo a apologia da terra de ninguém ou da casa de mãe Joana – para utilizar expressões populares – mas não posso deixar de reagir negativamente a esse tipo de preconceito acadêmico que põe a perder muitas possibilidades teórico-críticas interessantes. Baseio-me, por exemplo, no trabalho de Didier Eribon sobre Marcel Proust, em seu livro *Réflexions sur la question gay*.

Separar o joio do trigo, como é feito aqui, leva à constatação de que os conceitos de sexo, sexualidade e diferença sexual são a base de um posicionamento teórico que sobrevaloriza operacionalmente outro conceito, o de homossociabilidade que, de acordo com a definição de Sedgwick, é fundamental para a ideia do impacto dessa teorização sobre a Teoria da Literatura. Então, o ponto de partida para os estudos de gênero, em primeira instância, e para a articulação da Literatura com o Homoerotismo, em segunda, é a obra de Eve Kosofsky Sedgwick, em particular *Between men*, em que a autora realiza um estudo de diversas obras da Literatura Inglesa dos séculos XVIII e XIX, a partir da noção de "desejo homossocial":

> "Male homosocial desire": the phrase in the title of this book is intended to mark both discriminations and paradoxes. "Homosocial desire", to begin with, is a kind of oxymoron. "Homosocial" is a Word occasionally used in history and the social sciences, where it describes social bonds between persons of the same sex; it is a neologism, obviously formed by analogy with "homosexual", and just as obviously meant to be distinguished form "homosexual". In fact, it is applied to such activities as "male bending", which may, as in our society, be characterized by intense homophobia, fear and hatred of homosexuality. (SEDGWICK, 1985, p. 1.)

Sedgwick observa que, nas sociedades patriarcais modernas, de maneira diferente da que ocorre nas sociedades antigas, como, por exemplo, a grega, fica estabelecido o princípio implícito de uma "heterossexualidade obrigatória" ou compulsiva, a partir de um sistema de parentesco dominado pelo "macho", o "varão", que tem por finalidade assegurar o domínio e o controle social de qualquer subgrupo. Nesse tipo de estruturação social, a homofobia se volta para uma consequência necessária: uma espécie de supressão do componente homossexual da sexualidade humana, como consequência, a opressão dos homossexuais – estabelecida como produto do mesmo sistema cujas regras e relações oprimem as mulheres.

É claro que o que desejo aqui não é, pelo menos por enquanto, o desenvolvimento de uma política contra a homofobia, em geral, mas, muito mais particularmente, uma política teórica contra uma homofobia disfarçada, implícita, latente, que faz com que esse tipo de "assunto" não seja considerado como um elemento "canônico". A virada de Sedgwick é a responsável pela abertura dessa oportunidade no livro de Altamiranda, por exemplo. A partir dessa observação, o exame da relação entre desejo sexual e poder político se orienta, por uma parte, para a recuperação das diversas formas de análise que permitem descrever adequadamente as assimetrias, historicamente variáveis, do poder (classe, sexo, raça) e, por outro lado, a examinar as modalidades de representação. Em outras palavras, de que maneira a sexualidade funciona como significante das relações de poder. Essa relação, por sua vez, pode ser pensada no âmbito da Teoria da Literatura, como mais um instrumento de operacionalização da leitura de textos.

É necessário frisar que a homossociabilidade, a partir principalmente do pensamento de Sedgwick, é um componente atávico da cultura chamada heterossexual, tradicionalmente considerada o parâmetro de "normalidade". Essa ideia é superada pelo olhar homoerótico, uma vez que este não se "prende" aos "jogos de poder" que o discurso – seja ele ficcional ou teórico-crítico – viabiliza. O que pode ser explicitado, nas entrelinhas desse mesmo discurso, são as representações identitárias complexas, aquelas que sofrem o veto de certo prurido moral, colocando-as à margem de uma hegemonia equivocada. Nesses termos, é possível pensar que existe, em estado latente, certa busca identitária, através da linguagem, que desfaz diferenças. Essa "dicção" pode acabar por constituir um "léxico novo", como a ideia de uma língua tribal:

> Un "sujet" est donc toujours produit par l'ordre social qui organise les "expériences" des individus à un moment donné de l'histoire. C'est pourquoi la tentation de se retrouver soi-même dans les faits et gestes du passé risque d'occulter la réalité des système complexes qui régissaient les expériences de cette époque. Ils éveillent aujourd'hui en nous un sentiment de l'évidence, alors même qu'il faudrait interroger les mécanismes sociaux, idéologiques, sexuels qui leur donnaient leurs significations et produisaient les "sujets" qui les agissaient. Un "sujet" est toujours

produit dans et par la "subordination" à un ordre, à des règles, des normes, des lois... C'est vrai pour tous les "sujets". Être "sujet" et être subordonné à un système de contraintes sont une seule et même chose. Mais ce l'est encore plus pour les "sujets" auxquels une place "infériorisée" est assignée par l'ordre social et sexuel, comme c'est le cas pour les homosexuels. (ERIBON, 1999, p. 16.)

Falando a partir de sua leitura de Proust e enfocando a problemática da "identidade", Didier Eribon aponta aqui para a tão comentada questão do sujeito. Seu enfoque, no entanto, volta-se para o mecanismo representacional que a linguagem literária desenvolve e sustenta, o que o faz pensar na possibilidade de estabelecer uma "língua" específica para a constituição dessa mesma identidade. Em outras palavras, ele advoga uma diferença – será que seria ousado demais pensar aqui na categoria do desvio? – para o discurso identitário homossexual, como parte de uma "política". Seu pensamento leva a constatar que o sujeito que descreve sua própria experiência pode vir a se surpreender com o que vai sendo construído por seu próprio discurso. É claro que esse raciocínio não se aplica apenas ao homoerotismo, mas particularmente, a ele. Isso se dá porque existe uma violência simbólica que perpassa os discursos crítico e teórico. Esta só é percebida por um olhar atento que só é capaz de fazê-lo por deixar-se contaminar pela identificação que revela, explicita o interdito.

Em outras palavras, o olhar homoerótico pode desconstruir a hegemonia do discurso androcêntrico ocidental, superando, ao mesmo tempo, as limitações impostas, por exemplo, pelo feminismo mais tacanho. Por outro lado, o homoerotismo leva o leitor a se deixar conduzir por um discurso que, para além do "desbloqueio" relativo à sexualidade, obriga o sujeito a pensar no(s) discurso(s) de manutenção do legitimado, como uma verdade dada, universal, natural e essencial. Tudo isso me leva a pensar no trabalho da Teoria da Literatura, que deve trilhar o mesmo caminho sob pena de perder completamente sua própria pertinência. O retorno ao texto – indicação implícita aqui –, por esse viés, se liberta da pecha de redução do olhar para explicitar-se no alargamento do "horizonte de expectativas" da própria literatura, a cada momento em que é considerada como esse "objeto" da/para a Teoria da Literatura. Uma das possibilidades de se experimentar a pertinência e operacionalidade desses princípios crítico-teórico-discursivos é a releitura de obras canônicas, sob a perspectiva do olhar homoerótico, ainda que tais obras não explicitem nenhum conteúdo dessa "natureza". Nesse sentido, faço a experiência com a correspondência de António Nobre e Alberto de Oliveira.

O aparecimento de numerosos estudos sobre Literatura e Homoerotismo impõe a necessidade de se fomentar o debate acerca das perspectivas teórico-metodológicas implicadas nas múltiplas práticas críticas que têm sido desenvolvidas. Por uma série de razões, é preciso atentar muito particularmente para algumas questões epistemológicas e políticas, que se colocam como incontornáveis para a elaboração de qualquer proposta de abordagem que se deseja encaminhar nesta direção. É preciso levar em conta a defasagem entre o caráter ainda embrionário desses estudos e seu estatuto universitário (acadêmico). O pesquisador vê-se, com muita frequência, na contingência de ter que conciliar a busca de um caminho próprio, atento à realidade social, política e cultural, sobretudo de seu objeto de estudo. Na mesma medida, tal atenção tem que se voltar para o próprio "ambiente" do pesquisador.

Existem perspectivas contraditórias, provenientes dos *gay studies* e da teoria *queer,* bem como das inúmeras críticas de que essas correntes foram objeto, num amálgama de posições identitárias e não-identitárias, essencialistas e construtivistas, integracionistas e separatistas, difíceis de deslindar sem uma adequada contextualização. Além disso, essa situação agrava-se consideravelmente devido ao atual conflito de paradigmas no âmbito dos estudos sobre Literatura: a contraposição entre estudos literários e estudos culturais, a partir da negação, por parte desse último paradigma, da diferença entre Literatura e não-Literatura, da unidade dos textos literários e da possibilidade de hierarquização dos mesmos em termos de valor intrínseco (EASTHOPE, 1996, p. 3-5). Se, por um lado, os estudos culturais têm propiciado o aparecimento de alguns trabalhos muito interessantes, por outro, vêm sofrendo pesadas críticas, a partir de diferentes posicionamentos políticos e teóricos. George Steiner, por exemplo, numa defesa intransigente de uma postura classicamente humanista acerca da Literatura, chega a falar de um novo analfabetismo, "o analfabetismo de quem sabe ler palavras isoladas (...) e não sabe apreender o significado da língua quando se manifesta em toda a sua beleza e em toda a sua verdade." (STEINER, 1995, p. 13). Nicolás Casullo, por sua vez, a partir de uma teoria crítica da cultura, pergunta-se acerca do que é o que se busca:

> (...) uma crítica à sociedade tecnomassiva como condição histórica de domínios, ou (se) esta febre culturalista, pelo contrário, é parte de um harmonioso cemitério da crítica, audível como espaço de léxico massmediático (...) (e) atua para convalidar os esquecimentos, para apagar as genealogias *no próprio enunciar todas as coisas,* a partir de um dispositivo que congrega mercado homogeneizador – desagregação tecnoacadêmica. (CASULLO, 1998, p. 45. Grifo do autor.)

A emergência dos estudos culturais, nessa perspectiva, poderia ser relacionado a um projeto epistemológico muito específico que, a pretexto de pós-modernidade, propõe, no âmbito das ciências humanas, um amplo movimento de *despolitização* das relações sociais e esvaziamento da História "como lugar de cumprimento de projetos, de matriz política". (GISEL, 1996, p. 17.) Passa-se, assim, de "uma 'práxis' de caráter transformador a uma evocação indireta" (*Idem, ibidem*), que enfatiza de maneira redutora as dimensões cultural e estética, em detrimento de qualquer forma de questionamento ou mudança mais profunda das relações socioculturais. Assim, é absolutamente necessário estar atento a essas questões a fim de que, ao se trabalhar a relação entre Literatura e Homoerotismo, não se reproduzam inadvertidamente estruturas homofóbicas de pensamento, nem se proceda a uma rendição ingênua à lógica do capital ou a uma dissolução da própria especificidade do tipo de estudo que se está empreendendo. Sem essa preocupação teórica, as práticas críticas podem ser facilmente cooptadas pelo sistema hegemônico de poder, pois, como escreve Celia Amorós:

> O oprimido parece estar condenado a não saber de si mesmo senão sob a forma de falsa consciência. Por sua vez, a falsa consciência, em qualquer de suas formas – mistificação, ambigüidade, reconciliações ilusórias, autocomplacência narcisista - é a cumplicidade mais eficaz e profunda que pode encontrar um sistema de dominação. Todo sistema de dominação sabe bem como formular os termos do insolúvel dilema do oprimido: suas reivindicações de igualdade serão irremissivelmente reconduzidas à integração no sistema; suas reivindicações radicais de diferença a condenarão à irremissível marginalização. (AMORÓS, 1991, p. 72.)

Falo de Homoerotismo como discurso que se articula a partir de inumeráveis práticas sociais e vivências pessoais, as quais, não obstante sua diversidade e irredutibilidade constitutivas, e*nquanto discurso,* são passíveis de uma abordagem de conjunto produtiva, iluminadora e, eventualmente, libertadora. O contexto é especificamente o das relações entre Literatura e Homoerotismo no âmbito específico dos estudos literários. Didier Eribon, afirma que os *gay and lesbian studies* não são uma disciplina nova, mas a abertura do "conjunto das disciplinas a abordagens novas e a objetos novos". (ERIBON, 1999, p. 23) Deste modo, beneficio-me de uma interlocução fecunda com uma área do conhecimento já consolidada na sua diversidade temática e pluralidade metodológica, ao invés de constituir um gueto acadêmico monológico e solipsista. Nesse sentido, com Antoine Compagnon, considero a Teoria da Literatura como a epistemologia dos estudos literários (COMPAGNON, 1998, p. 18) e é a ela que recorro em busca de instrumental analítico adequado às questões que abordo.

Com Dennis Allen, enfatiza-se a necessidade de não se confundirem na crítica literária – e mormente quando nela se aborda o Homoerotismo – operações retóricas com procedimentos hermenêuticos. (ALLEN, 1994, p. 23.) Ou seja, no estudo da Literatura, esta não deve servir como mero pretexto para se discorrer – bem ou mal – acerca de qualquer assunto mais ou menos relevante. Antes de quaisquer outras operações analíticas, é preciso interpretar cuidadosamente o texto com os critérios de uma sã hermenêutica, pois, como escreve Gadamer:

> Quem quer compreender um texto tem que estar disposto, em princípio, a deixar-se dizer algo por ele. Uma consciência formada hermeneuticamente tem que se mostrar receptiva desde o princípio para a alteridade do texto. Mas esta receptividade não pressupõe nem neutralidade frente as coisas nem tampouco autoanulação, mas inclui uma incorporação matizada das próprias opiniões prévias e preconceitos. O que importa é assumir as próprias antecipações, com a finalidade de que o texto mesmo possa apresentar-se em sua alteridade e obtenha assim a possibilidade de confrontar sua verdade objetiva com as próprias opiniões prévias. (GADAMER, 1997, p. 335-336.)

O respaldo da hermenêutica suscita postura inequivocamente humanista na abordagem da Literatura. A Literatura é peça fundamental da construção da História e, como tal, inscreve-se no intervalo entre "o que se fez do homem" e "o que ele faz do que fizeram dele". Isso reflete o espírito libertário também encontrado – pelo menos, deveria sê-lo – no campo dos estudos literários. Dito de outro modo, a Literatura é um exercício de liberdade. Nesse sentido, o ponto de partida é a ideia de que a primeira forma de abordagem da relação entre Literatura e Homoerotismo constrói-se pelo viés temático. Trata-se de identificar, circunscrever e analisar temas e subtemas homoeróticos nos textos literários.

Isto posto, cumpre iniciar afirmando que a presente investigação tem como pedra de toque os tópoi "amizade masculina", "eros entre homens" ou "sexualidade entre homens". Necessária é a distinção entre "amizade masculina", "amor de amigos" e "homossexualidade". O "amor de amigos", em que o desejo é sublimado espiritualmente, seria uma configuração intermediária entre a "mera" amizade e a homossexualidade propriamente dita. Tal argumento pode ser denominado, como o faz Volker Ott , de "homotropia" para descrever a atração entre parceiros do mesmo sexo, seja ela de natureza sexual (homossexualidade), erótica (Homoerotismo) ou pessoal (homofilia). No caso da relação entre António Nobre e Alberto de Oliveira, a meu ver, a perspectiva pertinente é, sem sombra de dúvida, a segunda. No entanto, a homofilia não deixa de transparecer, em sua relevância. Circunstancialmente, vou centrar-me no Homoerotismo, por óbvio.

Da proposta de Popp cabe destacar das quatro formas de articulação entre amizades masculinas e homossexualidade na Literatura: a amizade como forma de transfiguração de um desejo não realizado e a amizade como forma camuflada de apresentação da homossexualidade num contexto social adverso. As duas, em sua proposição metodológica atendem de maneira rentável à demanda constituída pela leitura das cartas trocadas entre António Nobre e Alberto de

Oliveira. Essas classificações dependem, em última análise, do par opositivo amizade/homossexualidade, cujos polos são entendidos primeiramente como unidades discretas para depois se articularem de diferentes maneiras. Apesar do esforço de Popp, fica clara a necessidade de conceitos operacionais mais rentáveis que aqueles por ele empregados. Para superar as aporias a que a oposição entre amizade e homossexualidade conduz, dois conceitos são particularmente relevantes: Homoerotismo e homossociabilidade.

O Homoerotismo é aqui entendido a partir do trabalho pioneiro de Jurandir Freire Costa. Trata-se de um conceito abrangente que procura dar conta das diferentes formas de relacionamento erótico entre sujeitos, independentemente das configurações histórico-culturais que assumem e das percepções pessoais e sociais que geram, bem como da presença ou ausência de elementos genitais, emocionais ou identitários específicos. Trata-se, pois, de um conceito capaz de abarcar tanto a pederastia grega quanto as identidades gays contemporâneas, ou ainda tanto relações fortemente sublimadas quanto aquelas baseadas na conjugalidade ou na prostituição, por exemplo. Este conceito é útil por vários motivos. Em termos de História e Crítica da cultura, tem a vantagem de não impor nenhum modelo pré-determinado, permitindo assim que se respeitem as configurações que as relações entre homens assumem em cada contexto cultural, social ou pessoal específico. Em termos de Crítica literária, é de vital importância para a análise de determinadas obras, precisamente por não impor a elas ou a seus personagens modelos ou identidades que lhes são estranhos. Para utilizar expressão popular: cabe como luva para a abordagem da correspondência entre os dois poetas portugueses.

O próprio fato de a palavra só existir na forma de substantivo abstrato (Homoerotismo) ou de adjetivo (homoerótico/a) impede a atribuição arbitrária de uma identidade ou de uma tipologia previamente construída aos personagens em questão. Assim, o conceito de Homoerotismo presta-se bem melhor que o de homossexualidade àquilo que Dennis Allen lucidamente postulava como tarefa da crítica literária em relação ao assunto deste livro:

> Creio que o exame da relação entre homossexualidade e escritura não deve incidir sobre as modalidades de codificação ou de incorporação de uma homossexualidade pré- existente. Será preciso, pelo contrário, verificar como o texto define e descreve (e, portanto, 'cria') a homossexualidade da qual ele fala. O procedimento de interpretação literária sugerido aqui (...) é menos direto do que parece. Pois a própria escritura desempenha um papel na economia discursiva de que falei. (ALLEN, 1994, p. 20.)

Em termos de crítica literária, a abertura dada pelo conceito de Homoerotismo é imprescindível para qualquer trabalho que não se atenha exclusivamente a uma forma específica e bem delineada de relação ou identidade homoerótica, como a pederastia grega, a sodomia medieval ou as identidades gays contemporâneas. O conceito de homossociabilidade, divulgado a partir da obra de Eve Kosofsky Sedgwick, por sua vez, pretende nomear e articular num todo coerente a extensa rede de práticas sociais intragenéricas, através das quais se regulam os laços de solidariedade e colaboração, por um lado, ou de rivalidade e competição, por outro, entre aqueles indivíduos que se identificam como pertencentes ao mesmo gênero. As relações entre homossociabilidade e Homoerotismo são bastante complexas e mudam de um contexto cultural para outro, além de se diferenciarem nitidamente, consoante se trate de um ou outro gênero. A análise de obras literárias, sobretudo de meados do século XVIII até as primeiras décadas do século XX, mostra que há um corte menos profundo do que parece e, na verdade, haveria uma continuidade básica entre a homossociabilidade masculina e o Homoerotismo também no mundo moderno, a ponto de se poder falar coerentemente em desejo homossocial, como faz Sedgwick. Segundo ela, essa continuidade seria uma peça fundamental na estruturação de todo o sistema de gênero.

Como se percebe facilmente, os conceitos de homoerotismo e homossociabilidade reconfiguram radicalmente a questão das relações entre amizade masculina e homossexualidade. O conceito de homossociabilidade é mais abrangente e complexo que o de amizade, assim como o de Homoerotismo o é em relação ao de homossexualidade. A conjugação de ambos permite abarcar um amplo espectro de relações entre homens e situar o Homoerotismo em suas dinâmicas de contiguidade e diferença com outras formas de relações masculinas, abolindo as compartimentações falaciosas do discurso homofóbico, cujos mecanismos discursivos são, assim, em parte desnudados.

As distinções são fundamentais para a construção de perspectivas críticas sérias e consequentes no domínio da Literatura. É imprescindível perceber que não pode haver meras rotulações, mas sim, articulação de conceitos elaborados a partir de diferentes marcos teóricos. Como conceitos, sua natureza é fundamentalmente operacional: trata-se de instrumentos de análise e não de denominações às quais corresponderiam referentes fixos e estáveis. Com isso, fia superada qualquer forma ingênua de compreensão da relação entre Literatura e Homoerotismo em perspectiva temática, como se se tratasse apenas de verificar como a Literatura *representa* uma realidade pré-existente fixa e bem delimitada. Pelo contrário, não só o texto literário constrói a "homossexualidade da qual ele fala", conforme Dennis Allen, como a própria crítica literária, a partir das especificidades do(s) texto(s) de que está se ocupando, deve escolher o instrumental mais adequado à construção do seu próprio objeto e às operações hermenêuticas às quais pretende submetê-lo posteriormente. E é exatamente este aspecto o que privilegia a leitura das cartas dos dois poetas lusitanos.

Estabelecidos os parâmetros para a articulação dos conceitos operacionais, é preciso levantar o problema das perspectivas segundo as quais o leitor – e o crítico é um leitor! – pode abordar o texto literário. Esse problema mostra-se particularmente agudo nos casos em que o texto não tematiza explicitamente o Homoerotismo. Por isso mesmo, esse aspecto é relevante para a abordagem das cartas trocadas entre António Nobre e Alberto de Oliveira, dada a natureza do gênero de textos e à relação estabelecida entre eles para a partilha de seus afetos. Wolfgang Popp trata dessa questão específica num capítulo intitulado "Máscara e sinal", em que estuda, entre outros, um autor como Hans Christian Andersen, cuja experiência como homossexual poderia ser lida na "diferença" e "marginalidade" de vários de seus heróis, como o Soldadinho de Chumbo ou o Patinho Feio. Popp pergunta como ler de maneira coerente e metódica esses "disfarces" do Homoerotismo e os eventuais índices disseminados ao longo do texto, intencionalmente ou não, em vista de um possível leitor "sintonizado" com a mesma problemática do autor e, assim, supostamente capaz de decodificá--los de maneira plena.

De acordo com a perspectiva temática que preside a sua obra, Popp equaciona essa questão em termos de uma disjuntiva metodológica: ou o respaldo se constitui nos dados biográficos do autor e, a partir deles, pode ser lida a "mensagem cifrada" do texto; ou, em vista das estratégias textuais, são feitas inferências de uma suposta homossexualidade que através delas se expressaria (POPP, 1992, p. 350). De qualquer maneira o que se constata é que o terreno continua pantanoso e o leitor vai continuar no terreno da incerteza e da especulação. De novo, preside a necessidade de instrumental teórico mais elaborado, para o equacionamento produtivo da relação entre o próprio leitor e obra, independentemente do grau de explicitação textual do Homoerotismo. Para tanto, a Hermenêutica pode ser um excelente ponto de apoio: o conceito gadameriano de "fusão de horizontes" dá conta precisamente desse "encontro" entre leitor e obra no ato de leitura.

Para Gadamer, a tarefa da hermenêutica não é a de construir um método para se ter acesso a um suposto "verdadeiro sentido" do texto, mas sim a de refletir sobre as condições do próprio processo interpretativo. Seguindo a teoria heideggeriana do "círculo hermenêutico", Gadamer vê a interpretação como um movimento que, partindo de uma pré-compreensão do texto, decorrente do caráter necessariamente situado do sujeito humano, confronta essa mesma pré-compreensão com os dados textuais, o que gera uma nova compreensão e uma nova aproximação interpretativa e assim por diante. Esse processo pode ser descrito como "fusão de horizontes". É importante observar, porém, que tal conceito é também operacional: os horizontes não existem como entidades autônomas, mas estão sempre se fazendo dinamicamente dentro de uma tradição cultural comum, sem a qual não pode haver nenhum processo interpretativo propriamente dito:

> Na realidade o horizonte do presente está num processo de constante formação, na medida em que estamos obrigados a pôr à prova constantemente todos os nossos preconceitos.
>
> Parte dessa prova é o encontro com o passado e a compreensão da tradição da qual nós mesmos procedemos. O horizonte do presente não se forma, pois, à margem do passado. Nem existe um horizonte do presente em si mesmo, nem há horizontes históricos aos quais se devesse ter acesso. *Compreender é sempre o processo de fusão desses supostos 'horizontes para si mesmos'.* (...) Todo encontro com a tradição realizado com consciência histórica experimenta por si mesmo a relação de tensão entre texto e presente. A tarefa hermenêutica consiste em não ocultar essa tensão numa assimilação ingênua, mas em desenvolvê-la conscientemente. Esta é a razão pela qual o comportamento

hermenêutico está obrigado a projetar um horizonte histórico que se distinga do presente. A consciência histórica é consciente de sua própria alteridade e por isso destaca o horizonte da tradição com relação ao seu próprio (GADAMER, 1997, p. 376-378. Grifos do autor).

O pensamento de Gadamer abre perspectivas riquíssimas para o entendimento do processo de constituição de uma tradição interpretativa *gay* da Literatura e, para além dela, de uma cultura *gay*. Assim, a interpretação é a prática que, por sua "natureza" subjetiva acaba por explicitar meandros inesperados – para não dizer recalcados – desta mesma subjetividade. No contexto aqui esboçado, a sexualidade deixa de ser mero elemento composicional de identidades quaisquer, para respaldar uma de suas possibilidades de "realização": o homoerotismo. O diapasão hermenêutico, como aqui apresentado, consolida este "movimento", dando mais consistência ao(s) discurso(s) crítico(s) possível(eis).

Para ilustrar o que acima vai dito, considere-se que a conhecida expressão lacaniana "o inconsciente está estruturado como uma linguagem". A ela pode ser aproximada outra: "a realidade do inconsciente é a realidade sexual". Mais do que as noções do inconsciente e da divisão do sujeito de que nem todos medem a realidade, foi o alargamento da noção de sexualidade pela psicanálise que escandalizou e continua a chocar muitos bem-pensantes. Com efeito, desde Freud que o adjetivo sexual se refere a um conjunto de atividades sem relação com os órgãos genitais e que, assim, o sexual e o genital deixaram de se confundir. Desde "Os três ensaios sobre a teoria da sexualidade", Freud supõe a sexualidade como "entidade" que apresenta "essência" polimorfa. Tal polimorfia pode ser alocada/"localizada" na origem da existência sexual adulta, mas também na dos seus sonhos, lapsos, atos falhos, neuroses ou perversões. Mas é também ela quem nos conduz às e nas nossas atividades criativas sociais, profissionais ou artísticas. Impossível não associar aqui a atividade literária *tout court*.

Freud sustenta que a pulsão sexual (que não é um todo, antes se concretiza nas chamadas pulsões parciais) é o efeito da relação a outro sujeito falante e desejante e que no investimento libidinal é visado um objeto, indiferente em si mesmo, mas subjetivamente e historicamente determinado que satisfaz (parcialmente) o fim do gozo da pulsão sexual. Fim que não tem nada a ver com o ato sexual na sua finalidade biológica de reprodução. Aqui, seu similar processual é a escrita das cartas. Freud supõe assim um parentesco psíquico entre a satisfação sexual obtida no ato sexual e a obtida pela subli-mação das componentes da pulsão. Sublimação que ele considera na origem das "obras culturais mais grandiosas". E, de novo, a sombra dinâmica e instigante da Literatura se faz presente.

É assim que Lacan assevera que no que diz respeito à instância da sexualidade todos os sujeitos estão em igualdade: só têm a ver com o que, da sexualidade, passa nos interstícios da constituição subjetiva, nas redes do significante. Negar que esta rede é o próprio texto literário – inclusive o das cartas – em uma de suas represen-tações é negar o que me parece óbvio. Não será assim deturpar o pensamento daquele que disse "que não há relação sexual", dizer que a criação artística, a literária nomeadamente é o que mais nos aproxima de uma relação sexual enfim conseguida. Como já aventado em outras circunstâncias, a tomar como procedentes estas ideias, a troca de cartas e postais entre Alberto de Oliveira e António Nobre pode ser lida como alegoria de uma relação afetiva que não deixa nada a dever ao componente da ordem da sexualidade.

De fato, toda a fala é duplamente sublimação do corpo: substi-tui a simbiose corporal primitiva, é o lugar da distância, permite realizá-la, regulá-la; e integra de modo essencial a experiência do corpo como sua base essencial e real. Esse momento, irrecuperável para a memória que se diz, permanece na memória sem nome. Aí se forma o desejo que a Psicanálise descobre como impossível de satisfazer. O retorno a essa memória nas mais variadas formas – entre elas a troca de cartas, por exemplo – parece fundamentalmente consistente. A tentativa desesperada de reencontrar esse corpo primitivo na sua relação ao outro fundamental acaba por se "realizar" na criação literária.

Dissertar sobre pluralidades nos campos do gênero e da sexualidade é problematizar o repetitivo e contínuo objetivo das pedagogias em geral: "legitimar" determinadas identidades em detrimento de outras. Na sociedade ocidental contemporânea, há um forte investimento para inscrever nos corpos formas de ser. Na mesma direção, há o intenso "empenho" da heteronormatividade, presente como disposições culturais, atuantes em instâncias culturais como a Literatura. Subverter, pluralizar, suspender, desconfiar, desviar das verdades impostas faz repensar, reinventar, reconstituir. Essas possibilidades, uma vez mais, concretizam literariamente nas cartas aqui consideradas.

Reconstruir uma História significa construí-la. Para que uma estrutura textual dada historicamente tivesse existido, seria preciso supor uma sucessão dos tempos de sua formação e de sua deformação; seria preciso imaginar uma ordenação diacrônica daquilo que existe só no instante da palavra e pela operação da palavra que, no instante, a diz para logo em seguida fazê-la existir em sua única existência possível. A ideia aqui é a de que o sentido de um texto, ainda que "historicamente dado" não possui consistência se à sua existência se antepuser um discurso que o consolide. Ou seja, a crítica e a leitura de um texto é que vão, em certa medida, definitivamente, estabelecer o sentido. Por um lado, não há como reconhecer a "intenção do autor", por outro, sem a suposição de que ela tenha existido, muito pouco poderia ser dito acerca da obra. De outra forma, não haveria espaço para o discurso crítico que bebe da fonte mesma da criação literária.

No que se refere à Literatura Portuguesa, há um caso sintomático de Literatura que se deseja original, no sentido de fazer dela uma espécie de objeto desejo de leitores posteriores ao aparecimento de obras que constituem essa mesma Literatura. Alberto de Oliveira e António Nobre são os sujeitos que, aqui, vão ser porta-vozes desse discurso. É claro que não pretendo reduzir sua obra (a correspondência trocada entre eles, nesse caso), por um lado; nem deixar à margem as inúmeras direções que a leitura de suas obras privilegia, por outro; sob pena de ser vencido pela artimanha do discurso que eu mesmo tento estabelecer. Um exercício do quilate de *work in progress*, em minha opinião, é a única saída sensata para um crítico atento à dinamicidade do texto literário. O pressuposto do leitor como construção do sentido do texto, alarga o horizonte de expectativas da leitura em si mesma, impondo uma atitude muito menos conservadora, fazendo saltar aos olhos um desejo obscurecido pelas tintas nativistas. Isto se dá graças à infusão de um espírito "retórico" que reveste a leitura do texto, fazendo com que as afirmativas do narrador sejam tomadas como ampliação de um discurso outro, sem origem definida, porque fruto de uma interação posterior à própria escrita:

> Quer estejam ou não envolvidos na acção como agentes ou receptores, narradores e reflectores na terceira pessoa diferem consideravelmente, conforme o grau e espécie de distância que os separa do autor, do leitor e dos outros personagens da história. Em qualquer experiência de leitura, há um diálogo implícito entre autor, narrador, os outros personagens e o leitor. Cada um destes quatro pode ir, em relação a cada um dos outros, desde identificação a completa oposição, sobre qualquer eixo de valores morais, intelectuais, estéticos ou mesmo físicos. (...) Os elementos normalmente discutidos dentro do "distanciamento estético" têm obviamente o seu papel: distanciamento no tempo e no espaço,

diferenças de classe social ou convenções de fala e modo de vestir – estes, e muitos outros, servem para controlar o sentido de que estamos a lidar com um objecto estético, do mesmo modo que as luas de papel e outros efeitos de cena não realistas do drama moderno têm um efeito de "alienação". Mas é preciso não confundirmos estes com os efeitos igualmente importantes de crenças e qualidades pessoais no autor, leitor, narrador e todo grupo de personagens. (BOOTH, 1980, p. 171.)

À parte o fato de ser um estudo ainda ligado a certa tradição crítico-teórica, herdeira de certa imanência textual, o estudo de Booth levanta sérios questionamentos ao fundamento mesmo desta herança. Só faltou falar na sexualidade como mais um elemento enumerado para recuperar a função discursiva de certo distanciamento necessário à construção do(s) sentido(s) possível(eis) de texto. Levando em consideração as "diferenças" levantadas por Booth como operadores de leitura, fica clara a consistência da abordagem da/ pela sexualidade, dado que o plano narrativo de qualquer obra se realiza, efetivamente, numa base discursiva que, de forma alguma, é devedora de um acatamento cego à vontade do autor. Em outras palavras, o estudo de cartas, por exemplo, na perspectiva inaugurada pelo olhar homoerótico, não prescinde da lição da tradição, mas a supera, enquanto perspectiva que respalda a hipótese discursiva do sentido. O leitor vai selecionar os elementos a partir dos quais constrói o sentido de sua leitura. Qualquer que seja o compromisso autoral com a construção destas duas instâncias, abre-se para o leitor, por sua posição central e fundamental, a oportunidade de se fazer responsável pelo discurso de "identificação" que vai guiar, a ele próprio, pelas sendas da leitura que realiza. O papel definitivo da afirmação de um ritual "masculino" por excelência.Em outras palavras, a masculinidade partilhada pelos poetas missivistas não desaparece, mesmo que o olhar do leitor consiga captar e aceder ao caráter similar que marca o relacionamento dos dois. Ou seja, em princípio, a correspondência não deixa de estar relacionada ao padrões mais tradicionais da troca de cartas entre dois amigos. Isto vai consistir, no final das contas, na confirmação de certa virilidade "comprometida", enquanto representação ficcional de um comportamento estereotipado:

> (...) os rapazes tendem a "compartimentar"a sexualidade, concebida como um ato agressivo, e sobretudo físico, de conquista orientada para a penetração e o orgasmo (...) comprovação exemplar do poder masculino de fazer com que a interação entre os sexos se dê de acordo com a visão dos homens, que esperam do orgasmo feminino uma prova de sua virilidade e do gozo garantido por essa forma suprema da submissão. (BOURDIEU, 1999, p. 31.)

Essa prática remete ao tópico do corpo masculino como instrumento de iniciação para o sujeito. Aqui, ela funciona não apenas para a afirmação de um tópico da masculinidade, mas também para apontar possibilidades outras de releitura de outros, no que se refere a amor e práticas afetivas, num momento em que a cultura ocidental proclama a crise de uma "identidade" que se quer sempre "masculina". O que dizer, então, por tabela, das constantes referências ao corpo de Alberto, feitas por António em suas cartas?!

A legitimação da masculinidade, ainda que subliminar aponta para uma espécie de pacto homossocial, como uma prática necessária, essencial mesmo, no processo discursivo de determinação de "fronteiras", no caso, culturais. Não cabem dúvidas quanto às suposições aqui levantadas. Há mais do que mero "interesse" na relação mantida pelos dois poetas portugueses. As "licenças" culturais e morais de que se valem superam a limitada ação sociocultural que o patriarcal ismo enxerga. Não é a afirmação da homossexualidade ou não dos missivistas, mas a de que suas ações não podem apenas ser interpretadas como decorrência de uma perspectiva de interesse meramente patriarcalista, como a tradição faz ver.

Uma possibilidade de alargar o horizonte de expectativas das ideias que aqui estão expostas é abordagem contrária à tradição da literatura, que numa revisão crítica se mostra bastante heteronormativista, as questões de gênero e de sexualidade voltadas às minorias culturais suscitam discussões a respeito dos papeis identitários construídos pela ordem vigente. Os sujeitos de sexualidade, no bojo dessa discussão, vêm ocupando espaços de reflexão no âmbito cultural. Na literatura, a presença da temática homoerótica parece ser um dos fatores que tornou visível ao longo da História literária, a vivência e o desejo homoafetivos. É preciso, no entanto, evitar o reducionismo teórico e político que apenas transforma as margens em um novo centro. O movimento não pode se limitar a inverter as posições, mas, em vez disso, supõe aproveitar o deslocamento para demonstrar o caráter construído do centro. É necessário admitir, ainda, que o questionamento de sistemas e instituições, práticas e sujeitos solidamente estabelecidos na posição central, que hoje é levado a efeito, não implica negar que o centro permanece como uma atraente ficção de ordem e de unidade. O importante é reconhecer que isso se constitui numa ficção. A universalidade e a estabilidade deste lugar central resultam de uma história que tem sido constantemente reiterada — e por isso parece tão verdadeira.

Talvez, certa visão superficializante dos missivistas e suas relações, tenha levado a crítica tradicional a cristalizar a sua própria visada, fazendo com que se encobrissem possibilidades outras de explicitação dos subterfúgios do "amor". Numa época de crise, como a que circunscreve a amizade entre António Nobre e Alberto de Oliveira, herdeira do Romantismo, esse posicionamento em nada ajuda a historicizar as obras literárias daí oriundas, no sentido de barrar-lhes as possibilidades de leitura. Uma destas, diz do enredamento do "amor romântico", nos termos em que Jurandir Freire Costa o apresenta, enquanto proposta de trabalho:

> (...) três principais afirmações sustentam o credo amoroso dominante: 1) o amor é um sentimento universal e natural, presente em todas as épocas e culturais; 2) o amor é um sentimento surdo à "voz da razão" e incontrolável pela força da vontade e 3) o amor é a condição *sine qua non* da máxima felicidade a que podemos aspirar. Esses tópicos formam uma espécie de catalogo de competência mínima exigido dos candidatos ao vestibular do amor. (COSTA, 1999, p. 13.)

Sem entrar no mérito específico da questão apontada pelo autor, não se pode deixar de destacar a pertinência da referência, uma vez que a correspondência entre os dois poetas lusitanos não escapa a essa abordagem, o que é sustentado pelas observações aqui colocadas. Essas observações podem ser consideradas suficientes para sustentar uma proposta de releitura, como a que aqui se desenvolve, na medida em que propiciam a análise e a interferência de ideias que aparecem como respaldo crítico do trabalho que se tem realizado, na atualidade, acerca da representação identitária do "masculino" e de suas representações, orquestradas por um olhar outro que, vincado no homoerotismo, enxerga por entre as linhas das cartas um afeto partilhado sob a égide de um pacto homossocial. A eficácia indiscutível de um princípio operacional como o do homoerotismo, alarga o espectro dessas especulações, uma vez que coloca em xeque as afirmativas finisseculares (em se tratando do século XIX), que preconizavam uma superioridade masculina. Essa perspectiva de abordagem não reduz a leitura das cartas, reacomoda-as numa área mais ampla de especulação crítica, constituída a partir de novos parâmetros, inclusive o da revisão do conceito de masculinidade como aventado até aqui.

Para além de todas as marcas que "corporificam" um discurso de crise e de tentativa de afirmação de uma identidade, as cartas apresentam um outro signo muito forte e sintomático que é o corpo e, além disso, do corpo masculino. Seja nas descrições estilisticamente marcadas pela "cor local", e/ou pela insistência nas virtudes masculinas. O corpo do homem é esse signo, quase sintoma da crise a que me refiro. Nesse sentido, esse elemento operacional de leitura abre espaço para especulações de cunho teórico, que privilegiem a realização de investigações acerca dos possíveis sentidos desses discursos que se constroem, como fruto das ideias trabalhadas a partir desse elemento operacional: o corpo do homem. Mais uma vez, a ilação com o processo de adoração do corpo do "purinho", nas cartas de António Nobre, é mais que consistente: atesta que o corpo, como signo, também carrega sentidos outros, mesmo os recalcados por um conjunto de variantes genuinamente construídas social e culturalmente.

Muito do recente trabalho de especificação, teorização, ou análise da masculinidade e da questão da "raça branca" na sociedade e na cultura, toma como seu ponto de partida a noção de que a invisibilidade é uma condição necessária para a perpetuação do sujeito branco e do domínio masculino, ambos como representação no "reino" do social. Masculinidade e raça branca retêm o seu próprio poder como significantes e como práticas sociais porque são opacos à análise, sustentando seu próprio argumento: não se pode questionar, deixa só se desmantelar o que permanece escondido da visão.

O poder masculino branco tem se beneficiado enormemente a partir da manutenção das ideias de raça branca e masculinidade, na perspectiva de (uma certa) escuridão: o privilégio de habitar um corpo sem marca que tem sido o patrimônio do homem ocidental branco, a sua herança tempo afora, testemunhando e, mais precisamente, marcando o "corpo do outro". As grandes construções históricas de gênero, raça e classe, embutidas nos corpos organicamente marcados da mulher, do colonizado, do escravo e do trabalhador, considerados inabitantes de corpos marcados, têm sido simbolicamente "o outro" de uma subjetividade racional que, na condição de "não marcada", passa a ser tomada como "espécie" de uma subjetividade masculina coerente.

O que se explicita é a demanda de uma conexão entre o "não marcado" e o "não encarnado", de um lado; e o "marcado" e o "encarnado", de outro. Ser "não-marcado" significa ser invisível – não no sentido de "escondidos da História", mas, bastante mais, como o padrão de evidência subjetiva, contra o qual todas as diferenças são medidas: escondido pela História? Homens brancos, na dicção da cultura social moderna, não são compreendidos como praticantes de políticas de identidade: é visível que, em condições políticas, eles se beneficiam até mesmo da invisibilidade de sua própria especificidade racial e de gênero. Na realidade, homens brancos estão fora de lutas de gênero e raça? Brancura e masculinidade permaneceram intactas em outro lugar através de escaramuças? A resposta, bastante simples, é não.

Nos anos 60, após o movimento pelos direitos civis, e com a elevação da liberação de mulheres, liberação *gay* e a visibilidade crescente de diversidade étnica e racial na cena americana – o adjetivo aqui se refere a todo o território americano em geral, sem entrar no mérito das especificidades de suas três configurações culturais: norte, central e sul –, os homens brancos começam a se sentir descentrados. Estabeleceu-se uma crise da masculinidade, que ficou clara com o grito vociferante de homens, em protesto contra certo tipo de reivindicação que os considerava os vilões da cultura. Os homens brancos têm sido assim, marcados, não como indivíduos, mas como uma classe, uma categoria que gosta de outras categorias marcadas, complicando a separação entre o indivíduo e o coletivo, o pessoal e o político. Enquanto as respostas para os efeitos dessa crise são múltiplos e, às vezes, autocontraditórios, eles consolidam o que pode ser chamado de políticas de identidade do dominante: um conceito usado para desafiar algumas das suposições fundamentais, implícitas nas pesquisas que se voltam para a busca de visibilidade da masculinidade e da "brancura". Há um problema de nomenclatura aqui. O fato é que "brancura" ou "branquidão" não fazem o mesmo "sentido" que o seu correlato em língua inglesa – *whiteness* (como a referência de partida para esse raciocínio vem em Língua Inglesa...). Talvez seja o caso de se considerar aqui a pobreza semântica da Língua Portuguesa. De qualquer maneira, optei por tentar desdobrar a expressão em uma assertiva que consiga explicitar o conteúdo semântico que me interessa.

A suposição de que políticas de identidade só são praticadas através de posicionamento de grupos de marginalizados, contra o que é tomado como norma é funcionalmente análoga àquela outra que diz que a brancura e a masculinidade, fazendo-as visíveis, necessariamente vão corroer o seu próprio poder. Nessa linha de pensamento, é quase impossível ver como brancura e masculinidade têm sido, na realidade, bastante frequentemente, marcadas e se tornado visíveis em dois sentidos opostos: o de "progresso" e o de "reação". Isso abre espaço para a consideração de que há possibilidade de se considerar, implícita ou explicitamente, a existência de um individualismo (sem marca) universalmente disponível e/ou de uma cidadania como prática de políticas de identidade.

A invisibilidade é um privilégio desfrutado por grupos sociais que não valorizam modos de vigilância e disciplina; mas também pode ser sentida como um fardo em uma cultura que parece se organizar ao redor da visibilidade de diferenças e da utilização de políticas de identidade como moeda corrente simbólica. Em geral, quando se fala em "políticas de identidade", há que entendê-las enquanto práticas de grupos marginalizados que entendem a subjetividade enquanto inevitavelmente fundamentada nas relações de poder que estruturam uma determinada sociedade.

Buscar a leitura do "masculino", e suas possíveis ilações acerca do contrato homossocial, num livro protagonizado por uma personagem feminina, por exemplo, funciona – para fazer jus à argumentação desenvolvida até este ponto – o que se conhece como jogo de contrários. Nesse jogo, o olhar homoerótico, atento a detalhes que passam ao largo, constrói, discursivamente, outros instrumentos de leitura para uma relação que, no caso, já parecia descansar no berço esplêndido da legitimação hegemônica da fortuna crítica de António Nobre e Alberto de Oliveira. Afinal, eles são um dos pilares de certo cânone literário português – tão caro, e necessário, na perspectiva de consolidação identitária da nacionalidade literária portuguesa, entre outras coisas. Por que não o seriam?

Tal descrição sintomatiza a chave de leitura aqui proposta, qual seja, a consideração do corpo masculino como um signo cultural que envolve múltiplas leituras, inclusive aquelas que lidam diretamente com a sexualidade. É, na verdade, uma proposta de revisão, não apenas dos cânones de leitura, interpretação e crítica, mas de releitura das cartas, descolada dos inerentes princípios estéticos do período compreendido entre as estéticas simbolista e modernista, em Portugal – contexto ao qual estão circunscritas as referidas cartas. Trata-se de um desdobramento plausível da leitura do contrato homossocial, a partir da consideração de seu operador mais óbvio: a masculinidade. Esse desdobramento reforça a chancela do *work in progress*, de que falei no início. Aqui, a constatação de que o texto se oferece ao leitor em sua imensa complexidade discursiva, sem lhe delinear um único caminho de interpretação; aí está a confirmação do trabalho continuado, sempre e por isso mesmo, original.

O que ocorre é que a análise das cartas, tomados os parâmetros desenvolvidos pelos "manuais" tradicionais de Teoria da Literatura, não leva em consideração aquilo que não pode ser assegurado pela perspectiva adotada. Qual seja: da explicação do texto, enquanto um "objeto estético" construído, é que se deve delinear a perspectiva de leitura que em torno e partir dele se escreve. O "esquecimento" da tradição aqui revela-se na importância do discurso narrativo-ficcional que se pode "ler", dado que existe um sujeito por detrás deste mesmo texto. O caráter "objetal" do texto do romance tem que ser superado, deixado de lado, sob pena de perda de uma "autonomia" que a sujeito algum é dado controlar. Dizendo de outra maneira, os manuais de Teoria da Literatura têm uma obrigação metodológica: demonstrar a veracidade do processo de criação da(s) personagem(ens) não enquanto frutos de um artifício meramente representacional de "tipos", mas enquanto portadores de um discurso que, simultaneamente, explicita-lhes a identidade subjetiva e constitui a subjetividade do próprio discurso. Em outros termos, tudo o que concorre para a constituição de uma subjetividade, na economia ficcional do discurso narrativo é que vai "orientar" o processo de elaboração de uma teoria acerca da obra em apreço e não o contrário.

Da mesma forma, o subscritor de uma carta pode passar pelo mesmo "crivo" teórico. Ele deixa de ocupar o lugar de portador de um discurso codificado com "intenções" autorais. No lugar de ser uma espécie de *alter ego*, instrumento de simulação de uma realidade "para além" do concreto, ele é a voz de uma subjetividade que vai, simultaneamente, constituindo-se ao longo do "enredo", explicitando traços insuspeitados de uma subjetividade outra que insiste em se camuflar no entrecho do discurso narrativo da carta. Reitera-se, portanto, a ideia de que a sexualidade não pode ser descartada, o "desvio de linguagem" continua sob a responsabilidade do sujeito portador da "voz discursiva" que aparece na superfície do texto e o leitor é quem vai, ao final das contas, articular estas variáveis, construindo sentido(s).

O debate aberto e mantido pelos estudos de gênero acerca de pressupostos culturais amplamente aceitos, seja por aquiescência, seja por imposição, levam o teórico a acatar e contextualizar suas indagações em termos de uma constante vigilância contra os desvios de um discurso que pode levar ao equívoco, se tomar como parâmetro constante o modelo chamado heterossexista, por um lado, e a "tradição" teórica dos Estudos Literários, por outro. Ambos, de mãos dadas, podem pôr a perder todo e qualquer esforço de renovação de uma prática teórica que requer, sempre e mais, a cada passo, posicionamentos questionadores de seus próprios posicionamentos. Caso contrário, ela mesma pode definhar e acabar de vez.

Falando em homoerotismo – principalmente na perspectiva de Sedgwick, que passa do feminismo mais tradicional para uma visada renovadora, a partir da atenção dada ao pacto homossocial – deve-se sempre ter em mente que se trata de uma prática inevitavelmente política, cuja base é construída sobre pressupostos que visam à desestabilização de "verdades" tidas como eternas e absolutas. A intenção aqui é conduzir uma investigação anti-homofóbica na perspectiva teórica. Sem dúvida, a maior parte das (poucas) análises publicadas até agora sobre a relação entre o Homoerotismo e a Literatura têm estado num nível mais baixo de sofisticação e cuidado do que as análises (apenas) feministas, por exemplo.

O fato é que os Estudos Literários podem superar a aparente crise de identidade quando confrontados com os Estudos Culturais – a se manter a perspectiva de uma diferença excludente, o que não é o meu caso – adotando perspectivas renovadas a partir do citado pacto. Deixando entrever algumas "feridas", a crítica e a teoria tradicionais insistem em tentar manter cobertas pelo véu de uma hegemonia conquistada, praticamente, à força. Caso contrário, pode-se cair numa armadilha discursiva cuja falácia é sedutora e reduz a responsabilidade de construção de um aparato teórico particular a cada investida em direção ao texto literário.

Para ilustrar uma inventiva iniciativa desse trabalho teórico, no que diz respeito a esta renovação dos horizontes de expectativas dos Estudos Literários, no âmbito desta proposta de (re)construção da Teoria da Literatura, é interessante lembrar da herança estética do Naturalismo que, em certo sentido, faz revisitar o conceito de "desvio", desta feita, enfocado sob a luz da sexualidade transgressora de personagens em conflito com sua própria condição social. O Naturalismo é um exemplo produtivo, dado que sua estética aponta para certas "patologias" que ainda conseguem sustentar leituras renovadoras dos parâmetros teóricos da/para a Literatura, superando os estreitos limites que a historiografia lhe impôs. Isto se dá, uma vez que esta estética, em sua herança teórico-crítica, legou para a História da Literatura, um quadro analítico de um momento crucial de consolidação de algumas bases de nossa identidade cultural.

O resgate do Naturalismo não precisa, necessariamente, seguir estes passos para se fazer operacional, ainda uma vez. Na perspectiva do olhar homoerótico esta estética ainda pode abrir espaços férteis de análise, crítica e elucubração teórica, ainda por fazer. Evoco aqui o livro de Leonardo Mendes (2000). Este trabalho demonstra como a leitura operacionalizada por este olhar particular pode revisitar uma obra "clássica" da Literatura Brasileira, sem necessariamente seguir os passos da tradição. Ressalte-se que a polêmica em torno da temática da homossexualidade não foi deliberadamente excluída do horizonte de expectativas da crítica tradicional. A inovação se dá em outra direção. A análise de Leonardo parte de outro pressuposto: o conceito de negociação, como um elemento que articula tanto a problemática sócio-histórico-ideológica do Brasil, à época do lançamento do romance, quanto a problemática identitária de um marinheiro homossexual diante da inexorabilidade de seu desejo, confrontado com uma estrutura sociocultural adversa, ainda que potencialmente permissiva. Para iniciar esta ilustração, cito literalmente, em sua totalidade, sem acrescer nenhum comentário, a apresentação ao volume, feita por José Carlos Barcellos. O texto fala por si e desenha, com perfeição e clareza, o "retrato" do livro. É sua síntese ideal:

O retrato do Imperador: negociação, sexualidade e romance naturalista no Brasil, de Leonardo Mendes, é uma obra que apresenta ao leitor interessado em questões de crítica literária e de história da cultura algumas das mais instigantes e argutas análises de que *O cortiço*, de Aluísio Azevedo, e *Bom-crioulo*, de Adolfo Caminha, têm sido objeto.

Ao se propor o estudo das "sexualidades indisciplinadas e periféricas", notadamente de homossexuais e de prostitutas, nos dois romances mais importantes do naturalismo brasileiro, *O retrato do Imperador* consegue desenvolver, além de uma leitura cuidadosa e inteligente dos textos enfocados – atenta, antes de tudo, à complexidade dos mesmos, o que já não seria pouco –, uma profunda interpretação da cultura brasileira em sua dinâmica sempre paradoxal de modernização conservadora.

O instrumento de análise, que serve para articular criticamente os discursos antagônicos sobre a sexualidade que o autor detecta em ambos os romances e que os configurariam como um espaço de conflitos e impasses não resolvidos, é conceito de negociação, iconizado pelo retrato de Dom Pedro II encontrado no quarto de Bom-crioulo na rua da Misericórdia. Com efeito, o conceito de negociação, utilizado com maestria e lucidez por Leonardo Mendes em sua leitura dos romances de Aluísio Azevedo e Adolfo Caminha, aponta para uma dinâmica de acomodação superficial de interesses e divergências, em processo permanente de adiamento dos conflitos e de suas possíveis soluções, que é seguramente um dos traços mais característicos da sociedade brasileira.

Por isso mesmo, o trabalho que ora apresentamos, além de ser ujma notável reavaliação crítica do naturalismo, através de duas de suas realizações mais expressivas, constitui um bom ponto de partida para se pensar a literatura e a cultura brasileiras, especialmente no século 19, sob a égide desse amplo processo de negociação, ao qual o ordenamento político do Império deu expressão institucional e jurídica através do Poder Moderador, de resto tão exemplarmente encarnado e exercido por Dom Pedro II, que se tornou o aspecto mais marcante da imagem do Imperador até os nossos dias.

Por outro lado, no âmbito dos estudos atuais sobre literatura e homoerotismo, ainda tão incipientes entre nós, este livro vem a ser simultaneamente um início auspicioso e um produto maduro. Informado por vasta e segura bibliografia e em constante diálogo com a crítica de língua inglesa, o texto de Leonardo Mendes seduz facilmente o leitor tanto pelas amplas perspectivas elaboradas, sem compromisso algum com ortodoxias e preconceitos, quanto pela maneira livre e criativa com que se serve do material de que dispõe. A esse respeito, sublinhe-se, por exemplo, a fina e penetrante utilização da noção do gótico para se entender a homossexualidade em *Bom-Crioulo*.

Trata-se, pois, de obra profundamente original e equilibrada nas interpretações que propõe, cuja contribuição ao debate acadêmico será, estamos convictos, muito produtiva. Por tudo isso – e mais ainda, que o leitor terá o prazer de ir descobrindo a cada página – podemos afirmar que estamos diante de um pensamento crítico que se impõe como interlocução obrigatória na área dos Estudos Literários. (BARCELLOS *apud* MENDES, 2000, p. 11-12.)

A citação acima corrobora o que eu disse anteriormente. Confere à leitura do romance uma textura inusitada, destacando seus pontos principais, na perspectiva – para mim, particularmente interessante – da renovação do exercício teórico a partir de uma obra "naturalista", apenas. O livro de Leonardo Mendes é um dos exercícios de crítica literária, como bem o salienta a apresentação, responsáveis pela sustentação de propostas renovadoras da Teoria da Literatura, como a que pretendo aqui. Utilizando o conceito de negociação, no contexto do romance naturalista no Brasil, o autor acaba por construir um discurso favorável ao olhar homoerótico, ou melhor, favorecido por esse mesmo olhar. Isso se dá, uma vez que as relações homossexuais entre os dois protagonistas do romance deixam o cenário de doença e perversão – sem, é claro, perder de vista essas características, de resto, caras ao próprio Naturalismo –, para ocupar o centro de uma leitura inusitada. A negociação social e política do contexto ficcional do romance dialoga e interage com a realidade nacional do mesmo período em que se dá a narrativa. Isso é uma forma de dizer que o olhar homoerótico é efetivo, na sua ousada intervenção sobre o horizonte de expectativas do "cânone" tradicional. A referência a este trabalho de Leonardo Mendes ainda, que fora do contexto português, o qual circulam as cartas de Alberto e António, é ilustrativa do que me proponho a fazer com a releitura delas. Para além de reforçar o traço comparativo da matéria do livro, evocam o *modus operandi* da leitura por mim proposta, sobretudo amparada pelo conceito de "negociação". De certa forma, o que Leonardo Mendes faz com o romance de Adolfo Caminha e o Naturalismo brasileiro, é similar ao que faço com o conjunto de cartas e a passagem do Simbolismo ao Modernismo da/na Literatura Portuguesa.

Continuando, a escolha dessa perspectiva, para o olhar do leitor, não se dá por acaso. O fato é que esse olhar homoerótico, aqui, à parte o fato da efetiva relação homossexual dos protagonistas, acaba por instituir um espaço discursivo diferenciado. Essa diferenciação se dirige e atinge a própria História do Brasil – representada aqui pela iconicidade do "retrato", por um lado. Por outro, desconstrói a leitura "canônica" do romance, que o circunscreve a uma perspectiva tacanha, redutora, míope e homofóbica, do Naturalismo:

> Quero então falar do Brasil enquanto discuto representações da sexualidade na ficção naturalista. Isso exige o cuidado e a atenção que somente a técnica de *close reading* pode me dar. A explicação cuidadosa e atenta de passagens que vou fornecer

ao longo desse estudo tem por objetivo revelar os segredos mais íntimos dos textos. Trata-se de crítica literária como arqueologia, como sugere Camille Paglia – uma leitura atenta cujo objetivo é revelar as ruínas das intenções e ansiedades do autor, a eloqüência dos silêncios, as verdades da contradição e da hesitação. Ao ler esses romances com cuidado, entrego-me a eles, deixo-os falar, e, até, onde isso possível, dou ouvido às suas próprias vozes. A técnica de *close reading* também me levou a manter em apenas dois o número de obras analisadas, já que o rendimento que ela dá à crítica literária tornaria, se eu incluísse outras narrativas, este estudo excessivamente longo. (MENDES, 2000, p. 15.)

Note-se a perspicácia do autor ao reabilitar o *close reading*, como uma "metodologia" aceitável e prudente para o melhor aproveitamento de sua proposta de leitura. Analogamente ao desvio dos formalistas, o *close reading* também tem seus pecados, mas nem por isso deve ser descartado sumariamente. Na perspectiva do homoerotismo, a configuração homossocial, de base androcêntrica e heterossexista, que marca a tradição da fortuna crítica do romance, cede espaço para a negociação que, a partir do aparato do próprio *close reading*, destaca elementos narrativos que escaparam a esta mesma tradição. Estes elementos são, todos eles, da ordem da sexualidade, uma vez que o par de protagonistas é formado por dois homens e sua história de amor é que vai "amarrar" a discursividade transgressora tanto da narrativa em si, quanto da própria leitura cultural a que o romance procede, por sua articulação com a História imediata do Brasil, como era do gosto do Realismo e, depois, do Naturalismo, também no Brasil.

Ao anunciar a "arqueologia" como identificadora do exercício crítico a que vai proceder, Leonardo deixa entrever a mirada de Foucault no que se refere ao poder de designação de "verdades" a que podem ser submetidas certas leituras. Articulando esta ideia a Camille Paglia, completa-se o quadro de referências que aponta para a sexualidade como o operador implícito da teorização a que o ensaio vai se dedicar, a partir da análise crítica de passagens selecionadas, *comme il faut.*

Pela ausência de formulações praticáveis sobre o espectro do homoerotismo masculino, a Teoria da Literatura tem subscrito, com poucas exceções, um de dois pressupostos: ou bem a literatura se faz porta-voz de discursos identitários, sejam eles *gays* e/ou lésbicos, no sentido de manutenção de uma "intenção" transhistórica e uma identidade essencial de interesses (por exemplo, romper com os estereótipos sexuais); ou bem a homossexualidade é um epítome, uma "personificação", um efeito ou mesmo uma temática a ser discutida, inclusive, na perspectiva teórica que pode marcar a leitura de qualquer obra literária. Acredito que nenhum desses pressupostos, por si só, seja sustentável ou mesmo verdadeiro. Em especial, porque o presente estudo discute um *continuum*, uma congruência estrutural potencial, e uma relação (deslocada) de significação entre as relações homoeróticas ensejadas na/pela literatura. Tudo isto porque, antes de tudo, o que se coloca em questão, ainda que, às vezes, implicitamente, articula o exercício teórico a uma prática discursiva que se enreda no desejo humano:

> Lo que define el deseo humano, a diferencia de la necesidad, es que, al intervenir el lenguaje, la habilidad d el arelación con el objeto de satisfacción se funda en la relación simbólica, mediante la cual el sujeto lo hace significativo para sí: desde que nace, el ser humano tiene necesidades que serán leídas desde el exterior en términos de lenguaje. Lo característico del lenguaje, es decir, del orden simbólico, es que algo puede ser sustituido por otra cosa, no hay valores fijos. El lenguaje subvierte la ley natural – la necesidad – porque los signos adquieren su valor en la relación que establecen los unos con los otros y no de la correlación fija

con larealidad que significan. (MORENO; BARRIENTOS, 1995-
-1996, p. 34.)

A ordem do simbólico, aqui aventada, abre espaço para uma leitura dos significantes ligados à sexualidade dos missivistas, como
sujeitos das cartas. Daí o conceito de negociação ser tão interessante, pois extrapola a articulação de um discurso crítico vinculado
à História, libertando a narrativa de sua discursividade quase documental. A sua discursividade reflete, isto sim, os desejos de um
sujeito "perdido" num contexto histórico-cultural adverso, fazendo-o
procurar um espaço adequado à realização, não só de suas fantasias,
como também da constituição de sua identidade. Esta é a lição teórica que o trabalho de Leonardo Mendes lega a seus leitores. Esse
legado contribui para a abordagem da correspondência entre Alberto
de Oliveira e António Nobre, como apresento aqui. Esta é a perspectiva crítico-interpretativa, a partir da qual o ensaio demonstra, ainda
que não tenha sido este o seu desejo primeiro e imediato, como o
olhar homoerótico pode instrumentalizar a discursividade crítica
de um romance sempre lido como um exemplo ficcionalizado das
patologias a que o Naturalismo se dedicou com tanto afinco. Esta
dobra teórica é o que percebo como sendo a contribuição superior
da possível e desejada (re)construção da Teoria da Literatura.

Isso faz pensar numa outra perspectiva que articula Literatura
e, por via de consequência, sua prática crítica e teórica: as relações
patriarcais masculinas que oprimem as mulheres. Faz-se necessário
salientar e deixar bem claro que não se trata de ter como pressuposto
indiscutível que o poder patriarcal seja primária ou necessariamente
homossexual (como algo distinto do homossocial). Também não é
factível afirmar que o desejo homossexual masculino estabeleça uma
relação primária ou necessária com a misoginia. Vale dizer, não se
trata de afirmar que o patriarcalismo, em seu contexto, seria a representação cultural, política e/ou ideológica do que hoje se conhece

como homoerotismo, pura e simplesmente. A questão é um tanto mais complexa. No entanto, há traços de uma articulação possível dessas duas "categorias", ainda que não seja para simplesmente utilizar uma pela outra, ou pior, substituir uma pela outra. Qualquer desses argumentos seria homofóbico e, acredito, inadequado.

Uma das possibilidades de testar esse tipo de argumentação é colocá-lo sob a perspectiva de uma leitura de segundo grau, em que o aparente se torna opaco, para fazer aparecer o substrato "escondido". Quanto à homossociabilidade, o fato é que muitos exemplos podem ser dados, uma vez que a cultura androcêntrica heterossexista se apóia numa instrumentalidade patriarcalista de leitura, oferecendo interpretações que podem, até, ser equivocadas. Isso porque o interesse homossocial não deixa entrever senão o *status quo* das relações entre pessoas do mesmo sexo. Se a essas mesmas relações se dirigir o olhar homoerótico, outra possibilidade, no mínimo, tende a se revelar.

O olhar homoerótico, no sentido que pode ser percebido a partir das ideias de Eve Kosofsky Segdwick, deixa de ser um conceito excludente, para se transformar num operador de leitura a mais. Criando laços de interlocução discursiva entre sujeitos de mesmo gênero, o homoerotismo é viabilizado por um pacto que explicita o posicionamento masculino no final do século XIX, como algo que se pressupõe seguro, mas que, na verdade, não deixa de ser um índice de insegurança desse mesmo sujeito de gênero masculino.

Paralela e simultaneamente, pressente-se nesse discurso ficcional finissecular uma aparente divulgação de ideias que sobrevalorizam o papel feminino na constituição social da Modernidade, em sua aurora. Assim, as cartas também podem ser objeto de uma leitura que tenta, não apenas reverter um quadro fixado pela tradição, mas expor esse quadro a outro olhar que, no mínimo, relativize posições antes tidas como seguras, tranquilas e hegemonicamente consolidadas. É nessa perspectiva que evoco aqui o quadro pintado por Peter

Gay, quando fala da "experiência burguesa" no Ocidente finissecular. Ele fala de certo medo que acomete o sujeito masculino, diante das investidas femininas sobre um mundo antes hegemonicamente tranquilo e equilibrado. O medo que o homem sente da mulher é tão antigo quanto a História, mas foi só no "século burguês" – essa expressão de Peter Gay generaliza os acontecimentos e transformações de toda ordem, ocorridos sobremaneira durante o século XIX –, que ele se transformou num tema proeminente nos romances populares e tratados médicos. A demonstração aberta e crescente que a mulher fazia de seu poder parecia ser a contrapartida pública do poder que os homens exerciam privadamente, com uma ansiedade cada vez maior, na segunda metade do século XIX. A atitude defensiva dos homens tornou-se ainda mais aguda porque o avanço feminino, fechando o cerco à volta deles, era uma tentativa de recuperar o terreno perdido. Esse termo é considerado, por exemplo, por Jaime de Lima S. Oliveira, em sua dissertação intitulada *António Nobre e a Introversão*.

Nobre teria sido também um introvertido. Ele era do tipo de sujeito que sacrificava a si mesmo, independentemente de necessidade, situação, motivo. Exigia mesmo nas amizades, como foi com Alberto de Oliveira, total adaptação de quem dele se aproximasse. A ruptura da amizade entre os dois pode ter, neste argumento uma explicação plausível. Acredito que Alberto percebeu este traço e resolveu ater-se ao papel de sujeito compreensivo até o limite. Certa feita, em carta escrita ao irmão, António Nobre que este não lhe escreva mais em papel tarjado. Isso, segundo o poeta, era mais que incômodo "enervante". Este detalhe, ligado ao fato de seu prazer em fazer-se isolado – demonstração de inadaptação extensiva a quem dele se aproximasse – constitui outro argumento em favor da hipótese de "inversão", de acordo com o estudioso português. Neste sentido, o caráter romântico de sua poesia ganha consistência e a idiossincrasia que aponta para a referida inversão ganha igual consistência.

Trabalho "datado" (1955), o texto apresenta hipótese instigante sobre a falência dos noivados de António Nobre. O autor atribui o fracasso ao mecanismo inconsciente da "inversão". A hipótese, mesmo que discutível, procede. Ela é a ponte necessária para alcançar o diapasão homossocial do pacto celebrado entre Alberto de Oliveira e António, e que são instrumento as cartas trocadas entre eles. Neste sentido, as ideias de Peter Gay encontram eco aqui.

Um dos instrumentos favoritos de autodefesa masculina era o desgastado, embora infatigável, clichê sobre a mulher como o sexo misterioso. Como outros chavões modernos, também esse tinha raízes na Antiguidade, e através dos séculos fora reforçado pelos mesmos traços que o homem primeiro estimulou na mulher, para depois declarar sua total impossibilidade de compreendê-los. Atribuindo à mulher um caráter confuso e contraditório, o homem descobriu surpreso, que ela era a um só tempo tímida e ameaçadora, desejável e assustadora. Com o papel tradicional da mulher submetido a forte pressão, os homens do século XIX entregaram-se a essa atividade de maneira mais livre e mais desesperada do que antes.

A ardilosa realidade da condição feminina confrontou muitos homens da classe média – e muitas mulheres também – com a necessidade de classificar atitudes, de pôr preconceitos à prova, de tomar decisões. A auto-percepção do homem estava em jogo. Os sentimentos exasperados que essa situação provocou, e as numerosas controvérsias que ela gerou, só podem deixar atônitos aqueles que não conseguem perceber a preponderante parcela de sentimentos ocultos, existente na criação de atitudes sociais e ideologias políticas.

As leis e os hábitos sociais que governavam as relações entre os sexos no século XIX exemplificavam e exacerbavam a incerteza e o desconforto reinantes na cultura burguesa. Na verdade, os costumes aceitos por essa cultura, apesar de exibirem uma vitalidade espantosa, demonstram estar bem aquém da imortalidade. Ideias, ideais e relacionamentos, inalterados desde tempos imemoriais, eram vulneráveis a ataques e estavam abertos a correções. A esse respeito, à confusão gerada na então inalterada segurança masculina, opõe-se uma situação desagradável de temor:

> A mulher, criada por Deus para ser gentil e amável, tornara-se enorme, dona de fortes punhos e garras afiadas, capaz de derrubar o homem e deixá-lo estatelado. O pequeno menino escondido no homem do século XIX olhava para sua poderosa e imprevisível mamãe e tinha medo. A mulher vista como vampiro; o homem, como sua vítima, tal era, senão o consenso geral, pelo menos uma tendência bastante forte nos sentimentos dos homens franceses no século XIX. (GAY, 1988, p. 144.)

É claro que esse sentimento generalizado de que a virilidade estava em perigo constitui o outro lado da moeda da conhecida ficção de que a mulher é desprovida de qualquer apetite sexual: a ficção agora toma a forma de uma reação, tão avassaladora quanto inconsciente. A formação de reações faz parte do arsenal de defesas psicológicas que Sigmund Freud foi o primeiro a descobrir e a descrever: são manobras do inconsciente que convertem pensamentos proibidos ou horripilantes em seus opostos; o sadismo se transforma em pacifismo, o medo de efeminação, numa ostentação do machismo.

A sexualidade, em sua peculiaridade, nesse contexto, não é colocada em jogo, pelo menos de maneira explícita, no romance. Na mesma medida, na minha proposta de leitura, essa peculiaridade também não é ressaltada, ainda que possa vir a sê-lo. De qualquer modo, é interessante notar a força dessa imagem obsessiva da mulher perigosa, como demonstra Peter Gay, o que não deixa de ser explícito no texto de algumas cartas de António Nobre. É claro que o matiz da sexualidade não está explícito nessa passagem, no entanto, ela ilustra muito bem o correlato temor experimentado pelo homem. Exemplo disso pode ser encontrado no romance *Senhora*, de José de Alencar. Tome-se aqui, a título de ilustração, o que ocorre com a "inversão de papéis" que marca a performance do casal protagonista. Fernando Seixas se sente "humilhado" diante do olhar marcado pela "rispidez do gesto sempre harmonioso" da mulher de quem virá a ser o marido, ainda que não tenha sido ele a propor o casamento e, nem ao menos, tenha sido aquele que procurou pela mulher para cumprir o ritual social que a motivação sexual tão naturalmente acompanha no contexto do fim do século. A "denegação" da sexualidade feminina emerge como uma profecia que por si só se realiza, trêmula e angustiada. Negar à mulher os desejos eróticos naturais equivalia a resguardar a adequação sexual do homem. Qualquer que fosse seu desempenho, seria suficiente.

Tenho consciência de que esses pequenos apontamentos não dão conta do amplo quadro que essa proposta de releitura esboça. Por uma questão de conveniência, destaquei alguns deles para dar conta de, ao menos, apresentar o quadro geral desse exercício de leitura. No entanto, não posso deixar de reafirmar a pertinência dessa perspectiva, uma vez que a sexualidade, por um lado, é elemento tópico essencial na economia ficcional do Romantismo. Por outro lado, a cultura finissecular é obsessivamente marcada pela supremacia do masculino, o que faz com que o leitor caia na armadilha da superficialidade discursiva do romance romântico, em sua estratégia de (aparentemente) conceder à mulher um lugar e um papel que, definitivamente, apenas correspondem às exigências do modelo patriarcal. Por outro lado, com a incidência, na leitura do romance, do olhar homoerótico, pode-se perceber nuances que escapam a esse modelo e que emolduram outro horizonte de expectativas, próprio e interessante para o leitor que opera na perspectiva do referido olhar homoerótico.

É claro que não estou "denegando" essa possibilidade, nem esvaziando o consistente valor do processo de consolidação do poder que o feminino vai assumindo nesse quadro de referência cultural.

No entanto, o que não pode ser eliminado é o ponto de fuga da questão, ou seja, a evidência de que um discurso articulado pela leitura enfocada pelo olhar homoerótico do leitor atual, que faz com que um colorido diferente seja percebido no mesmo texto, de leitura já consagrada. Isso porque, partilhado pelos "homens românticos" – sejam eles autor, narrador e /ou personagem –, o olhar que busca elementos para a articulação do referido discurso é a chave de leitura da proposta, e sua consistência é inegável, uma vez que os parâmetros da masculinidade são uma estratégia essencial do Romantismo – e do Naturalismo também! – enquanto estética, no sentido que este termo sustenta, na perspectiva do pensamento de Michel Foucault. Assim, a meu ver, fica celebrada, mais uma vez, a comunhão interlocutória entre os Estudos Literários e os Estudos Culturais. Ainda que nunca separados e/ou separáveis, hoje eles se voltam para uma aparente dicotomia em nada incontornável, uma vez que a interlocução "essencial" se faz pelo exercício de leitura e pela utilização de operadores de leitura cada vez mais diferenciados e, por isso mesmo, instigantes. Mas isso já é outra história!

Sem dúvida, a homofobia dirigida aos homens contra os homens é misógina, e talvez essa seja uma associação transhistórica. Por "misógino" estou entendendo, aqui, não apenas a opressão ao que se chama de feminino nos homens, mas também o que é opressivo para as mulheres. O maior potencial de confusão pode ser encontrado nesse "detalhe". Devido ao fato de que a "homossexualidade" e a "homofobia" são – para qualquer um que deseje trabalhar com essas categorias – construções históricas, e devido ao fato de que parece haver uma preocupação intensa na articulação das duas em qualquer discurso crítico e/ou teórico, fica parecendo que o homoerotismo (como conceito operacional) leva a acreditar que não é possível desvencilhar os posicionamentos tradicionais dos estudos de gênero de qualquer tentativa de renovação. Isso é um equívoco: não se trata de separar definitivamente uma coisa da outra, mas de tentar um elo de articulação discursiva que ultrapasse os limites sociológicos e/ou antropológicos de que os estudos de gênero podem se fazer "presas" fáceis. Não se trata também de mera transposição de uma categoria por outra. Enfim, no lugar de falar em feminismo, falar-se-ia em masculinidade. Essa é uma possibilidade plausível, mas não cabível aqui e agora.

O fato é que toda essa investigação tem como ponto fulcral a tentativa de estabelecimento de novos parâmetros para uma teorização acerca da Literatura, a partir da ideia de que há espaço para a operacionalização de um olhar homoerótico na leitura da ficção. Assim não fosse, o modelo feminista de apreciação do *male homosocial desire*, segundo Sedgwick, desenha um novo mapa para as relações de sentido que essa visada proporciona. Esse mapa tem como perímetro, não os pressupostos da teoria feminista que (ainda que num sentido revolucionário de crítica, de reação) tomava o masculino como marco zero para estabelecer uma diferença, mas, numa outra direção, parte das relações "entre iguais" para tentar estabelecer as bases de um outro olhar (enviesado às vezes, mas instigante e sedutor); olhar que vai se voltar para um modelo inexistente na tradição, mas latente na produção cultural que essa mesma tradição legitima e institucionaliza. A repressão ao desejo homossexual em um homem é tão nefasta quanto a opressão do feminino, em suas potencialidades. O emprego psicanalítico dessa percepção, sem dúvida, tem sido dirigido e considerado, não contra a *homofobia* e sua força esquizofrênica, mas contra a *homossexualidade* – contra os homossexuais –, a favor de uma associação entre "homossexualidade" e enfermidade mental.

Essas considerações levam a supor que o pensamento ocidental, de maneira generalizada, trabalha a partir de dicotomias e/ou binarismos que, às vezes, não dão conta de articular os discursos que a cultura produz. Na sua representação literária, esses discursos ainda são submetidos a uma espécie de perversão de segundo grau, dado que a instância do narrador é quem vai interferir diretamente na sua elocução narrativo-ficcional. Depois dele, a personagem acompanha o mesmo movimento, fazendo aumentar a espessura de opacidade do "verdadeiro" sentido do discurso explicitado no/pelo texto. Em outras palavras, a literatura colabora para a manutenção de uma outra hipótese: ainda que seja possível pensar binariamente, tal posicionamento não deve restringir-se a recusar sumariamente outra(s) possibilidade(s) de análise e/ou crítica. Tal flexibilidade cria e mantém um espaço interessante para as teorizações que a partir de tais binarismos possam vir a ser construídas. Parece haver, enfim, uma contribuição da perspectiva que celebra o desconstrutivismo, como prática hermenêutica competente, em se tratando de uma cultura multifacetada como a atual:

> It is an achievement of deconstruction to show the limitations of binary logic in theory and its often pernicious effects in practice; to show how binaries, far from being eternal necessities of cultural organization, or essential, unavoidable attributes of human thought, are unstable constructs whose antithetical terms presuppose, and can therefore be used against each other. Meaning becomes an effect of difference and deferral. Because its terms are vulnerable to inversion and its structure (via inversion) to displacement, the continued existence of the binary is never guaranteed; it has to be maintained, often in and through struggles over representation. In particular, the terms of the dominant/subordinate binary never denote homogeneous static blocs; the dominant is only ever the more powerful and (possibly) repressive side of a shifting relationship or series of relationship, which interconnect, often asymmetrically. Thus, any individual typically occupies diverse subject positions, some of which may be dominant, some subordinate. All this is crucial for a study like this one, concerned as it is with several of the binaries which powerfully

organize our cultures: natural/unnatural, masculine/feminine, hetero/homosexual; with what hold them in place socially, and what is necessarily disavowed in their political effectiveness – with, in other words, what enables them to endure and yet also renders them unstable. (DOLLIMORE, 1991, p. 64-65.)

Confusões semelhantes têm marcado as discussões acerca da relação entre "homossexualidade" e fascismo, por exemplo. À medida que a natureza historicamente construída da "homossexualidade", enquanto instituição cultural, torna-se mais plenamente conhecida, será possível compreender essas distinções num contexto teórico mais exato e menos preconceituoso. Esse argumento já foi mencionado aqui, quando da referência ao trabalho de Jurandir Freire Costa, principalmente quando ele analisa a construção do conceito de homoerotismo, infinitamente mais rentável discursiva, semiótica e ideologicamente que o conceito de homossexualismo – definitiva e inexoravelmente marcado pelo positivismo tacanho do final do século XIX, o que levou (inclusive a Teoria da Literatura) à eleição de valores, parâmetros, critérios e posicionamentos igualmente tacanhos, principalmente se tomados *au pied de la lettre*, na atualidade. Haveria, então, a necessidade de uma espécie de dessacralização do que se conhece como masculinidade, não apenas por vias morais/éticas, mas discursivamente construídas ao sabor da necessidade interpretativa, crítica e teórica que, sobre a cultura, se projetaria. Em síntese, os estudos de gênero estabelecem um programa intelectual no qual as tarefas críticas mais importantes são: a especificação da sexualidade, a análise dos posicionamentos anti-homofóbicos, a desnaturalização da heterossexualidade em termos amplos e mais estreitamente relacionados com a investigação literária, principalmente no que diz respeito aos "problemas" de representação que essa mesma investigação evoca e exige.

Pode parecer que a Teoria da Literatura não está contemplada neste contexto de investigação. Ou, por outro lado, pode parecer que este mesmo campo não abre espaço para a inclusão dos estudos afeitos à Teoria da Literatura. Isto é apenas aparente. O fato é que, quando se trata de Ciências Humanas, a lógica da subjetividade fica como que posta na berlinda. Não no sentido de ser questionada em sua falibilidade, mas como vetor de orientação de todos os "comportamentos" epistemológicos que é capaz de assumir. Consequentemente, estes comportamentos vão ser percebidos, viabilizados, analisados e assumidos através de produções discursivas que a partir deles são construídas. Neste sentido, é nesta chave de questionamento que a Teoria da Literatura vai traçando o seu próprio caminho.

O primeiro passo, aparentemente mais óbvio, é o desejo de se constituir uma espécie de cânone, tanto do ponto de vista teórico, quanto do ponto de vista do corpus a ser pesquisado. Isto levaria à aceitação tácita da existência de uma literatura homoerótica – compreendendo aqui a sua faceta "identitária": *gay* ou lésbica – para então se proceder às articulações anunciadas como possíveis. No entanto, a (re)construção pretendida vai além disso, pois tenta redirecionar as possibilidades discursivas da própria Teoria da Literatura, a partir da inflexão do olhar homoerótico. Desloca-se o fazer teórico de um lugar de observação para um espaço de construção de conhecimento. Nesta entorse, o horizonte de expectativas se alarga, dado que o pressuposto cânone deixa de se fazer *conditio sine qua non* para esta prática. Em seu lugar, é o fazer teórico que ganha relevância, sem deixar de respeitar o perímetro do cânone, flexibilizado, é claro.

De qualquer maneira, a observação, estudo, análise e interpretação de uma possível literatura *gay* ou lésbica pode oferecer material interessante para a Teoria da Literatura "reconstruída". Este *corpus* constitui uma fonte de elementos interessantes e consistentes para a (re)construção da própria Teoria da Literatura, além de, simultaneamente, questionar (dinamicamente), mais uma vez, o caráter "necessário" de um cânone. Existe, então, a demanda por uma agenda de estudos que pode ser viabilizada por essa mesma (re) construção da Teoria da Literatura. A necessidade de uma "agenda" se justifica, uma vez que o trabalho de investigação que se constitui a partir da interlocução anunciada – Literatura e Homoerotismo – leva a pensar na pesquisa como um "projeto", no sentido etimológico do termo, uma vez que a leitura, assim considerada, atinge espectros amplos de abordagem do fenômeno cultural chamado literatura. Isto procede caso se crie espaço para a colocação e a articulação de seus discursos frente a frente com o homoerotismo. Tal perspectiva, então, está, de certa forma, circunscrita, ainda que se deseje negá-lo, a uma operacionalização dos possíveis sentidos de "identidade". Digo isso porque a abertura político-ideológica dos Estudos Literários, louvada e histericamente defendida por uma parcela dos que acreditam estar desenvolvendo atividades restritas ao campo dos "Estudos Culturais", não permite (ainda) dizer que a homofobia não é um de seus sustentáculos ético-morais.

Para que o projeto de (re)construção dê certo e se desdobre de maneira aproveitável, é mais que necessário abrir espaços e defender a procedência da institucionalização de procedimentos teóricos e metodológicos fundamentados, para a interlocução entre Literatura e Homoerotismo. Em vista do inumerável conjunto de esforços individuais, e, mais recentemente, de um grupo de pesquisadores que se reuniram sob a égide da interlocução proposta, desenvolvendo esforços mais que louváveis nessa direção, esta demanda é incontornável. No entanto, esse trabalho ainda carece de uma certa "visibilidade institucional" que, a meu ver, virá a seu tempo, da forma mais consistente possível.

As discussões acerca desses conceitos podem ser consideradas um problema, uma vez que os parâmetros nem sempre apontam para constantes que possam ser consideradas como vetores de uma totalidade, mas fazem ressaltar as diferenças, as variações. Na verdade, não acredito que seja possível falar numa "identidade" *gay*. Isso representaria o reconhecimento de uma literatura "particular" que pudesse ser identificada sob essa denominação. Não se trata disso, aqui, como vai ser visto. Ademais, haveria um longo caminho de discussão a ser perseguido.

No entanto, dois conceitos operacionais, essenciais, já foram trabalhados e terão, a meu ver, que continuar sendo, para que essa agenda não se perca em "futilidades" ou devaneios em nada consistentes: homoerotismo e homossociabilidade. Trata-se de dois conceitos que, para além das fronteiras do nacional ou do limítrofe, apresentam uma dinâmica do pensamento dos textos culturais que se produzem, apontando as principais constantes na construção desses mesmos textos, enquanto espaços de representação de uma diferença a ser considerada em sua autonomia estética, social e ideológica. Esses dois conceitos parecem corroborar a minha convicção de que, qualquer que seja a direção adotada para o desenvolvimento desse nível de trabalho, não se pode perdê-los de vista na orientação dos discursos que a partir daí se constituírem. É claro que a autonomia não vai ser posta de lado, mas, em termos de uma agenda, estou pensando numa direção comum, como um caminho a ser trilhado respeitando as subjetividades envolvidas:

> Devemos ressaltar que essa integração não se confunde com a volta de um subjetivismo, ou seja, com ideia de que a experiência propriamente científica deveria abandonar qualquer pretensão de objetividade, uma vez que a presença de intenções os afastaria necessariamente da possibilidade de apreender o caráter independente ou externo das estruturas apreendidas cientificamente. Se, por um lado, esse caráter independente e externo está posto em questão pela não-eliminável referência ao observador, por outro,

já não se pensa mais a ciência como um sujeito psicológico ou filosófico cujas categorias intelectuais determinariam, *a priori*, o que legitimamente ele é capaz de pensar e de conhecer (...).

Deve ficar claro que não nos contentamos com uma concepção de objetividade cuja forma específica de legitimação se apóie em uma teoria consensual da verdade. Muito menos abonamos concepções logicistas sobre o verdadeiro cuja forma de legitimação se apóia na derivação lógica de uma proposição científica dos fatos. (KAHL, 2000, p. 178-179.)

O que estou fazendo, em certo sentido, tem uma consequência "lógica" no campo dos estudos que se dirigem à discussão do próprio fazer científico. A verdade não vai ser o ponto de fuga, dado que sua concepção é atravessada, como já ficou referido, pela subjetividade do sujeito, o leitor. Estes procedimentos especulativos são mais que necessários para dar prosseguimento a qualquer tipo de teorização que se faça desejada e/ou necessária. Procuro, aqui, delinear as linhas mestras de uma orientação metodológica no que diz respeito, principalmente, aos cuidados relativos a um *corpus* de pesquisa sempre possível. O desdobramento de ideias, implícitas, é suficiente, aqui, para a apresentação dessas mesmas ideias. Não consigo entender uma proposta de leitura, na perspectiva aqui anunciada, sem esse olhar, para que a prospecção ganhe em consistência e coerência.

A diversidade de abordagens tentando dar conta de uma pluralidade de leituras e de perspectivas do "texto cultural" que a Modernidade legou em todos os campos do conhecimento, a partir da leitura de textos literários (e essa observação não é gratuita, nem superficial!), é um dos argumentos que, acredito, sustentam a viabilidade de tal projeto. A variabilidade de manifestações artísticas e de *backgrounds* teóricos e metodológicos, constituindo uma louvável multiplicidade de componentes de um possível *corpus* de pesquisa, é outro desses argumentos. É claro que não desenvolvo aqui um raciocínio acerca de todos esses tópicos. Apenas vislumbro alguns encaminhamentos, o que, por si só, já levanta questões que, além de pertinentes à proposta inicial, explicitam dúvidas e probabilidades que devem ser examinadas com todo o cuidado. As referências que faço notar apontam para a necessidade de não deixar que se perca a oportunidade de estar sempre atento para o que vai sendo produzido em termos de uma literatura homoerótica – o que já é um desdobramento da investida do olhar homoerótico – nesse caso, a partir de seleção prévia, por critérios particulares. Não resisto à tentação de dizer alguma coisa de antemão. Na verdade, a questão do *corpus* coloca, de imediato, um problema de circunscrição e eleição.

Seria estritamente necessário trabalhar com o que quer que seja uma "literatura *gay*"? Esta questão, repetidas vezes, alentada ao longo de meu raciocínio, volta a ocupar um espaço de questionamento. Será que não se pode optar por leitura de obras que não "sejam" especificamente assim identificadas, encontrando nelas as estratégias discursivo-narrativas que as abonem como parte constitutiva desse *corpus*? O meu posicionamento aponta para a segunda opção, uma vez que acredito que uma literatura não pode ser lida apenas a partir do que se convencionou chamar de seu "cânone"; pelo simples fato de que esse conceito encerra nuances e variações que comprometem a constituição de um conjunto cristalizado de obras que o componham. É nessa direção que aponto as minhas observações.

A definição do que seja uma "literatura homoerótica" (para não abrir brechas com uma discussão sobre a definição de conceitos como "*gay*" e "lésbica", o que desviaria a linha de raciocínio perseguida aqui) passa pela necessidade de se fixar uma certa fronteira, para que se possam arrolar os textos que fariam parte desse elenco de obras. Nesse sentido, vejo uma possibilidade interessantíssima de trabalho, que ultrapassa e muito a tarefa de enumerar o *corpus* e fazer dele uma leitura. Trata-se de um trabalho que eu chamaria de análise do discurso literário homoerótico. Adotados os dois componentes operacionais básicos – homoerotismo e homossociabilidade – o trabalho seria desenvolvido no sentido de, em lendo as obras canônicas e não canônicas (principalmente essas, por certo!), levantar nelas e analisar a partir delas o discurso homoerótico que nelas se explicita, tentando estabelecer interlocuções com os diversos matizes da crítica literária que insiste em colocar tais obras num conjunto especial de realizações literárias nacionais, quando o fazem.

Eu me explico. Vamos ao caso de Frederico Lourenço. Sua entrada no cânone da Literatura Portuguesa se deu, de certa forma, não por sua peculiaridade temática, o homoerotismo que exacerba as relações humanas explicitadas em suas narrativas, mas por conta de operadores mais tradicionais (eu arriscaria a dizer que, na verdade, são operadores "homofóbicos"): a filosofia existencialista (solidão, amargura, relacionamentos confusos e atormentados); a psicanálise (latências afetivas, sonhos, imaginário, fantasias e devaneios); a ideologia (protesto, guerrilha, revolução sexual e cultural, etc). O "tema" do homoerotismo aparece já no primeiro romance de uma trilogia – *Pode um desejo imenso* – como motor da relação entre professor e aluno que redireciona o comportamento daquele, em função do afeto investido.

Não se trata efetivamente de abandonar a questão operacional de um olhar homoerótico, para retornar a uma abordagem mais textualista no âmbito da Teoria da Literatura. No entanto, estas mesmas questões se justificam metodologicamente, dado que o texto é o suporte mínimo necessário para a operacionalização do referido olhar. Sendo assim, a textualidade de que se reveste o olhar homoerótico e da qual ele vai sempre depender acaba por se constituir num tópico importante que não pode simplesmente ser deixado de lado, em momento algum.

Essas são apenas especulações para, de certa forma, estabelecer um parâmetro mínimo de orientação do que eu suponho seja um *corpus* interessante de pesquisa. Digo isso porque, numa outra perspectiva, há textos canônicos, no sentido mais restrito do termo, que suportam uma leitura do referido olhar homoerótico, como é o caso das cartas de António Nobre e Alberto de Oliveira. Elas são exemplos, entre tantos, do que estou chamando de *corpus* de pesquisa: toda a literatura que não tem sido "chancelada" pelo cânone, nesse caso, constituído a partir dos dois já referidos conceitos operacionais básicos. Esta referência não estabelece contraposição ao que venho desenvolvendo. Afirmo isto, dado que, a simples consideração de diferenças leva a uma tomada de posição crítico-teórica que, em nada e por nada, pode/deve descartar qualquer possibilidade e/ou elemento de especulação. Deste modo, celebro a diversidade de opiniões, assim como a de posicionamentos críticos, sempre levando em consideração o princípio da multiplicidade:

> Alguém poderia objetar que quanto mais a obra tende para a multiplicidade dos possíveis mais se distancia daquele *unicum* que é o *self* de quem escreve, a sinceridade interior, a descoberta de sua própria verdade. Ao contrário, respondo, quem somos nós, quem é cada um de nós senão uma combinatória de experiências, de informações, de leituras, de imaginações? Cada vida é uma enciclopédia, uma biblioteca, um inventário de objetos, uma amostragem de estilos, onde tudo pode ser continuamente remexido e reordenado de todas as maneiras possíveis. (CALVINO, 1990, p. 138.)

Recorro aqui, mais uma vez, à argumentação instigante de Eve Kosofsky Segdwick, num artigo publicado no livro *Tendencies*, por ela editado. A autora argumenta que, quando falamos de nacionalidade, falamos de nós mesmos e vice-versa, nos parâmetros que a História vai constituindo nessa direção. Não há como escapar disso. Aí estaria, a meu ver, uma ponte para o exercício da historiografia

literária, a partir da operacionalização dos conceitos de homossociabilidade e homoerotismo, na constituição desse cânone outro de
que falo. Tal possibilidade se circunscreve, sem dúvida, ao escopo
de atividades teóricas que podem ser desenvolvidas sob a égide
desse novo "olhar" sobre a produção literária em geral.

É evidente que não estou pensando aqui em colocar como operador a mais o conceito de uma "identidade" para a Literatura.
É claro que essa discussão ganha em consistência, profundidade e
pertinência, quando se trabalha dentro dos parâmetros dos Estudos
Culturais. No entanto, penso eu, não caberia pensar numa "identidade" aqui. Para terminar, penso que não se pode perder de vista
o caráter historiográfico que marca o exercício hermenêutico que
estou propondo, no âmbito da Teoria da Literatura, constantemente
realizado. Isso também é fazer História da Literatura, pelo menos,
como desejava Jauss em sua "provocação".

Como conclusão deste passo, precária e circunstancial, cabe uma
pequena argumentação complementar: algumas considerações finais
acerca de alguns pressupostos teóricos que fundamentam a metodologia adotada. Não se pode aqui cair na falácia da redução dessa
prática teórica, enquanto busca de determinação de uma suposta
identidade homossexual essencialista e pré-determinada. Não estou
falando de "representação" do homoerotismo na Literatura, mas sim
de configurações literárias do mesmo, ou seja, o meu desejo é que
se veja, na linguagem e através dela, que as experiências se fazem
enquanto tais no momento mesmo em que se dizem: é no espaço
histórico e social da(s) linguagem(ns) que procuro detectar as diferentes experiências homoeróticas que chegaram a se configurar
nos textos citados, nos demais textos que compõem o *corpus* de
pesquisa e os que poderão vir a fazer parte dele.

O emprego do termo homoerotismo, no lugar de homossexualismo, se justifica, antes de mais nada, porque não está sendo tomado
aqui no contexto médico-legal e psiquiátrico que forjou a noção de

"homossexual" na segunda metade do século XIX. Além do mais, é necessário passar ao largo da problemática noção de orientação sexual, em seus vários desdobramentos e, sobretudo, em contraste com a noção de opção sexual. Por fim, não desejo, com isso, transformar um adjetivo (homossexual) em substantivo (o homossexual), dado que não é possível definir, caracterizar e nomear um tipo de pessoa, independentemente do contexto cultural, *lato sensu* em que se insere. Essa opção não quer dizer que eu ignore ou minimize a complexa questão das identidades e das sub-culturas, no contexto atual dos Estudos Culturais.

Essas considerações abrem duas perspectivas extremamente importantes para o estudo que aqui se propõe. A primeira delas nos levaria a sublinhar o caráter histórico e contingente da própria noção de identidade e do papel que esta desempenha na cultura ocidental. Chegando à segunda perspectiva de que falei, num estudo como o que se propõe aqui, não se pode nem se deve aplicar retrospectivamente as identidades *gay* e *queer*. O que cabe aqui é procurar entender outras formas históricas e, nesse caso em particular, literárias, de apreensão e compreensão dessas experiências, em suas especificidades e contexturas próprias: procurar equacionar os elementos de complexidade da própria representação passível de ser percebida.

O que vai aqui dito é simplesmente uma tentativa de síntese de um longo e intrincado processo de investigação teórica acerca da Literatura. O pressuposto básico é o de que é necessário, mais que possível, produzir um conhecimento específico acerca do literário, para que esta "disciplina", a Teoria da Literatura, não se torne apenas um exercício retórico de descrição de um objeto alheio a este mesmo exercício. Daí a ideia de que a leitura do texto literário não perde, nunca, a sua efetividade. O conhecimento teórico que se procura produzir, então, terá a marca do exercício da leitura crítica que interpreta, projetando sentidos discursivos possíveis, a partir de uma subjetividade que se constitui e se submete, paradoxal e simultaneamente, neste mesmo discurso. O leitor deixa de ser a figura decorativa entronizada por um acerta tradição teórica, para ocupar o lugar de cento do discurso teórico-crítico-interpretativo da literatura, instituído a partir dos estudos da Estética da recepção.

Assumido este pressuposto, é possível conceber o "olhar" do leitor como o elemento agente desta construção discursiva que é a Teoria da Literatura, pois é a ele que a subjetividade autoral se dirige. Nesses termos, pensar estas subjetividades voltadas e/ou marcadas pela sexualidade, e mais, uma sexualidade que procura a identificação entre seus "iguais" – estou aqui me referindo ao que denomino de olhar homoerótico – faria desta legítima instância discursiva, textual, um operador a mais para a leitura do que a literatura está a produzir. Tal possibilidade causa um estranhamento justificável que, nas palavras de Eagleton, remonta aos formalistas russos:

> Os formalistas começaram por considerar a obra literária como uma reunião mais ou menos arbitrária de "artifícios", e só mais tarde passaram a ver esses artifícios como elementos relacionados entre si: "funções" dentro de um sistema textual global. Os "artifícios" incluíam som, imagens, ritmos, métrica, rima, técnicas narrativas; na verdade, incluíam todo o estoque de elementos literários formais; e o que todos esses elementos tinham em comum era o seu efeito de "estranhamento" ou de "desfamiliarização". A especificidade da linguagem literária, aquilo que a distinguia de outras formas de discurso, era o fato de ela "deformar" a linguagem comum de várias maneiras. (EAGLETON, 1983, p. 4.)

O que o autor parece não ter notado e, por conta disso, não deu a devida importância, foi o fato de que a arbitrariedade é o traço fundamental da subjetividade e esta não tem regras universais e fixas para se expressar, seja em linguagem comum, seja em linguagem literária. De mais a mais, talvez fosse o caso de se associar esse "estranhamento" provocado pela linguagem literária, nas palavras do autor, a uma percepção inconsciente de que um sujeito "outro" se explicita no exercício dessas mesmas possibilidades "técnicas" anunciadas, que caracterizam o fazer literário. Não estaria aqui uma oportunidade de se pensar, nos termos da linguagem literária, em um princípio de sexualização da Literatura? Na altura do Formalismo Russo, não é equivocado considerar a influência das ideias freudianas acerca do assunto e perceber seu impacto no desenvolvimento teórico das próprias Ciências Humanas, de maneira geral. Afinal de contas, um novo "paradigma" já estava posto.

As ideias de arbitrariedade, artifício e funções, no raciocínio de Eagleton, levam a pensar na ideia *mater* do Formalismo: o desvio. Essa noção, relacionada diretamente a seu oposto, a noção de norma, na perspectiva linguística dos formalistas russos, pode ensejar uma visada homoerótica, ao explicitar a possibilidade crítica de uma espécie de norma outra, que aponta para a escrita da homotextualidade, sem a preocupação de manter uma ética (ainda que implícita) da legitimação hegemônica da literatura. Isso faz retomar os caminhos do "cânone", em seu processo de constituição crítico-discursiva, estabelecendo "normas" secundárias para reconhecimento de "valor" literário das obras. Este estabelecimento, por sua vez, far-se-á modificado pela perspectiva do pretendido olhar homoerótico.

Com a inserção da ideia de um olhar homoerótico, como mediação operacional, esse tipo de dicotomia deixa de existir, enquanto critério de legitimação e quebra com o influxo do pensamento "formalista". Este, por sua vez, pode sustentar a celebração do desvio como a citada norma "outra". Em outras palavras, o que se destaca como vetor de orientação da busca de uma literariedade fundadora do estatuto do literário, para os formalistas russos, acaba por constituir-se como um vetor outro, apontado para a inserção do olhar homoerótico, enquanto olhar desviante – em relação à tradição hegemónica –, desenhado um horizonte de expectativas também outro. Tanto no Formalismo, quanto na interlocução entre literatura e homoerotismo, o que se destaca é o papel do desvio, como o elemento de orientação e discussão do perfil discursivo que a Teoria da Literatura desenvolve, enquanto produção de conhecimento, quando da abordagem do literário, texto cultural diversificado e, por isso mesmo, afeito a essas novas visadas críticas.

Mais importante que isso, a ideia de desvio de linguagem – fundamental para os formalistas russos – é a chave do equacionamento que o olhar homoerótico propõe. Ou seja, para os formalistas, a literatura se constitui – enquanto trabalho estético com a linguagem – se, e somente se, souber explorar os desvios que essa mesma linguagem deixa entrever. Estabelece-se, então, uma "norma", a qual tem de ser "esquecida" para que a criação apareça. Ora, toda norma pressupõe o seu próprio desvio e a constância deste acaba, por sua vez, constituindo outra norma.

No caso do Formalismo, por que não considerar o desvio linguístico como a explicitação *poética* de desvios outros, de ordem vária? Subscrever a Teoria da Literatura à consideração dos desvios da linguagem *per se* é denegar um princípio constitutivo da própria linguagem: a subjetividade. Esse é o *nó* do Formalismo, na perspectiva do olhar homoerótico: a redução do exercício interpretativo/ teórico da Literatura *apenas* como linguagem, como texto. Não há como negar a participação da subjetividade nesse processo, e isso é tudo aqui. Como (pré) determinar, apenas na expressão linguística, o desvio como norma a ser considerada crítica e/ou teoricamente? Esta impossibilidade sustenta a hipótese de revisitar o Formalismo russo, na perspectiva desenhada, dado que nesta a ideia de desvio ganha espessura, desvinculando-se do perímetro linguístico, em tudo e por tudo redutor. Em outras palavras, articulam-se duas dimensões que caracterizam de certa forma, o exercício de leitura crítico-interpetativa da Teoria da Literatura: a dimensão poética e a dimensão hermenêutica.

Por outro lado, como circunscrever o texto – produto do desvio linguístico – à sua expressão poética de um exercício racional de utilização da língua? O sujeito, para além de suas determinações conscientes – Freud àquela altura já tinha feito suas advertências – explicita pela língua um universo incomensurável de motivações inconscientes; todas elas, de maneira geral, marcadas pela sexualidade em sua multiforme expressão. Denegar isso é como dizer que a linguagem é uma entidade autônoma e independente. Cada um de nós está cansado de saber que não é assim que as coisas funcionam... Entretanto, a aproximação entre o Formalismo russo e a intervenção do olhar homoerótico sobre a literatura, encontra um ponto comum, ponto de fuga que os aproxima e faz com que os dois passem por uma interação no sentido de voltar-se para as possibilidades infinitas de leitura. O "desvio" dos formalistas russos, em tudo e por tudo, não deve ser afastado do "desvio" – moralmente condenado – que pode ser explicitado pela operacionalidade do olhar homoerótico. Tanto numa, quanto noutra direção, é a ideia de fuga de uma "norma" que se apresenta como panorama ao qual o olhar crítico deve se voltar.

Fica patente, ainda que de maneira um tanto superficial, que o Formalismo russo provoca o ocultamento da alteridade do sujeito, na alteridade da linguagem. Sua visada crítico-teórica fazia *tabula rasa* das diferentes possibilidades de alteridade, resumindo-as todas na própria ideia de desvio. Ora, ainda que, aparentemente, tenha faltado aos formalistas russos a sensibilidade de perceber que a linguagem desviante – o que, ao fim e ao cabo, para eles, era a literatura – é a expressão de uma subjetividade outra, que se dirige a um interlocutor/sujeito, também outro; não se deve descartar a possibilidade de estabelecer uma interlocução entre este mesmo desvio – qualquer que seja – e o olhar homoerótico, na perspectiva mesma da (re)construção da Teoria da Literatura. Este detalhe, o da interlocução entre alteridades subjetivas (ou subjetivadas!) parece ter escapado aos formalistas russos, o que não chega a condená--los à execração total. Pelo contrário, é por isso mesmo que esta perspectiva de abordagem se faz interessante aqui. É quase inconcebível acreditar que eles tenham deixado escapar esse "detalhe", uma vez que todo o seu trabalho está imbuído da força operacional da alteridade da linguagem literária. A redução por eles produzida foi profunda, mas pode, hoje, ser resgatada com a operacionalidade do olhar homoerótico.

Por outro lado, pode-se inferir certo sentido tautológico, amarrando o tecido de leituras sucessivas e intrinsecamente ligadas, fazendo pensar na distância entre as concepções de linguagem consideradas, respectivamente, pelos formalistas russos e por exemplo, pelo próprio Foucault. Instituindo o discurso, como espaço de representações significativas operadas pela leitura, o desvio deixa, definitivamente, de ficar circunscrito ao campo de ação da linguagem *per se*. O sujeito, no caso, o leitor, vai ser então o responsável pela articulação dos sentidos múltiplos de que fala Foucault, que tem a sua tese sobre a imponderabilidade do poder da linguagem por ela mesma, corroborada. De certa forma, remonta-se aqui à ideia de transgressão, implícita nas argumentações que o pensador francês desenvolve acerca do conceito de poder, o quê, ao final das contas, aparece articulado ao conceito de discurso, na dicção do mesmo pensador:

> O jogo dos limites e da transgressão parece ser regido por uma obstinação simples: a transgressão transpõe e não cessa de recomeçar a transpor uma linha que, atrás dela, imediatamente se fecha de novo em um movimento de tênue memória, recuando então novamente para o horizonte do instransponível. Mas esse jogo vai além de colocar em ação tais elementos: ele os situa em

uma incerteza, em certezas logo invertidas nas quais o pensamento rapidamente se embaraça por querer apreendê-las.

O limite e a transgressão devem um ao outro a intensidade de seu ser: inexistência de um limite que não poderia absolutamente ser transposto; vaidade em troca de uma transgressão que só transportaria um limite de ilusão ou de sombra. (FOUCAULT, 2001, p. 32.)

Em termos gerais, a Teoria da Literatura, em todos os seus momentos, tomou em consideração o leitor, mas sempre em relação ao texto. Exemplo disso é o conjunto de investigações do Formalismo russo, como aqui referido. Apesar de ser tomado sempre como uma das correntes textualistas, o Formalismo não prescinde do leitor, uma vez que a ideia de desvio só pode ser pensada a partir desse pressuposto. É absurdo pensar num grau de autonomia tal, para a linguagem, que fosse capaz de produzir seus próprios desvios.

Na verdade, é a arbitrariedade do sujeito que utiliza a linguagem é que vai determinar esse grau de desvio. A intensidade, o objetivo e a instrumentalidade desse desvio respondem a uma demanda de desejo do sujeito e não da linguagem, pois que esta existe em função daquele e vice-versa. Há, portanto, uma relação de interdependência intrínseca nessa interação, não sendo possível hierarquizar, na linha do tempo, qual dos dois elementos "vem primeiro". Esse detalhe, aparentemente banal, óbvio e superficial, é o olho do furacão do/ no ideário formalista. A linguagem, como disse, não tem autonomia para se livrar disso.

Ora, ao postular o desvio como marca da linguagem literária, o Formalismo russo está, implícita – e eu arriscaria a dizer, inconscientemente – invocando o sujeito, utilitário da linguagem. Ele se constitui nela e essa crença é tudo. Não há como escapar dessa ilação. Mais adiante, quando a ideia de desvio é substituída pela de horizonte de expectativa – a generalização, aqui, não fere o princípio epistemológico da Teoria da Literatura, nesses dois momentos de sua História: o Formalismo e a Estética da Recepção –, o sujeito continua presente, dessa feita, explicitamente.

Em qualquer uma das duas situações em que o sujeito "aparece", acredito ser possível pensar no olhar homoerótico, como um farol. Esse olhar, no primeiro caso, apontaria para o desvio de linguagem, como um subterfúgio linguístico para a constituição de subjetividades complexas, que poderiam ser chamadas de alteridades. É a dinâmica constitutiva que vai poder ser percebida e "aproveitada" pela própria Literatura, em primeira instância e por sua teorização, em segunda. Um bom exemplo dessa situação é o tipo de ambiguidade que se instaura quando o sujeito da enunciação e o sujeito do discurso pertencem a gêneros diferentes, como em várias canções de Chico Buarque ou, mesmo, nas cantigas de amigo da lírica trovadoresca. Quando o "poeta" fala no feminino, abre-se, de maneira inequívoca, a possibilidade de expressão de um amor nem sempre "autorizado" pelo contexto sociocultural. Mais ainda: é todo o sistema disciplinador de gêneros, sexualidades e papéis que se revela como convencional. Esse travestismo poético é pouco explorado e pode render leituras interessantíssimas de algumas dessas canções ou cantigas. Por outro lado, as relações entre dois homens, por exemplo, podem explicitar, ainda que nas entrelinhas, uma homoeroticidade insuspeitada, como seria o caso, por exemplo, do conto "O sorvete", de Carlos Drummond de Andrade; ou de "Pílades e Orestes", de Machado de Assis; ou ainda "Frederico Paciência", de Mário de Andrade.

Em síntese, o que se pode reafirmar conclusivamente é que o olhar homoerótico não deve se restringir a sujeitos homoeroticamente atraídos, mas alargar o campo de visão da leitura proporcionada anteriormente pela homossociabilidade manifesta e aceita pela hegemonia da cultura androcêntrica heterossexista na/da tradição. Em outras palavras, não se trata de postular um gênero exclusivo para o exercício teórico da Literatura, mas proporcionar a ela a oportunidade de examinar outros quadrantes expressivos e representacionais. O discurso ficcional engendra situações que o discurso teórico pode "explicar" – não exatamente no sentido clássico e, por que não, ultrapassado do termo. Cabe à Teoria da Literatura, esse exercício semiótico de articulação de signos culturais – e a sexualidade está inclusa em tal conjunto, sem dúvida.

Estas considerações dão outro colorido aos impasses que a operacionalização do olhar homoerótico pode trazer para a Teoria da Literatura. No entanto, parte destes impasses pode ser esclarecida se se retomar o conceito criado por Foucault em sua genealogia da sexualidade. O que se pode entender por "moral" ou "ética", a partir deste pressuposto, é um código de regras ideais de conduta e procedimento interpretativo. A crise é o conflito com o código, determinado pelo afastamento das condutas práticas do modelo ideal. O conceito central, nesta forma de raciocínio, é o de transgressão. O conjunto de prescrições metodológicas, que pode atingir, às vezes, o estatuto de princípios morais é o que permite julgar a gravidade das infrações cometidas. A conduta emergente é sempre definida de forma negativa. A lógica da apreciação é feita por subtração. Comparam-se as ações intencionais com os grandes princípios do código e faz-se o cálculo da deficiência. O que vai mal é o que falta. Esta falta é o "pulo do gato" aqui. Na esteira deste raciocínio, pressinto os ecos do Formalismo russo e suas ideias acerca do "desvio de linguagem".

Como resultado de uma interlocução com o sujeito, esta linguagem não pode ser tomada objetivamente, o que leva à constatação de que o desvio que ela expressa pode ser uma decorrência de igual desvio do sujeito. Nesta dialética, a leitura do desvio, por parte da teoria e da crítica, visando à constituição de uma teoria, também vai ser desviada de um certo "caminho do bem". A transgressão, então, se dá a perceber como única forma de se tornar plausíveis as propostas que dela mesma se podem inferir para o trabalho teórico, no caso específico dos Estudos Literários. Ocorre que tal constatação não é assim tão tranquila. Ela também se auto-questiona, enquanto processo de definição de princípios operacionais que, porque transgressores, não podem abolir uma certa ordem de definição de campos e valores a serem seguidos, por quem assim o desejar:

> Pensamos sempre que não agimos como seria bom agir porque uns transgridem as normas por cinismo e outros por ignorância. Os primeiros são autores ou cúmplices da imoralidade porque sabem o que é bom, mas manipulam as brechas do sistema social para obter privilégios ilícitos e injustos. Os segundos transgridem por inépcia; porque jamais souberam o que significa ser tratado como um sujeito moral. A convivência com o desmando ou visa à sobrevivência dos que não têm saída ou à saída mais fácil dos que sempre "se deram bem". (COSTA, 1995, p. 39.)

É claro que em termos sociológicos a situação acima descrita não é de difícil percepção. Na verdade, a sociedade atual está sendo (infelizmente) acostumada a conviver com situação de desmando, inépcia e privilégios que, nem sempre são explicados de maneira satisfatória. Da mesma forma, o circuito institucional da Teoria da Literatura, quando se toma, por exemplo, a universidade enquanto um microcosmo que explicita analogias com a sociedade como um todo pode ser um modo de analisar a mesma situação. O fato é que existe sempre uma tendência atávica dos estudiosos de estabelecer seus próprios limites, numa tentativa de determinar áreas de poder e circunscrição de ideias e procedimentos. O movimento é "natural", mas sempre causa uma dissensão que, por vezes, pode ser não muito positiva. O que desejo dizer é que a transgressão por ela mesma, não leva a nada.

No caso da Teoria da Literatura, dada a natureza absolutamente relativa de seus possíveis posicionamentos crítico-interpretativos, estas dissensões não produzem uma segurança metodológica e, mesmo, epistemológica. Assim, há que se retomar a prática, sempre de um ponto adiante, sem, no entanto, desconsiderar os pontos anteriores. Um movimento difícil, principalmente quando o desejo é o de determinação de campos de ação limitados, circunscritos a princípios supostamente universais e suficientes. Numa outra perspectiva, estes mesmos princípios, estes modos de agir generalizados, podem vir a ser considerados o desvio do que seria tido e havido como o "caminho certo".

Nesta perspectiva, não se pode deixar de lado a possibilidade de pensar a prática da leitura teórica e crítica como um instrumento político de conquista de espaço no vasto universo da cultura. Para que um suposto sistema de "valores" teórico-operacionais mantenha sua coerência, as causas devem poder funcionar como razões. Isto quer dizer que entre causas e efeitos tem de haver uma relação de plausibilidade. Os conteúdos racionais ou descritivos dos fatores causais devem apresentar certa homologia com os conteúdos dos efeitos. Os comportamentos transgressores vistos como "negativos" devem encontrar na raiz de suas causas fatos também "negativos". Mais uma vez, a ideia de desvio se faz importante e pertinente. O aspecto deficitário do que se tornou costumeiro no exercício produtivo da teorização deve refletir o aspecto deficitário dos eventos que levaram à determinação deste mesmo exercício.

As condutas impropriamente chamadas de transgressoras põem a nu, ao mesmo tempo, o fracasso das tentativas individualizantes em meio ao "mal-estar da cultura". Aqui, esse mal-estar pode ser percebido nas dificuldades de se vencer certos impasses epistemológicos que, ao longo dos anos, a Teoria da Literatura vem enfrentando. A determinação do que seja desvio, por exemplo, pode ilustrar um destes impasses. Isto se dá, uma vez que o Formalismo russo é tido e havido como uma "corrente" superada e, por isto mesmo, sujeita a um abandono que, em nada e por nada, deve ser subscrito. Sua "recuperação" parece ser o caminho mais adequado a um momento como o que se vive. Se pensarmos tudo isso na perspectiva de uma ética do comportamento sociocultural em que se inserem os estudos literários, não se pode deixar de constatar que a imoralidade é percebida como excesso ou omissão, desequilíbrio ou inadequação à norma. É como se houvesse a possibilidade de se prever todo tipo de transgressão e, consequentemente, seu controle seria viável. Quando se enfoca a linguagem, tal raciocínio não procede, comprovando a impossibilidade de um controle prévio. Nestes termos, trabalha-se sempre com a ideia de que a transgressão é um desafio constante. O fracasso na tentativa de vencê-lo pode ser lido como a representação da falência no desempenho pressupostamente esperado.

O discurso, como se sabe, já foi considerado uma função representativa da linguagem na época clássica. Agora, o discurso, considerado em sua materialidade ou como prática, é um conjunto de enunciados, isto é, uma espécie de dispersão pura – no sentido em que não tem princípio de unidade, dado por um objeto, um estilo, uma arquitetura conceitual, um tema –, mas a respeito da qual a "arqueologia" estabelece uma regularidade, ou um sistema de relações que funciona como "lei" desta mesma dispersão. O enunciado, neste quadro, é o elemento a partir do qual o discurso pode ser definido: uma função que torna possível relacionar um conjunto de signos, em primeiro lugar, com um domínio de objetos, ou com um referencial; em segundo lugar, com um espaço vazio que diversos indivíduos podem/devem preencher para se tornar sujeito, um espaço vazio em que diferentes sujeitos podem vir a tomar posição. Em conclusão, os discursos são feitos de signos, mas o que eles fazem é mais do que utilizar estes signos para designar coisas ou explicitar temas. É esse "a mais" que os torna irredutíveis à língua – e a seu perímetro de ação. É esse "a mais" que é preciso fazer aparecer e descrever. Não se trata de negar o conceito de linguagem – o que, equivocadamente, faria repetir a "condenação" do Formalismo russo e a operacionalidade de sua ideia de desvio linguístico –, mas de defender que o discurso é mais abrangente e multifacetado que esta. Seguindo essa "receita", condenar o homoerotismo como chave de leitura da correspondência entre António Nobre e Alberto de Oliveira é negar-lhes a natureza, recalcar seu fundamento afetivo em nome de uma pseudo "correção" científica. Isso não pode efetivar-se sob pena de cercear o olhar do leitor que perscruta o texto, qualquer que seja.

CAPÍTULO IV

DA MATÉRIA

"Eu não queria falar na frente desse rapaz, que é muito agradável e faz o seu melhor. Mas eu não o considero suficientemente agressivo. Ele tem um rosto encantador, mas quando ele me chama de um bruto imundo ele poderia estar apenas repetindo uma lição." "Eu lhe asseguro, ninguém disse uma palavra a ele", respondeu Jupien, sem perceber o quão improvável era esta declaração. "E, além disso, ele esteve envolvido no assassinato de um porteiro em La Villete." "Ah! isso é extremamente interessante", disse o barão com um sorriso.

Marcel Proust
A la recherche du temps perdu, v. 6

Em recente produção ficcional televisiva, uma personagem – jovem, magra, rica, famosa, como convém aos parâmetros ditos *up to date* da modernidade androcêntrica, branca, heterossexista – faz comentário irônico sobre o romance de José de Alencar, *O guarani*. Ela diz que foi preciso um tsunami para que o beijo entre os protagonistas acontecesse. E dá um risinho supostamente sardônico. Ela ainda completa dizendo mais ou menos assim: "aquela gente levava uma vida muito chata". A cena me lembra os anos 90 do século 20, quando eu ainda trabalhava na Universidade Federal de Santa Maria. Em visita a uma amiga, precisei escrever uma carta. Ela não tinha envelopes nem papel de carta. Fiquei surpreso e fiz uma brincadeira. Comentei que, em casa de professor, era impensável não haver papel de carta e envelopes. Em que pese o nada explícito caráter "acadêmico" destas duas situações a abrir este capítulo, reservo-me o direito de começa-lo assim mesmo. Há sempre uma diferença de compreensão do que seja acadêmico, científico, e estas duas situações ilustram bem essa relatividade conceitual, acompanhando o pensamento de Antoine Compagnon, sobretudo em seu livro *O demónio da teoria* (1999).

A ideia de senso comum cria – aparentemente de forma "natural" – certo conflito. O discurso corrente sobre a Literatura, que designa os pontos de referência para uma teorização, como acontece aqui, na abordagem de um texto constituído a partir da correspondência entre dois poetas, está sujeito, na sua base, a alguns questionamentos, haja vista o exame de pressupostos relativamente a certo número de noções fundamentais. Todo discurso sobre a Literatura assume posição implícita e/ou explícita em relação a seu objeto. O "caso" das cartas não é diferente. De mais a mais, como já tenho dito, o estudo de correspondências pessoais aponta – aqui indiretamente – para questões de cunho teórico, no que diz respeito aos estudos literários. Isso se dá em vista da consideração da correspondência – melhor dito, das cartas, sua matéria – como "gênero" com todas as peculiaridades que o constituem, agenciadas por este mesmo conceito.

"Senso" é substantivo masculino que indica qualidade de sensato. É sinônimo de prudência e leva apensar em circunspecção. O dicionário aponta que se trata de faculdade de julgar, de sentir, de apreciar. É sinônimo também de juízo, entendimento, percepção, sentido. "Comum" é adjetivo de dois gêneros. Indica alguma coisa relativa ou pertencente a dois ou mais seres ou coisas. Tem o sentido de usual, habitual. De certa forma, comum é algo (alguém) que se caracteriza pela simplicidade, mas pode denotar, pejorativamente, algo/alguém que não possui nenhuma elevação ou valor, que é reles, ordinário, insignificante.

Se estas duas palavras são suadas numa locução nominal "senso comum", todos esses significados se misturam. O uso corrente desta mesma alocução é, pode-se dizer, responsável por seu sentido pejorativo que se consagrou. No entanto, a prestar atenção nos elementos semânticos que compõe a expressão, conclusão oposta pode ser aferida. Ou seja, o senso comum não é "necessariamente" alguma coisa que se deva evitar por condenável, ruim, superficial, negativo, imprestável, comprometedor. Longe disso! O outro lado da moeda, menos valorizado – eu diria por conta de sua substancial obviedade – mostra que senso comum se aproxima muito de "consenso", alo que pode ser admitido como certo, aplicável, útil, aproveitável, aceitável, por grande parte daqueles que partilham o que quer que esta em jogo. Não é preciso exemplo para ilustrar. Sendo assim, é pertinente levar em conta outra pequena digressão acerca do conflito acima referido. Neste sentido, teço comentários que podem sustentar minha hipótese – respaldada pelo pensamento de Antoine Compagnon – acerca da relação conflituosa entre conhecimento científico e senso comum.[13]

Por senso comum, tomo aqui o sentido mais generalizado: aquilo que é comungado por grande número de pessoas. O uso da expressão, como eu disse, carrega-a de sentido pejorativo. Mas, em si, esta expressão revela apenas o que é comum, corriqueiro, partilhado.

---

[13] Com isso, estou apenas atentando para aspecto interessante a envolver as questões aqui expostas: longe, muito longe de "fechar questão" acerca da pertinência da referida dicotomia.

Na esteira desse raciocínio, a ideia de que as cartas de Alberto de Oliveira e António Nobre podem ser lidas como gênero literário, por conta do fato de que ambos tenham sido poetas, não á absurda. Além disso, a discussão que daí brotaria leva a pensar em pontos cruciais do que se entende por Teoria da Literatura. Em outras palavras, as cartas como gênero e as que foram trocadas pelos dois poetas portugueses como expressão do "senso comum" de sua época – em que pese o fato da "natureza" do afeto partilhado entre ambos e expresso pelas mesmas cartas – podem, sim, ser tomadas como "gênero". Desta maneira, apresentam e sustentam variáveis consistentes para sua consideração no âmbito de certo "conhecimento científico".

De antemão, o pensador francês a que venho me referindo leva à consideração da ideia de que, no âmbito da Teoria da Literatura, buscar o equilíbrio entre senso comum e conhecimento científico poderia ter sua compreensibilidade, tangenciaria o impossível, ideia esta que faria plausível dizer que o interesse teórico da teoria literária, em sua nuclearidade, restringir-se-ia a uma impossibilidade: a de sua definição, como queria Paul de Man. A abordagem crítica das cartas exigiria certa dose de teorização, para que se fizesse séria e consistente, relevante mesmo, nos parâmetros do chamado conhecimento científico. Desta forma, a teoria não pode ser reduzida a mera técnica, nem a mera pedagogia. Por outro lado, não se trataria de tomar a mesma abordagem como se fosse uma mística. De um ou de outro modo, tomada de partida pelo olhar homoerótico na abordagem (leia-se leitura e análise) das cartas trocadas entre Alberto e António, prescindem, em princípio, da chancela desta "teoria" – nos moldes aqui esboçadamente resenhados – para se fazer consistente e relevante. De outro modo, reduzir-se-iam a objetos de uma "ciência" que nada mais faria senão "analisá-las" como se faz a cobaias em laboratórios de várias ciências.

A noção de que a teoria não passa de um conjunto de princípios e leis abstraídas dos objetos reforça a clássica dicotomia entre teoria e prática, no fundo insustentável, pois o próprio caráter de objetividade, típico da ciência moderna, busca nos fenômenos a sustentação dos conceitos, os quais servem de chave de acesso à realidade que descrevem. Na acepção grega da palavra *(theorein, que significa contemplar, observar)*, a teoria é processo de análogo ao de atestar "fatos", feita por testemunhas autorizadas (os *theoros*), responsáveis pelo relato daquilo que se sucedeu, cujos argumentos são suscetíveis de debate público e averiguação. Contudo, a teoria não é capaz de dar conta da complexidade do que existe, assim como não é aceitável considerar a existência das coisas apenas na medida em que concebidas teoricamente. Sua utilidade, então, é objeto de questionamento constante. O seu limite chega à pretensão de exercer domínio sobre o objeto, deixando de ser o lugar do pensamento para se transformar na aplicação de conceitos, que em geral conformam a realidade aos termos estabelecidos *a priori*. Acredito que a correspondência – tomada aqui na abrangência do conceito de gênero literário – é objeto consistente desse processo a que se chama teoria.

No âmbito das Ciências Humanas, a noção de teoria não se dá em função de uma objetividade empírica, pois não há propriamente uma explicação a ser confirmada com base na existência de fenômenos concretos da realidade, muito embora a pesquisa empírica não esteja fora do horizonte da Literatura, como bem dimensiona Siegfried J. Schmidt, quando tece seu raciocínio acerca da plausível consideração da Literatura como Ciência. Nessa perspectiva, o conhecimento da obra é acessado a partir de dados empíricos, sejam as ações sociais ou individuais, que participam do processo literário.[14] No caso dos estudos literários, a teoria assume um caráter de interpretação, que busca dar um sentido ao objeto, a partir de um arranjo lógico e coerente de argumentos. São poucos os trabalhos, no campo da

---

[14] Conferir OLINTO, Heidrun Krieger, 1989 – obra referenciada na Bibliografia.

pesquisa literária, que oferecem explicações sobre a ocorrência de determinados fenômenos, com base na descrição de dados concretos da realidade, vistos não como complementares, mas constitutivos do objeto literário. A teoria é, em geral, apropriada pelos estudos literários como ferramenta para a interpretação das obras. São muitas as possibilidades de estudo da Literatura, não cabendo referendar ou descartar esta ou aquela opção. Importa pensar a relação entre os modos como o conhecimento literário se constrói e contribui para o exercício da leitura que se quer crítica.

Estudar Literatura tem sido, por muito tempo, prestar tributo às formas de representação operadas pelo texto, a partir de seus mecanismos de estruturação. Não parece que isso signifique simplesmente o reconhecimento (de resto inegável) da perspicácia aristotélica ao descrever os elementos característicos da Literatura, pela razão de que não há nos fenômenos – sobretudo culturais e estéticos – nenhuma natureza intrínseca, a não ser aquela determinada pelo olhar de quem os observa, por sua vez também afetado pelas condições objetivas em que opera. Isso, quer me parecer, é o que acontece com as cartas. Se, além do mais, estas são tomadas como elementos constitutivos de um gênero, a correspondência, o estudo desses textos não pode ser descartado do repertório de práticas de leitura crítica que, ao fim e ao cabo, vão dinamizando a permanência da teoria como prática epistemológica e igualmente crítica.

Por outro lado, no caso específico da correspondência entre Alberto de Oliveira e António Nobre, a escolha do olhar homoerótico como operador de leitura dos textos que compõem a "relação postal" é pertinente. Tal relação, para além do contorno afetivo que desvelam, demonstram, com igual vigor, o exercício "teórico" da interrrelação entre escrita epistolográfica e criação poética, particularmente em relação a Antnio Nobre. Guilherme de Castilho, em obra aqui referida, ecoa ideia partilhada por outros leitores da referida correspondência: o caráter instrumental da correspondência. É corrente e consistente a ideia de que muito do que o poeta faz em sua obra está comentado, explicado, justificado e, até, anunciado nas cartas que escreveu. No caso específico das cartas trocadas com o "amigo mais querido", sua obra considerada máxima, *Só*, é exemplo acabado dessa iterrelação.

Que uma determinada vertente de estudos tenha sido dominante e até hoje se mantenha como *habitus* na academia não significa que exista "de fato" uma natureza da Literatura, mas tão somente a de uma tradição de pensamento, de certa epistemologia, que privilegia determinados aspectos em detrimento de outros. A Literatura é tradicionalmente estudada como representação de imaginários históricos e nacionais, segundo abordagens que consideram a obra como objeto isolado das relações de produção, circulação e consumo, concentrando-se nos processos de linguagem, tomados autonomamente. Eis aí um problema digno da teoria como crítica ao conhecimento instituído, ieia que remete ao que afirma Paul De Man:

> A verdadeira disputa da teoria literária não é com os seus oponentes polêmicos mas com as suas próprias suposições e possibilidades metodológicas. Devemos nos interrogar sobre a razão porque a teoria literária tem tanta dificuldade em tratar o que lhe diz respeito, (DE MAN, 1989, p. 33.)

A hostilidade à teoria é sustentada por um discurso que a vê como um obstáculo à fruição estética, o que aprofunda o seu descrédito e, consequentemente, a resistência que lhe é imposta. Talvez seja por isso mesmo que haja certa resistência a verbalizar o caráter homoerótico que marca a correspodência entre os dois poetas aqui considerados. Essa marca não "define" nenhuma orientação para a abordagem da correspondência, no entanto, revela a natureza da relação. A resistência à teoria que se reflete nessa mesma abordagem se dá no nível da utilização da linguagem sobre a linguagem; portanto, uma resistência à própria linguagem e, em última análise, resistência à leitura. (*Idem*, p. 33.) A teoria seria então uma espécie de leitura não reduzida à metalinguagem ou à institucionalização de conceitos. A teoria implica uma concepção de linguagem que a impede de ser modelo (*Idem*, p. 41), colocando em xeque as "verdades" produzidas pelo discurso. Essa dimensão metateórica promove, antes de tudo, a autorreflexão do conhecimento – o que não é o mesmo que conhecimento crítico, senão que uma crítica do próprio conhecimento (SANTOS, 1989).

Assim, não é a negação ou a afirmação de pontos de vista teóricos o que importa – ou a crítica das "teorias", que proliferam infinitamente – mas a dimensão epistemológica inerente ao pensamento teórico. Como bem assinala Iser, é preciso estabelecer uma diferença entre teoria e discurso: o discurso é determinante, porquanto delineia fronteiras, enquanto a teoria busca ultrapassá-las e explorar novos territórios. (ISER, 2006, p. 12.) Embora haja similaridade entre ambos, a diferença reside nas intenções e resultados de um e de outra. O discurso estabelece padrões para o mundo, organiza e estrutura significados, que podem ser verdadeiros ou falsos. A teoria, por sua vez, não determina ou condiciona sentidos, mas trata de derrubar fronteiras, de explorar novas possibilidades de significado, servindo assim de ferramenta à imaginação humana. (*Idem, ibidem*) Assim, o referido caráter homoerótico que pode ser aferido na leitura da correspondência ganha consistência e se faz pertinente, independentemente da "natureza" do gênero a que se queira circunscrever o texto das cartas.

Meu interesse principal não é estacionar numa discussão propedêutica, em busca do desenho de um projeto de epistemologia dos estudos de epistolografia. Levanto algumas questões – mesmo que possivelmente polêmicas – para circunstanciar a leitura que faço das cartas trocadas entre os dois poetas portugueses. Mais uma vez, repito que esta leitura, como proposta, não fica prejudicada pela "ausência" das cartas escritas por Alberto. A exceção desta "ausência" é a carta que escreve a António, quando do rompimento da amizade entre os dois. Esta sim é objeto de especulação aqui. Além desta, me interessam aqui as duas escritas por António Nobre: uma, ainda a caminho de Paris, logo no início da correspondência; outra, a que eu chamo de carta do "rompimento".

Para iniciar a análise das cartas, concluo a digressão sobre o que diz o estudioso francês: Sua argumentação sustentou a minha opção de abertura. O que desejo aqui é debruçar sobre esse universo vasto que se espraia a partir da leitura das referidas cartas. Esse universo desenha um horizonte de expectativas peculiar, como tratado em capítulo escrito para esse fim. Mais uma vez, a firma-se a pertinência da consideração desta perspectiva, a da Estética da Recepção, como aquela que viabiliza o exercício de leitura que aqui desenvolvo. Dando início à demonstração de mais este teorema, começo com a consideração do verbete "matéria", retirado do Dicionário Houaiss da Língua Portuguesa. São quatorze as acepções do substantivo feminino apresentadas, a saber:

> 1. qualquer substância que compõe um corpo sólido, líquido ou gasoso;
> 2. na rubrica "física", agregado de partículas que possuem massa;
> 3. substância corpórea de determinada natureza;
> 4. substância sólida de que se faz um produto ou uma obra;
> 5. substância que pode receber determinada forma ou na qual atua algum agente;
> 6. qualquer substância expelida pelo organismo;
> 7. por derivação, em sentido figurado, aquilo de que se trata, expresso por escrito ou oralmente; teor, assunto;

8. por derivação, em sentido figurado, o que constitui ou poderá constituir objeto de conhecimento, de uma atividade; material;

9. por derivação, em sentido figurado, conteúdo específico daquilo que é o objeto de uma disciplina;

10. por derivação, em sentido figurado, disciplina, cadeira;

11. por derivação, em sentido figurado, apego às coisas terrenas; materialidade;

12. na rubrica "filosofia", no *platonismo* e no *aristotelismo*, princípio informe, indefinido e indeterminado, subjacente e comum a todos os objetos da natureza, que adquire alguma forma universal em decorrência de sua natureza passiva e receptiva;

13. na rubrica "filosofia", no *cartesianismo*, substância que ocupa uma extensão – comprimento, largura e profundidade – no espaço, adquirindo, portanto, uma determinação geométrica e quantitativa, suscetível de medida e de enunciação matemática;

14. na rubrica "jornalismo", qualquer texto jornalístico.

Pois bem. De todas as entradas, para o que me interessa aqui, descarto as seis primeiras e as seis últimas. As que restam são mais apropriadas para o desenvolvimento de meu raciocínio. De fato, a leitura das cartas de António Nobre e Alberto de Oliveira – em que pese o fato de haver apenas uma escrita pelo último para o primeiro – constitui a matéria de minha argumentação neste trabalho. Assim, esta leitura é "aquilo de que se trata, expresso por escrito ou oralmente; teor, assunto". O que António diz a Alberto ao longo de suas 41 cartas e o que Alberto diz a António, em resposta à "carta do rompimento" é que se faz matéria para qualquer leitor. Logo, esta acaba por constituir "objeto de conhecimento, de uma atividade; material". A atividade, obviamente, é a correspondência, é a "matéria" a partir da qual o leitor acaba por produzir certo "conhecimento" acerca dos envolvidos na "atividade", o que pode proporcionar prazer ao leitor. Além disso, por via indireta, o contexto de época no qual esta se insere é explicitado, ainda que não seja, por vezes, o objetivo específico. Um exemplo disso é o que António Nobre comenta em uma das cartas que escreve para Alberto de Oliveira. Trata-se de carta escrita em 10 de Dezembro de 1891. O período conturbado, em muitos sentidos, para uma Europa efervescente de criatividade e vanguardismo aponta, em Portugal, as reviravoltas de uma recente perda: a de uma de suas maiores colônias, o Brasil. Recentemente declarada independente pelo igualmente conturbado Imperador D. Pedro I (do Brasil, IV de Portugal) – alcunhado o Libertador, fundador e primeiro soberano do Império do Brasil –, a independência do Brasil é fato que ajudou a colocar Portugal em situação delicada. O impacto desta mudança atinge Portugal e, a partir da "citação" – ainda que indireta – de António Nobre em sua carta, corrobora a ideia de que também este tipo de inferência se faz plausível e se sustenta. Afinal de contas, mesmo que não tenha sido sua "intenção", o texto da carta se presta a esse tipo de ilação. Tanto é assim que o próprio missivista afirma para seu amigo: "Eu podia perfeitamente ler o teu bilhete de hoje sobre o Imperador e calar-me..." (p. 158)[15]. Parece-me, plausível, então, o que acima afirmo.

Este tipo de interpetação levanta uma questão pertinente: a da discussão da carta como gênero literário. Já aventada neste trabalho, penso que cabe aqui outra pequena digressão sobre este tópico. Em termos de abordagem de textos literários, a pergunta que permanece sem resposta (definitiva) é: a que gênero este texto

---

[15] O poeta, de certo, refere-se a alguma coia acontecia em Portugal por esta data. Talvez esta seja outra possibilidade de se construir imagem equivocada do poeta, dada a extrema sensibilidade que demonstra: na vida e na poesia.

pertence? Pergunta metodológica, para não dizer retórica, dado que não acredito que taxonomias possam ser capazes de deslindar o fenômeno a que se dá o nome de Literatura. Seguindo em frente é possível considerar a existência de, pelo menos, duas possibilidades ou convenções do gênero epistolar, quais sejam: a *ficcionalidade,* como metamorfose do real, e a *funcionalidade,* como emergência comunicacional. Assim, exemplos vários encontram-se no repertório literário ocidental e podem ser encontrados em *As ligações perigosas*, Chordelos de Laclos, carta-romance; *Cartas portuguesas*, Soror Mariana Alcoforado, carta-confissão; cartas de *Rimbaud à Georges Izambard*, carta manifesto; *Carta ao futuro*, Vergílio Ferreira, carta-ensaio; etc.[16]

Consideradas emblemas dos seus autores, e sempre legados fiéis de uma época, as cartas nos trazem essa "dupla pertença a um patrimônio biográfico e a um patrimônio cultural pela via da memória." (VALVERDE, 2011, p. 1.) Enquanto tal, exercem influência não apenas sobre uma época e sobre seus leitores, mas também sobre a própria construção do gênero a que pertencem. No âmbito de sua própria diversidade o "gênero" epistolar serve de meio para "transmissão de valores criativos, estéticos, éticos, transformando-os e a si mesmo através de vários processos dinâmicos" (*Idem*, p. 2). Ao mesmo tempo, há quem entenda a carta como uma escrita de ficção, já que ela é um elemento criado pela distância, mas há quem a tome também como uma "escrita autobiográfica" (ROY, 2001, p. 4). Contudo, é mais interessante constatar que, na Literatura epistolar, o ficcional e o comunicacional envolvem uma dialética, assim como uma dicotomia, ou seja, as cartas envolvem tanto seus interlocutores numa linguagem escrita e dialógica, como os separam por força da distância e do exercício de escrita que visa corrigir essa

---

[16] As referências são apenas ilustrativas, não visando uma taxonomia, o que pareceria contraditório.

mesma distância. Esta, por sua vez, pode alongar-se ou encurtar-se, dependendo do horizonte de expectativas ao qual se circunscreve a abordagem de cada leitor.

Compreender as diferentes interações que o texto de uma carta enseja requer um esforço de equilíbrio da norma própria a esse gênero literário e a sua flexibilização, características inerentes a todos os gêneros. Mas o gênero epistolar parece ser, assim, autônomo, se impõe por si mesmo como sistema aberto, dinâmico e heterogêneo. Talvez justamente por isso, seja possível ler as cartas de António Nobre como testemunho de um processo biográfico – para não dizer existencial. Através delas, o poeta parece sublimar o desejo latente em suas palavras, transferindo seu objeto à medida que a distância de seu amigo mais querido vai aumentando. Isso, parece, não deixa de ser um exercício de comunicação.

Vale perguntar se as características das cartas podem ser tomadas como aquelas que se voltam apenas para a transmissão de específicas informações entre emissor e receptor. E qual a sua relevância para as multifacetadas leituras a que vão sendo submetidas ao longo do tempo. Assim, pode-se afirmar que a carta com a qual um *advogado* se depara, dizendo haver traição e adultério da parte de sua cliente, altera todo o seu referencial processual jurídico. A carta que reconhece a dimensão e a imensidão geográfica de lugares outros, de diversidade cultural, bem demonstra como a geografia humana é algo que vale à pena perseguir e conhecer. A carta que desliza sobre o nível de coerência ou incoerência emocional de seu emissor desperta a atenção da psicologia.

As cartas são, sobretudo, um referencial literário e de comunicação. E para os filósofos? Seria ela uma forma teórica ou ética, política ou meramente estética de representação de uma época? De um ou de outro modo, no caso da correspondência entre Alberto de Oliveira e António Nobre, penso que estes textos funcionam como a comunicação do trajeto afetivo de um desejo cujos obstáculos morais, culturais e individuais impedem sua completa satisfação. Pode-se constatar, nelas, certo nível de sensualidade, como algo de relevo para a compreensão do pensamento de António Nobre e de seu entorno social, geográfico, afetivo. Exemplos disso são algumas passagens em que o poeta do *Só* explicita este afeto das formas mais variadas: "... embora eu me ache tão longe de aí, como dos teus braços, Betinho." (p. 75); "... minha alma novinha em folha ... tudo isso, Betinho, me aflige..." (p. 77) "Tenho saudades de ti. Muitas." (p. 93); "Adeus, abraços e beijos do teu, *António*." (p. 114, grifo do autor)[17] A referência às saudades, o uso de diminutivos e a aflição pela distância são índices desse afeto partilhado que se faz pulverizado no texto das cartas. Esta pulverização, por sua vez, acredito, é também índice do recalcamento que o contexto de época e os próprios sentimentos vivenciados produzem em António Nobre.

Se há dialética entre o aspecto ficcional e o comunicacional, como pensa Valverde, ou seja, se há uma correlação intrínseca entre o horizonte de ficção que está presente nas cartas e também a sua utilidade enquanto meio de interação, esta dialética ocorre no âmbito de uma ambivalência entre ficcionalidade e comunicabilidade, sendo um dos resultados a diversidade de possibilidades que a carta, enquanto gênero, permite construir. O que fica como pedra de toque é a comunicação indireta entre dois elementos, o emissor, sujeito da enunciação e o receptor, sujeito de recepção, tomando-se como pressuposto uma mensagem, ou seja, a carta propriamente dita. Esta, no caso dos dois poetas, funciona como instrumento da realização e um desejo que acaba por não satisfazer-se por completo. A ambivalência desta constatação se sustenta: de um lado, a própria biografia dos poetas revela os desdobramentos da correspondência,

---

[17] O número de página, nas citações, corresponde à localização dos trechos, conforme a edição de Guilherme de Castilho, referida na Bibliografia.

interrompida por uma ruptura até agora inexplicável. De outro, o fato de Alberto ter seu desejo de incineração de seus próprios papéis satisfeito. Estes dois elementos compõem a ambivalência referida, aumentando a espessura da comunicação ensejada pela correspondência. Além disso, o teor das cartas, no caso do poeta da Torre é ainda instrumento de exegese de sua própria poética, em que pese o abafamento o conteúdo homoerótico que elas desvelam.

António Nobre nasceu em 16 de Agosto de 1867 e Alberto de Oliveira, em 16 de Novembro de 1873. São seis anos de diferença. Impossível me furtar à observação da coincidência no dia de nascimento de ambos. Este detalhe pode não dizer nada de concreto, de aproveitável, de "científico", mas a curiosidade – alimento do senso comum – chama a atenção, dadas as circunstâncias da relação afetiva que, entre ambos se estabelece e se mantém, pelo menos, até a carta do rompimento. São dois jovens que ingressam na mais importante universidade portuguesa, recoberta de tradição que os recebe *comme il faut*, envolvendo-os na atmosfera que marca o fim de século português.

Em Portugal, o século 19 é marcado por uma série de ocorrências que visavam alterar os rumos políticos da nação e restaurar a decadente economia nacional e, entre os principais acontecimentos desse século e do início do seguinte, estão a luta entre o Absolutismo e o Liberalismo e entre a Monarquia e a República, sendo que é pela última manifestação de cada um dos dois grupos que muitos intelectuais portugueses irão se bater. Os acontecimentos históricos desse século, em especial as idas e vindas da luta pelo Liberalismo e pela instauração da República, revelam o descontentamento dos portugueses com relação ao seu país e a eminente necessidade de mudanças, além de marcar negativamente os intelectuais da época, principalmente os da geração de 90, que deixam mais que evidente em suas obras o pessimismo com relação aos consecutivos fracassos das tentativas de restabelecimento do país.

Na verdade, todo o século 19 é caracterizado pelo crescer e ruir de esperanças, pela alternância entre a expectativa de reerguimento do país e a frustração dessa expectativa. Diante dessas circunstâncias, fica mais clara a associação entre os sentimentos partilhados entre os dois poetas, o tom das cartas que António escreve para Alberto e a situação portuguesa durante o período que circunscreve a correspondência. Claro está que, ainda que não seja especificamente este o meu propósito, a referência ao contexto sociopolítico português, na passagem do século 19 para o 20, é interessante e pertinente. Assim não fosse, pareceria abusado pensar no caráter homoerótico da relação entre os poetas através de seu instrumento de expressão: as cartas. Em outras palavras, o contexto aqui referido corrobora o clima de instabilidade que, por outro lado, anima e dinamiza a relação dos poetas. O contexto universitário no qual se dá o início da amizade e outra testemunha desse mesmo "espírito de coisas".

A crise portuguesa e a impossibilidade de vencê-la dada a fragilidade daquele país eram tão intensas e evidentes que se por um momento havia uma grande expectativa de melhoria, logo em seguida sobressaia-se o sentimento oposto a esse, a frustração, a constatação de uma nova ilusão. É ante a esse momento crítico de Portugal que os principais intelectuais se voltaram para a Pátria e tiveram desde Garrett até Fernando Pessoa, "o projecto novo de problematizar a relação do escritor, ou mais genericamente, de cada consciência individual, com a realidade específica e autónoma que é a Pátria" (LOURENÇO, 1982, p. 86) António Nobre, destacadamente, e Alberto de Oliveira, em plano inferior, participam, cada um a seu modo, desse "projeto". Mais uma vez, chamo a atenção para o fato de estar apenas ilustrando a situação em se ocorre a correspondência. Tal atitude, corrobora minha hipótese de trabalho, enquanto a circunscreve a um horizonte de expectativas mais amplo, assim não perdendo sua consistência e relevância.

Neste contexto, Almeida Garrett se destaca. Ele propôs, como consta em seu livro *Portugal na Balança da Europa*, publicado em 1830, algumas saídas para Portugal que refletiam o estado de ânimo político que vai influenciar, por exemplo, Alexandre Herculano. No rastro desse raciocínio, cumpre concluir que a geração de 70 é que vai consolidar esse movimento de mudança com as consequências que a História da Literatura Portuguesa apresenta. Assim, indiretamente, a situação aqui apresentada serve de pano de fundo, tanto para a experiência estética de António Nobre – indiretamente retroalimentada pela correspondência que mantém com Alberto de Oliveira –, quanto para a sustentação de minha hipótese de trabalho. Ele foi o primeiro representante da *intelligentzia* portuguesa a interrogar a fundo Portugal e a fazer com que esse país se "convert[a] em permanente interpelação para todos nós". (LOURENCO, 1952, p. 89.) A figura de Garrett é aqui apresentada como forma de remeter a Alberto de Oliveira que, sob a tutela do primeiro, propõe uma mudança na dramaturgia portuguesa, sobretudo em alguns textos publicados em *Palavras loucas* (1894). Dessa forma, reafirma-se, uma vez mais, a coerência da hipótese de trabalho que desenvolvo, dado que a circunscrevo, como já dito, no âmbito dos estudos comparatistas que advogam a procedência da Estética da recepção. Além disso, a "interpelação" de que fala o escritor pode ser lida como índice (mesmo inconsciente) do caráter que marca a correspondência dos dois poetas.

Apesar de o fontismo não beneficiar os pequenos industriais como beneficiava a produção agrícola, pode-se dizer que tal regime teve resultados positivos não apenas na economia e na sociedade, mas também no ambiente cultural português. Segundo António José Saraiva e Óscar Lopes, tal movimento tendeu a eliminar certos atrasos culturais provincianos, para aproximar, nomeadamente, o ambiente literário das três principais cidades do país. Coimbra é uma delas. No ambiente em que se encontram, Alberto de Oliveira e António Nobre experimentam todo tipo de estímulo a experiências inovadoras – do ponto de vista estético e político – o que, por força de consequência, ainda que inconsciente, são conduzidos por caminhos afetivos, ainda neste contexto, inusitados. Pode se dizer que era isso o que a *intelligentzia* portuguesa da época – de modo especial a juventude acadêmica coimbrã – fazia: estando a par do desenvolvimento no exterior, compreendia que a realidade portuguesa era bem outra, no que se referia aos avanços tecnológicos e industriais, econômicos e sociais.

Assim, essa geração portuguesa se sente infeliz – profunda, sincera e equivocamente infeliz – por descobrir que pertencia a um povo decadente, marginalizado ou automarginalizado na História. Este sentimento se reflete na poesia e nas cartas de António Nobre. Indiretamente, ainda que sob o impacto da carta que Alberto de Oliveira escreve em resposta àquela enviada rompendo a amizade com o primeiro, essa ilusão se anuncia. O intervalo existencial que marca a amizade dos dois poetas acaba por se contaminar desse sentimento de melancolia, tão caro aos dois poetas, tamem por força da constatação da impossibilidade de "realização" de um desejo acerca do qual não se dizia quase nada – por impedimentos vários – e a partir do qual a sua amizade se desenvolve e se mantém. De acordo com António José Saraiva e Óscar Lopes, essa juventude acadêmica chocava-se "com a realidade das instituições, hostis (...)." (SARAIVA & LOPES, 1985, p. 72.)

Os contemporâneos de 1890 foram vitimados por uma grande depressão moral e psicológica ao constatar a nulidade de Portugal face à força de países europeus e essa depressão, unida ao pessimismo, esteve presente de maneira marcante nas obras compostas no último decênio de Oitocentos: a poesia de António Nobre, sobretudo, e as ideias de Alberto de Oliveira, em certa medida, são exemplos disso. Suas cartas, no conjunto podem também documentar a expressão característica do período. No ponto de fuga desse "estado de espírito", pode-se apontar o famigerado *Ultimatum*. Na ressaca que provoca, percebe-se a depressão que assolava Portugal, em pleno processo de busca de soluções para a decadente vida nacional. Mais uma vez, o *Só* de António Nobre – eu acrescentaria os textos de Alberto de Oliveira e, como fruto de especulação, as suas cartas e demais papéis incinerados – foi o livro de poemas que "melhor concentrou e irradiou o pessimismo característico desta época e, além disso, é esse livro que "contém algumas das mais impressivas fórmulas de tal pessimismo, como o verso: 'Que desgraça nascer em Portugal!'". (LOPES, 1987, p. 85.)

O pessimismo que caracteriza a poesia de Nobre advém da constatação de que Portugal oitocentista não era nem sombra daquele país que nos Quinhentos havia conquistado mares e continentes, ao contrário, era um país extremamente frágil e inferiorizado com relação a seu glorioso passado. Se política e historicamente é possível ler esta passagem da História de Portugal, penso ser viável a mesma constatação a partir da leitura das cartas que ficaram como testemunho dessa relação afetiva, então, não compreendida: o mesmo espírito, as mesmas motivações, os mesmos recursos a direcionar a cadeia de eventos a insucesso insuperável, porque não compreendido, haja vista o recalcamento de sua expressão. A respeito das manifestações que sucederam os episódios que abalaram o Portugal de fim de século, José Carlos Seabra Pereira nos diz que "os três últimos lustros de Oitocentos são sacudidos em Portugal por acontecimentos que convulsionam a consciência nacional e agitam numerosas massas, acicatadas pelas propagandas reacionária. republicana e libertária". (PEREIRA, 1989/1990, p. 143.) Por que não incluir neste contexto as confusões, incertezas e descaminhos da expressão de desejos inconfessáveis que, por via da escrita, se tornam palpáveis e irrecorríveis?

Numa Europa desenvolvida, um país que não conseguia reverter o quadro de decadência em que se encontrava desde o início do século e um país cuja geração de intelectuais e políticos também havia fracassado nas várias tentativas de reerguer a pátria não pode se fechar à reação, por exemplo, de António Nobre que se fundamenta na frustração de ver seu pais rural ser prostrado pelo capitalismo industrial e, principalmente, na decepção em ser português e em nascer num país em ruínas, ou, como diz Bernard Martocq, "se nourrit de la conviction d'appartenir à une race qui fut grande et qui est maintenant completement dégénérée" (MARTOCQ, 1972, p. 438). Este mesmo sentimento, sem sombra de dúvida – a considerar as lições deixadas por Freud e Lacan, para citar apenas os bastiões – é o que desliza do texto dos poemas e das cartas de António Nobre. A carta que Alberto de Oliveira responde àquela do rompimento, a meu ver, também segue o mesmo caminho. De mais a mais, suas ideias, políticas e estéticas, não deixam de revelar igual preocupação conjuntural.

Essa reação pessimista, no caso de António Nobre, não deixava espaço para que a esperança de encontrar soluções para os problemas da nação sequer despontasse em sua obra. Penso que este mesmo argumento serve para esclarecer as dúvidas que porventura persistam quanto ao caráter homoerótico de certas passagens de certas cartas a "documentar" o afeto que uniu o poeta a seu amigo "mais querido". Neste sentido, o crítico mencionado considera que "chez António Nobre, la violence du choc [Ultimatum], combinée à d'autres problèmes d'ordre personnel, le pousse à rejeter toutes les solutions, les unes aprés les autres". (*Idem*, p. 440.) Diante dessa prostração individual e coletiva, o poeta refugiou-se no passado feliz de sua infância e no Portugal agrário, patriarcal numa tentativa de solucionar seus males pessoais. Uma vez mais, a vida imita a arte quando, em relação ao que não é possível entender, a atitude Nobre – expressa em suas cartas – faz concluir que seus sentimentos não são correspondidos. São inúmeras as passagens destacadas por seus estudiosos, em que este tipo de reação é apontada. As noivas do poeta poderiam servir de testemunhas, no caso de um "julgamento". Além do mais, a sua amizade com Alberto de Oliveira – e a carta do rompimento, a meu ver, é documento cabal a respaldar tal constatação – era motivo de alegria e dissabor, simultaneamente. Ambos os sentimentos são abertamente expressos por António Nobre, sobretudo em sua poesia. Nas cartas que escreve para Alberto de Oliveira, como já referi anteriormente, a delicadeza do afeto se traduz em igual diapasão.

A primeira carta para Alberto e Oliveira foi escrita em 20 de Setembro de 1893. Contava, então, o poeta, 26 anos de idade. Seu "amigo mais querido" tinha, a essa altura, 20. Jovens estudantes de Coimbra, afeitos aos movimentos sociais, culturais, acadêmicos, boêmios, a dupla poderia até ser confundida entre as miríades de jovens que para a melancólica cidade se dirigiam para fazer seus estudos superiores na mais importante universidade de Portugal – em que pesem opiniões divergentes sobre este assunto. Poder-se-ia apontar como "prova" disso, o teor de um cartão postal – até prova em contrário, o único a escapar do fogo – escrito por Alberto de Oliveira, de Paris, para Vasco da Rocha e Castro. O texto do cartão é reproduzido por Mário Cláudio, em artigo publicado na revista Colóquio-Letras referenciada na Bibliografia. A certa altura, diz este texto:

> Como o Chagas soffre também com isso – Amanhã, emtanto, já eu e o Antonio combinamos com elle uma noite de prazer: jantar no Grand Hotel, optimos bocks na Irlandie Taverne, um pouco de can-can no Moulin Rouge, e depois uma carne rara para me estreiar, pois, até agora, estou virgem. OLIVEIRA apud CLÁUDIO, 1993, p. 171.)[18]

---

[18] Mantive a ortografia e a formatação do texto, conforme apresentado no referido artigo.

Citado aqui como curiosidade, esse cartão postal dá conta das atividades boêmias da dupla de amigos numa Paris finissecular em que, aparentemente, não havia limites para toda espécie de extravagância, usualmente ligada ao sexo. De fato, o texto não apresenta nenhum indício de relações homoeróticas explícitas entre os dois poetas. No entanto, a pândega revela prática corriqueira, ainda agora como então, que reunia os rapazes em noitadas que sempre chegavam ao sexo. Ora, a reunião de homens para uma noitada, por si só, a seguir o que pensam Eve Kosofsky Sedgwick e Jurandir Freire Costa, é ilustração de relação homoerótica. Ressalte-se que para esta constatação não é necessário que haja contato físico, de caráter erótico/sexual, entre os *rapazes*. O simples fato de se reunirem para "gozar" juntos uma noitada é suficiente para indiciar o caráter homoerótico do grupamento, como apontam os dois autores referidos. Segundo Foucault, desde o século XVIII o sexo ocupou um lugar central que passou a definir tanto o sujeito quanto a população. No século XIX, há, ao que parece, certo avanço:

> (...) a sexualidade foi esmiuçada em cada existência, nos seus mínimos detalhes; foi desencavada nas condutas; perseguida nos sonhos, suspeitada por trás das mínimas loucuras, seguida até os primeiros anos da infância; tornou-se a chave da individualidade: ao mesmo tempo, o que permite analisá-la e o que torna possível constituí-la. (FOUCAULT, 1985, p. 137.)

A primeira grande ruptura nos mecanismos de controle e repressão da sexualidade começa a esboçar-se no século XVII. (FOUCAULT, 1985, p. 137.) A concepção de uma "pulsão sexual" inerente ao ser humano, cuja forma de satisfação poderia ser boa, sadia ou, ao contrário, errada ou ainda perversa, data do Iluminismo, ou seja, do final do século XVII, início do XVIII. Nesta época, as questões de ordem sexual começam a influenciar cada vez mais o social, particularmente a sexualidade legítima no seio da família a fim de regular a procriação. Percebe-se nas entrelinhas do argumento a possibilidade de criticar – para não dizer reprimir – toda e qualquer atitude ou experiência que fugisse a este princípio. Fato curioso que indica uma mudança profunda nos costumes: dois novos delitos aparecerem nos tratados de direito da época. As relações sexuais precoces, sem o compromisso claro do matrimônio, e a gravidez secreta, pois esta poderia levar ao aborto ou ao assassinato do recém-nascido. As práticas sexuais de caráter homoerótico poderiam, muito bem, serem introduzidas nesse rol de "condenações".

Outro exemplo da efervescência de experiências de ordem vária num final de século simultaneamente revelador e opressor é encontrado nas páginas de Teixeira Gomes, notadamente em seu livro *Regressos*. Ainda em Coimbra, seguindo e praticando os trâmites sociais dos acadêmicos frequentes António Nobre aparece numa situação descrita pelo ex-presidente português[19]. Na sua observação, as pitadas de refinada observação de costumes se faz perceber e revela, ainda que inesperadamente, traços peculiares que, acredito, não foram dados à luz pela percepção do sujeito que observa e relata:

> Às 11 da noite, encontro-me com o António Nobre e o seu cortejo de jovens aspirantes a sacerdotes de Polímnia. Levo-os todos ao alcoice da rua da Prata ("da Barbuda"), para lhes mostrar a formosa descoberta, que ali fiz, da verdadeira imagem de Vénus que leva o nome cristão de Rosália, e enquanto lhe vou inventariar novamente os encantos, ficam os vates a "fazer sala",

---

[19] Eleito Presidente da República a 6 de Agosto de 1923, viria a demitir-se das suas funções a 11 de Dezembro de 1925, num contexto de enorme perturbação política e social. A sua vontade em dedicar-se exclusivamente à obra literária, foi a sua justificativa oficial para a renúncia. Devo esta indicação de leitura ao escritor Mário Cláudio.

resistindo às solicitações das hetárias. Todas elas tomam, muito a sério e respeitosamente, o António Nobre por padre, o que o lisonjeia e lhe facilita a resistência (...). (GOMES, 1935, p. 256.)[20]

Passagem saborosa, não apenas pelo vocabulário e pela sofisticada construção sintática, mas pela finura da observação que, tenho certeza, não deu conta do que estava a dizer por entre as dobras do discurso. A ver! Logo no início, a referência à noite como momento propício para as pândegas e, por via de consequência, todas as experiências que a luz do dia não permitia revelar. A expressão "aspirantes a sacerdotes de Polímnia" identifica o grupo de amigos de António Nobre, todos pretensamente poetas, como soía acontecer nos tempos da Coimbra do final do século 19. Neste passo, a coisa fica interessante, pois a referência à Polímnia remete à mitologia que diz que este nome identifica "a dos muitos hinos", uma das nove musas da mitologia grega, filhas de Zeus e Mnemósine. Era a musa da poesia sagrada. Também era considerada a musa da geometria, meditação e agricultura. Representada usando uma túnica branca e um véu, em atitude pensativa. Seu nome é composto de duas palavras gregas que significam "mito" e "hino" ou "canção". Em suas várias representações, pode aparecer coroada de flores, muitas vezes de pérolas e pedrarias, com grinaldas. Na mão direita, faz um gesto como que acenando um discurso. Na esquerda, segura um cetro ou rolo de papel sobre o qual vem gravada a palavra *suadere*, que significa "persuadir".

Esta referência à mitologia leva a pensar em duas coisas. Como estou a me orientar pela baliza do conceito de homoerotismo, há que pensar no "amor que não ousa dizer seu nome", salvo engano, expressão consagrada por Oscar Wilde. Por outro lado, o clima de sensualidade – sobretudo pelo "rolo" com a inscrição da pala-

---

[20] Não consegui encontrar referência a "hetárias". Creio ser sinônimo de prostitutas.

vra, que significa "persuadir" – completa a ambiência ambígua da cena, se considerada ao par de outra passagem, mais ao final de sequência relatada por Teixeira Gomes: "elas tomam, muito a sério e respeitosamente, o António Nobre por padre, o que o lisonjeia e lhe facilita a resistência". "Elas" são as prostitutas, colegas de trabalho de Rosália, a "musa" do autor do trecho que, encantado, não cessa de lhe venerar os encantos. O alcoice – lupanar, prostíbulo, bordel – é o espaço da sedução (clara similaridade semântica com a persuasão), local em que António Nobre pontifica lisonjeado pela "inocência" das mulheres que o cercam.

A finura irônica, para não dizer sarcástica da observação de Teixeira Gomes, se explicita contundente quando afirma que a situação "lisonjeia" o poeta. Completa a alfinetada, dizendo que a situação facilitava a "resistência". Ora, pode ainda haver dúvidas sobre a menção velada a uma possível homossexualidade recalcada de António Nobre, aqui explicitada pela resistência que demonstrava, aos olhos de Teixeira Gomes, em relação às prostitutas? Na continuação do trecho aqui citado, o autor se re refere aos trajes do poeta – a famosa capa preta, o chapéu e a "sebenta"[21] que continuamente carregava, copondo figura, ao mesmo tempo, inusitada e sedutora. A passagem, quer pela curiosidade, quer por sua qualidades, ilustra bem a possibilidade da abordagem aqui proposta. As cartas – pelo menos, as que aqui considero – serão outro item constitutivo desta mesma proposta, para consolidar a ilustração a que me refiro.

Faz-se necessário destacar que, na impossibilidade de se encontrar a contrapartida das cartas escritas por António Nobre, de autoria de seu amigo, Alberto de Oliveira, a "correspondência" está longe de perder seu sentido e relevância, como demonstro ao longo deste

---

[21] Trata-se de uma espécie de polígrafo ou apostila, caderno, fichário, que os estudantes de Coimbra costumavam usar, tanto para colecionar a matéria dada nas aulas, como para fazer suas anotações.

capítulo. Isso se dá pelo fato de que, em suas cartas, o poeta do *Só* não economiza na adjetivação que explicita seu afeto – como aqui já exemplificado –, ainda que, na última carta de sua lavra, publicada por Guilherme de Castilho, o "tom" mude radicalmente. De qualquer maneira, fica o registro da faixa etária de ambos que, em consonância com o contexto sócio-histórico-moral da época que assistiu a ascensão e queda de sua amizade, diz bastante a respeito dessa relação afetiva encoberta, então, pelo véu do segredo.

Antes dar continuidade ao passeio implicitamente anunciado, quero me deter, por um pequeno tempo, nas duas cartas do rompimento. A de António Nobre e a de Alberto de Oliveira – a única que, junto ao único cartão postal sobreviveu à sanha do fogo incontornável. Para melhor compreensão do sentido dos comentários que faço, é necessário citar literalmente as duas cartas, como segue:

Terça-feira   *26 — Rua de Carreiros*
25-8-1893   *S. João da Foz*

Meu caro Sr. Alberto de Oliveira:

Quando eu, há dias, lhe enviei polidamente uma serena carta, convidando-o a restituir-me o meu «Diário», cri fazê-lo ao grande amigo do meu passado, não ao delegado da 2.ª vara. Este senhor, porém, foi quem me respondeu e de código na mão: «a correspondência, uma vez expedida, pertence ao destinatário.» Ora eu já sabia deste pormenor legislativo. Há, contudo, nos usos sociais certas fórmulas de cortesia que em algumas circunstâncias se aplicam, tal a correspondência que se troca entre homem e menina. Ora o Sr. Alberto de Oliveira foi a menina de nossa correspondência. Confiado na dignidade de cada qual, enceta-se uma palestra postal que, às vezes, pelos mais inexplicados [?] da sorte acaba, um dia, e, nesse dia, se troca. Que seria ao contrário da reputação dos amorosos correspondentes? O nosso «Diário» está nesses casos. Seria a minha morte moral o seu conhecimento, na publicidade: posso eu ir-me breve, podemos ambos irmo-nos, moços, e assim ficaria nossa intimidade à mercê do primeiro curioso que, ao ver essa diária correspondência europeia dum homem conhecido, a tornaria pública, a princípio no círculo das suas relações e, mais tarde, ele ou outro, iria dá-la a Guttenberg. Não quero tal. Quero antes a incineração. Quando, há alguns meses, em Lisboa, motivos seus me levaram a cortar com o senhor as minhas melhores relações, não eram aqueles os meus desígnios: era ainda muito seu amigo e sabia-o meu a valer, para lhe dar um golpe desses que a mim próprio me feriria. Pensava que havia morte e temia os seus remorsos. — «Não era urgente pedi-lo, um dia será.» Quando se extinguem minhas relações com amigos queridos, respeito-os como aos mortos. Nem uma palavra de ultraje, quanto mais uma acção! Vi, porém, que da sua parte, contra todas as suas tradicionais regras de fidelidade e lealdade e bondade, se portou para comigo de maneira tal, por palavras que surpreendi e factos que vi com estes olhos tristes (que ainda o ficaram mais) que para a qualificar teria de quebrar a linha perdendo a minha serenidade. Começou naturalmente a extinguir-se a minha estima pelo senhor e a amarelecer essa flor «Não sei quê» que em si brotara e me dominava — a nobreza da sua alma: aí tem a acusação que eu lhe faço, delegado de outra vara, — e diga-me agora: não é humano, justo (justo delegado) que eu reclame um objecto que é uma honra possuir, não pelo espírito que o ditou, mas pela alma rude de carpinteiro (mas amiga) por essas três mil páginas esborrachadas a tinta? Os grandes cadáveres pertencem ao Pantheon, não às gavetas da sua secretária. Há dias enviei a sua casa a minha «bonne» para receber o meu «Diário» e entregar-lhe um pacote das suas cartas que tenho em Portugal. Esse pacote foi-me devolvido e esse ultraje fez-mo o senhor a mim, fazendo-se representar pela sua criada de meio. Assim fez a [?], Ontem procurava encontrá-lo no Porto para lhe pedir uma explicação deste facto. Não o encontrei. Devolvo-lhe, pois, dentro desta a eloquente carta que me escreveu, como um desforço à sua afronta. Quanto ao cumprimento da minha vontade, adio este incidente até ao meu regresso de Paris: no campo em que me coloco, necessito já agora da sua correspondência. Eu, abaixo assinado, quero o meu «Diário». E isto basta.

Antônio Nobre

****

António Nobre

Matosinhos[?] Julho 1893

À sua carta devo responder que a correspondência uma vez expedida pertence ao seu destinatário e não a quem a escreveu.

A sua amizade morreu, é certo; mas eu desejo trata-la como os grandes cadáveres e conservar dela todas as relíquias e lembranças que me foram caras. Quero dizer com isto que me julgo com direito a ser seu amigo até quando eu quiser, embora haja resolvido nunca mais na minha vida atas as minhas relações consigo (e como bem sabe, as minhas resoluções neste assunto nunca seguiram pelas suas).

Guardo o seu diário pelo mesmo motivo por que conservo o seu retrato nas minhas paredes, e conservarei sempre certa dedicatória no meu livro. Se tem empenho em suicidar-se na parte de sua vida em que me conheceu, eu por mim tenho o empenho contrário. Não é que tencione tão cedo ler as suas cartas antigas; mas a vida tem fases muito diversas e pode vir ainda a trazer-me doces impressões uma leitura que hoje só me entristeceria.

Do meu Diário faça o que o seu sentimento lhe mandar. Não posso, pelas razões que acabo de expor, aceder ao seu pedido.

Acerca dos restantes pontos da sua carta, pode estar certo de que não serão esquecidas as suas recomendações. Aproveito a ocasião para lhe fazer chegar às mãos um livro que o Manuel Gaio lhe envia por meu intermédio.

Alberto

As duas cartas aparecem na citação literalmente conforme seu registro na edição da correspondência ativa de António Nobre, preparada por Guilherme de Castilho, aqui compulsada (vide Bibliografia). De outra parte, conservo a formatação que vai impressa na citada edição. Outra explicação necessária é que a carta de Alberto de Oliveira se refere à outra recebida de António Nobre da qual não encontrei registro. Na edição de Guilherme de Castilho, esta carta aparece como nota de rodapé, como parte da explicação que o editor dá sobre a resposta de António Nobre. Seria interessante, eu suponho, encontrar a primeira carta escrita por este, neste contexto particular. Talvez nela houvesse a possibilidade de encontrar um motivo mais plausível para o rompimento de uma amizade tão partilhar e que continua no limbo do desconhecido.

Há um intervalo de 30 dias entre estas duas cartas. Este detalhe não tem nada de superficial. Dada a natureza afetiva da correspondência – e da relação entre os dois poetas – esse intervalo significa, de fato, que algo deve ter se passado entre os dois para que sua comunicação ficasse interrompida. António Nobre, escreveu antes, mas mesmo assim não se sabe o real motivo do rompimento. O pedido de restituição e papéis não me parece suficientemente consistente para dar fim à curiosidade sobre esta motivação. Quando em Paris, por conta da distância geográfica, explica-se a eventual demora entre uma e outra carta. Aqui, esta explicação não procede. "Meu caro Senhor Alberto de Oliveira" e "António Nobre", é assim, uma aparente familiaridade que, no fundo trai certa frieza e a distância afetiva que já a marca a relação entre os missivistas – sobretudo se comparadas às restantes cartas que António Nobre escreve a Alberto de Oliveira, em que o tratamento é bem outro. Nada das derramadas declarações de amor ao "Purinho", ao "corpo de leite", como em outras ocasiões. Nesta direção, pode-se destacar a expressão "troca entre homem e menina". Sugestiva a observação do poeta da Torre. Por acaso, como parece ficar claro na sequência da carta, o poeta se coloca na posição ativa de sedutor? Não o afirmo sob pena de exceder-me e, com isso, fixar barreiras de uma moralidade, ainda que censurável, procedente. O "chiste" me parece evidente; evidente demais para ser deixado de lado. Assim não fosse, equivaleria a desconhecer o comportamento, como direi, quase paternal de António Nobre para com Alberto de Oliveira, evidenciado na correspondência. No entanto, as barreiras da referida moralidade já estão furadas, dada a constância das referências afetivas que António Nobre não se cansa de fazer a Alberto de Oliveira.

Voltando a pensar nos motivos do rompimento, destacam-se duas outras passagens que merecem pequena digressão, são elas: "motivos meus me levaram a cortar com o senhor as minhas melhores relações ..." e "... por palavras que surpreendi e factos que vi com estes olhos tristes...". Continua a mesma sombra de dúvida, mas o possessivo no plural abre espaço para especular sobre eles, direcionando-os ao próprio autor do *Só*. Ele teria ficado ressentido com Alberto por ter visto alguma coisa evolvendo o seu "melhor amigo". Seus "olhos tristes", então, viram o que veio se ser a pedra angular do fim de uma amizade de tantos anos, marcada por um véu de afeto e tormento, como soe acontecer na biografia de Nobre. Esse rompimento não se deu abruptamente, como podem deixar transparecer os comentários que aqui faço. Prova disso é o que observa Guilherme Castilho:

> As razões do rompimento "oficial" – visto que o corte de relações datava já de "há alguns meses" – da amizade amorosa que

havia unido António Nobre e Alberto Oliveira são por demais complexas e subtis para poderem ser tratadas em pormenor na brevidade de uma nota. (CASTILHO, 1982, p. 525.)

A certa altura, António Nobre declara seu desejo de dar fim a todos os papéis que documentam sua amizade com Alberto: "Quero antes a incineração". Esse desejo nasce de certo temor que o poeta experimenta, na altura do rompimento, ao pensar na possibilidade de ver sua relação íntima com Alberto de Oliveira se transformar em assunto público, chegando ao mexerico e à maledicência. O temor de António Nobre se sustenta, a meu ver, por conta da consciência que este tem do "risco" que corre dada a "natureza" do afeto partilhado com o autor de *Palavras loucas*. Neste ponto, encontra-se a fonte de meu equívoco – mencionado no início deste trabalho. António Nobre também explicita o desejo que Alberto de Oliveira tem satisfeito: a incineração. Da comparação entre o que acontece com os papéis de ambos, pode-se dizer que, mesmo inconsciente, esse desejo desvela outro, mais profundo, que se esvai nos adjetivos e nas expressões afetivas com que António trata Alberto. Trata-se, de fato, de um ato revestido de muita ousadia, para a época a que se circunscreve.

Na carta de Alberto de Oliveira – a única a sobreviver da incineração – chama a atenção um pronome possessivo – "sua" – logo no início. O pronome põe uma pá de cal sobre qualquer possibilidade de dúvida sobre a constatação de que foi António Nobre quem, ao fim e ao cabo, desejou e realizou o rompimento. Dada a personalidade atormentada do poeta, o referido pronome chancela o pedido de Nobre para a devolução de seus papéis sob risco de tornar pública a intimidade partilhada. Alberto de Oliveira deca seu intuito – que alcança e cumpre – de manter vivo a feto que partilhou com António Nobre, bem como manter sua amizade por ele. O que não acontece na direção oposta. Como não tive acesso à mencionada carta de

Nobre (a primeira, que antecede as duas aqui consideradas) que poderia dar ensejo ao esclarecimento desse episódio, ficam vazias as lacunas que a correspondência cria. O real motivo, em que pesem as suposições de Guilherme de Castilho, ficará adstrito ao ais absoluto desconhecimento.

Alberto de Oliveira é firme no que diz respeito ao que construiu em sua relação com António Nobre: "... as minhas resoluções neste assunto nunca seguiram pelas suas (...)." (OLIVEIRA *apud* CASTILHO, 1982, p. 525.) Como as cartas de Alberto de Oliveira foram destruídas pelo fogo, as especulações podem ser muitas. A julgar pelas de António Nobre, esta afirmação de Alberto é por demais sintomática. É óbvia a dedicação quase serviu a que se entregou Alberto de Oliveira. Por outro lado, tal atitude também corrobora o poder de sedução de António Nobre. Tal peculiaridade é atestada pelas inúmeras declarações de afeto que Nobre faz a seu "melhor amigo", o "purinho".

Por fim, em sua carta, Alberto de Oliveira faz menção a "certa dedicatória" que António Nobre teria feito em um livro seu – um dos tesouros que o poeta promete guardar do Anto. O adjetivo que particulariza a decisão verbalizada por Alberto de Oliveira soa, no mínimo, instigante. Não consegui localizar e identificar tal exemplar e poucas, quase nenhumas, são as referências a esta obra. Sobram, uma vez mais, especulações endossadas pela correspondência ativa de António Nobre. O que ele terá escrito para levar Alberto de Oliveira a tal decisão, valorização absoluta de um objeto de afeto, assim peremptória?

O fecho dessas duas cartas se dá no mesmo tom. Os dois apenas assinam o próprio nome, sem mais preocupações. Talvez, na carta de Alberto de Oliveira, a ausência do sobrenome possa ainda denotar a permanência de um afeto antigo. A plausibilidade deste argumento se sustenta, dado o próprio conteúdo da carta que, a cada linha, parece reafirmar a permanência desse mesmo afeto por parte do missivista. Neste sentido, o conjunto de anotações e comentários que aqui se apresenta, parte da leitura das 41 cartas de António Nobre, escritas para Alberto de Oliveira ao longo de mais ou menos 36 meses.[22] O respaldo necessário é constituído pela hipótese de que há mais que indícios de que o amigo de António Nobre teria respondido às deste. Por outro lado, a única carta de Alberto, remanescente do "incêndio", igualmente publicada por Guilherme de Castilho, parece-me prova incontestável da solidez da relação afetiva estabelecida e vivenciada por ambos os poetas. Adianto que o aparente tom conclusivo desta assertiva, em nada e por nada, esvazia de sentido o caminho de leitura do conjunto de cartas aqui mencionado, haja vista, por exemplo, o trecho de outra delas:

> "Ó Alberto, como tu me fizeste bem! Eu que já andava um bocadinho zangado por não me fallares de Lar, recebo inesperadamente uma d'estas chuvas de leite, que nem na Mancha a do mar-bravo. Ainda me sinto molhado, mas não me mudo que estas chuvadas não constipam. Mas sabes d'onde especialmente proveio meu extasi d'homem? De ti, só de ti. Não é tanto pelo sonho, pela alma da carta: mas pela graça, pelo encanto, pela frescura, pela ingenuidade que de ti resultam. Has de ser sempre o Purinho do João Moca(*) e é isso que me encanta. Não, não há mais ninguém como Alberto. És o primeiro rapaz de Portugal. Convenci-me, hontem, que mora dentro de ti um enorme espirito. Questão de edade, apenas. Aos 30 annos, que livro não farás tu? Pois não será superior às superiores uma Alma que se deixa voar numa tão extraordinária sede de sonho, n'essa espantosa ansiedade, de Lar,

---

22 Este número é composto de dois conjuntos: o primeiro, reunido por Guilherme de Castilho em volume aqui referenciado na Bibliografia. O segundo, apresentado por Vera Vouga, em artigo igualmente registrado na Bibliografia.

de Paz, de Ventura que tu tens e que será preciso (...). (NOBRE *apud* CASTILHO, 1982, p. 182.)

Se isto não é uma declaração de amor, eu não sei o que é. Chamo a atenção para a expressão "chuva de leite" e "extasi de homem". Ambas remetem à ideia do sentimento homoerótico que alimenta a amizade entre os poetas e que as cartas de António Nobre tão bem explicitam. Considerando a simbolicidade dos termos, "leite" pode – seguindo as veredas de Freud e Lacan – ser associado a esperma. Este significante remeteria ao homoerotismo, aqui tão decididamente decantado. Este raciocínio tem respaldo na segunda expressão que, ainda que por vias indiretas, chega ao mesmo "significado". Pena é não haver (até prova em contrário) a possibilidade de encontrar uma carta que seja de Alberto de Oliveira que pudesse ser lida como eco dessas reverberações "nobrianas". O adagiário popular diz que a esperança é a última que morre. Então... O asterisco na citação refere-se a uma nota que o autor apõe, explicando quem é a pessoa referida na carta. Reproduzo aqui a nota que leva, no livro, o número 15:

Sapateiro de Leça da Palmeira, proprietário de uma pequena casa onde Alberto de Oliveira e António Nobre tinham veraneado. No soneto «Ao Alberto», analisado em «António Nobre: Os Versos Radicais», cit., a casinha térrea é evocada como a «*Thebaida* do Sr. João». (VOUGA, 1993, p. 89.)

Na "*Fotobiografia*", livro aqui registrado na Bibliografia, Mário Cláudio dá conta desta "personagem", importante para o *affair* entre os dois poetas portugueses. O local, que tive oportunidade de visitar – ainda que o imóvel já não exista e o urbanismo da cidade tenha sido modificado ao longo dos anos – é bastante evocativo do clima dos verões implicitamente referidos na passagem da professora portuguesa. Por essas e por outras é que, a cada passo, fica mais difícil acreditar e, por consequência, aceitar, a resistência de boa parte da crítica – mesmo nos dias que correm – em nomear os afetos e aceitar que António Nobre e Alberto de Oliveira viveram uma história de amor. Esta afirmativa não tem o elã de defender nenhuma ideologia militante. O registro é apenas para celebrar o afeto e sua história, num contexto peculiar.

Logo na primeira carta de António, lê-se referência à possível resposta de Alberto a cartas anteriores: "Li as tuas cartinhas" (p. 70)[23]. O diminutivo usado pelo missivista já aponta para o caráter afetivo que predomina na correspondência. O mesmo se pode inferir na carta de 6 de Outubro de 1889, enviada de Belos Ares (Porto), quando António diz: "(...) deves pensar, Alberto, na importância duma carta como esta, em que fazes revelações, que, eu sei lá, se serão verdadeiras ou falsas" (p. 75). Outra inferência é cabível aqui. Apesar da ambiguidade imposta pelo possessivo, não deixa de ser plausível pensar que se trata de carta de Alberto, escrita (talvez) para António. De mais a mais, a insinuação implícita na dúvida do Anto quanto às declarações de seu amigo, é mais que instigante. A que revelações se refere? O que estaria escrito na carta de Alberto, que levaria António a dar destaque a esta carta?

Mais adiante, na mesma página, Anto confirma o recebimento da carta – "Não imaginas o prazer com que recebi a tua carta". Que declarações teria feito Alberto de Oliveira para que António Nobre as destacasse da maneira que o faz nesta carta?

Seguindo o mesmo caminho, lê-se a carta datada de 9 de Outubro de 1889, enviada de Belos Ares – Porto. Nela há dois

---

[23] Isso pressupõe que, antes esta data, Alberto de Oliveira teria escrito outras cartas para Leça de Palmeira, onde, supostamente, estava António Nobre. Ao longo do trabalho, quando da referência às cartas de António Nobre faz referência apenas ao número de página como consta na edição de Guilherme de Castilho, registrada na Bibliografia.

detalhes curiosos, ainda que um eles já tenha sido referido: "(...) estava eu agasalhado no *monge* (*), estendido sobre a cama trouxe--mouxe, quando recebia a tua carta com guarda de honra (...)" (p. 78). O asterisco se refere a uma nota de rodapé na edição de Guilherme de Castilho e trata do nome dado ao traje negro usado por António Nobre, como aluno da Universidade de Coimbra, mas que se tornou ícone identitário do poeta, cristalizando-lhe o destaque. Anteriormente, há referência implícita a este traje na passagem, por mim comentada, de Teixeira Gomes. A "guarda de honra" refere-se a cartas dos dois outros amigos citados ou a eles mesmos? É clara a preferência do poeta ao dar destaque à pessoa de Alberto de Oliveira, no grupo de seus amigos.

A outra curiosidade é a expressão "trouxe-mouxe". A forma que a expressão tem é adverbial. A partir de consulta a dicionários diversos, a explicação que se encontra é a de que a expressão tem origem no espanhol *a troche y moche*, assimilação de *a troche y moche*, cujos termos constituintes são derivados regressivos de *trozar* (fazer em troços, pedaços, frangalhos) e *mochar* (mutilar). Em Português a pronúncia seria algo parecido com "a trôche môche". A expressão significa a torto e a direito, confusamente, a esmo, atabalhoadamente; sem ordem, em confusão, a esmo; de maneira desordenada, precipitada. Se utilizada como substantivo, segue a mesma trilha semântica: confusão, balbúrdia.

No contexto da carta, a expressão ganha sabor especial. Este termo composto aparece na expressão: "estendido sobre a cama trouxe-mouxe". De cara, a ideia que aparece é a de alguém largado sobre a cama, sem nenhuma outra conotação. Mas a expressão se insere numa carta, íntima e pessoal, em que António Nobre comenta o recebimento de mais uma carta de Alberto de Oliveira. Esta particularidade reflete-se sobre a expressão como as ondas que se forma sobre a placidez de um lago quando se atira uma pedra sobre ele. "Na cama", espaço de intimidade, de maneira desleixada, desarrumada. A "confusão", em primeira instância, refere-se ao "estado de coisas" em que se encontrava o poeta quando recebeu a carta de seu amigo "mais querido". Ora, a julgar pelo caráter da relação afetiva que os unia através das cartas, é plausível pensar numa extensão de sentido para esta confusão, a "balbúrdia" que aparece no campo semântico do termo a compor a expressão destacada.

Em outras palavras, pode-se ler, sem risco de cometer um contrasenso, nas palavras do poeta o que lhe vai na alma: a confusão, a balbúrdia, a desarrumação, que lhe vai no espírito. Este estado de coisas dar-se-ia, obviamente, pela distância que separa os dois amigos. No entanto, seu afeto também causa igual situação mental/espiritual. Ambos jamais explicitaram, verbal e discursivamente, esse mesmo afeto, a não ser metáforas e metonímias que "legitimavam" esta mesma relação. Fechando este passo do raciocínio, retomo os dois termos da expressão original em Espanhol: "*trozar* (fazer em troços, pedaços, frangalhos) e *mochar* (mutilar)". Os frangalhos (cartas) fazem mutilar o espírito do poeta que sofre com a distância de seu amigo, vivendo largado, a esmo, atabalhoadamente.

Ao longo de todas as cartas, encontram-se menções às possíveis respostas de Alberto de Oliveira, por exemplo. Em 23 de Outubro de 1889, na carta enviada de Coimbra: "Não posso responder, hoje, à tua carta (...)." (p. 80); na de 23 de Abril de 1890, também de Coimbra: "Só ontem a soube pela tua carta (...)" (p. 86); na de 19 de Junho e 1890, ainda de Coimbra: "Li teu bilhete" (p. 3). Mesmo não sendo uma "carta" propriamente dita, o registro serve para ratificar a existência (mesmo que nula atualmente) de escritos pessoais de Alberto de Oliveira. Nesta mesma carta, Anto faz referência a um guarda-sol. Por metonímia, é claro, ele se lamenta da ausência de Alberto que não está com ele a protegê-lo. Os indícios são inúmeros e bastam, a meu ver, para corroborar a tese de que Alberto de

Oliveira escreveu, de fato, para António. Por extensão de efeito, essas menções sustentam a hipótese de leitura da "correspondência". As inferências cabíveis atestam, pelos comentários do poeta do *Só* em suas próprias cartas, o que, possivelmente, Alberto estava a dizer naquelas que foram incineradas.

A carta datada de 22 de Junho de 1890, enviada de Coimbra traz a seguinte observação: "Optimos os teus versos (...) a carta que ontem me dirigistes só me deixou tédio insuportável (...). (p. 95). Nela, para alem do indicio constante, como referido, o poeta se refere à produção de seu amigo. Na discussão da carta como gênero, aqui sumariamente explicitada, este aspecto é relevante. No caso dois poetas portugueses, em particular, tal comentário remete à seriedade com que ambos tratavam, tano sua amizade, quanto sua produção poética. Seria interessante determinar o(s) poema(s) a que Anto se refere. Apesar de não conhecer profundamente a poesia de Alberto de Oliveira e de não ser ela o foco deste trabalho, por curiosidade, talvez, os versos poderiam mostrar um pouco da personalidade do poeta, ilustrando a observação que aqui faço.

De fato, duas coisas chamam a atenção aqui: o uso da expressão "Purinho Alberto" (linhas adiante, na mesma carta), numa clara explicitação da mudança proposital de gênero de adjetivo para, por conveniência de circunstância e contexto, desvelar seu afeto por Alberto publicamente. A segunda coisa é lembrar de que a referência à atriz que inspira Alberto de Oliveira a compor os versos que envia a Anto sustenta a hipótese do pacto homossocial feito, mesmo que implicitamente, por ambos os poetas. Isso respalda a afirmação de Mário Cláudio, quando ressalta que a ideia de crime, portanto, de condenação, numa relação entre homens, está no ato da sodomia, na prática da pederastia... Logo, ambos se envolviam afetiva e, até, sexualmente, com mulheres, o quê não desfaz o pacto como bem demonstram as cartas de Anto. Há também referência a "obsequiosas cartas de Coimbra" (p. 95) escritas para onde? Paris? Leça? Dirigidas a quem?[24]

Na carta datada de 30 de Junho de 1890, enviada de Coimbra, António Nobre pergunta e observa: "… por que razão assinas agora as cartas com o nome de agoirenta árvore? Estive, há pouco, a verificar nas antigas e não o fazias" (p. 97). O uso do plural faz certa a constatação de que as cartas de Alberto existiram, à época; o que faz crer que, se não foram destruídas pelo poeta (hipótese da minha esperança, para não dizer ilusão), se se perderam, ou estão presas nas eternas masmorras das idiossincrasias familiares lusitanas, repousam por aí, sem serem lidas por mais ninguém, a eternizar um "segredo" que, jamais revelado, paira adstringente sobre a imaginação pecaminosa, pândega, crítica, iconoclasta, compassiva – de quem se põe a conjuminar sobre as idas e vindas desta escrita a dois. Escrita manca, nas cartas. A árvore "agoirenta" seria a Oliveira, usada como sobrenome do "amigo mais querido"? O significado desta palavra como nome remete à ideia de paz, sucesso e glória. O contrasenso implícito na carta pode remeter a certa "confusão" ou a um estado de espírito peculiar do poeta. A observação fica aqui a título de curiosidade.

Num bilhete postal, datado de 5 de Outubro de 1890, enviado de Coimbra, António Nobre diz: "Ténia como sempre, vergastando o Dr. Fausto, o Lombo e não sei se Geraldes, os três do 2.º ano, que sempre foi sua obsessão" (p. 6). Na verdade, o interesse por esta passagem não tem nada a ver com Alberto de Oliveira (diretamente), mas com o caráter curioso que envolve a observação do missivista. Ténia, Lombo e Geraldes são nomes (até prova em contrário) de colegas de faculdade de António Nobre. Dr. Fausto, como

---

[24] Uma curiosidade que aparece nesta e noutras carta é: o que, de fato, significa "psicologias" no discurso de António Nobre? O que será que ele queria, de fato, dizer com isso? Ele sempre usa esta palavra para se referir a conversas, palavras, pensamentos, atitudes, exclamações, declarações, etc. ele mesmo e até de outrem.

explica a nota de Guilherme de Castilho, é pseudônimo de Alberto de Oliveira. Na situação em que se contextualiza a observação de António Nobre, Alberto não está presente, obviamente. Os outros dois, sim. O curioso é estabelecer a quem se vincula a obsessão de Ténia: ao "2.º ano", como situação; ou aos três outros? Sendo este o caso, pode-se inferir que Ténia alimenta, em relação ao objeto de sua "obsessão", o mesmo afeto que une António e Alberto. Disso tudo, fica a certeza da plausibilidade do pacto homossocial como "amarra" não apenas da correspondência entre os dois poetas, como também, e mais amplificadamente, de sua amizade.

Na carta datada de 22 de Outubro de 1890, enviada do navio Britannia, a caminho de Paris (sobretudo, os dois primeiros parágrafos. (p. 109-110), a declaração de amor que se desenha nestes parágrafos, é por demais óbvia para se apor a ela qualquer comentário. No entanto, na sequência da carta, o editor da correspondência apresenta nota explicativa à referência ao "diário" proposto (e mantido!) por António Nobre e Alberto de Oliveira.[25] A surpresa reside no anúncio, que nesta nota se faz, do rompimento, um tanto tempestuoso, ao que parece, da amizade entre António e Alberto.

No conjunto de propósitos desta investigação, creio que o ideal – para não dizer a perfeição – seria encontrar o tal diário – é claro que é de conhecimento público que, a pedido do próprio António Nobre, o tal diário (composto, na verdade, por um conjunto de bilhetes e cartões postais), ao que se sabe, foi queimado, destruído, apagado completamente da face da terra. Se, em Matosinhos, tivesse sido possível encontrar papeis de Alberto de Oliveira e, entre estes, alguma carta – das que escreveu a António Nobre, ou outras em que, porventura tenha se referido a este rompimento – valeria a pena analisá-la e comentá-la, as observações que faço aqui ganhariam em espessura e significação.

---

[25] Ver a nota 4, à página 510, do livro de Guilherme de Castilho.

Chegamos ao núcleo de minhas especulações, depois de passagens de algumas cartas escritas por António Nobre. Este passo de meu raciocínio serve para consolidar a ideia de que as cartas de Alberto de Oliveira foram escritas, ainda que não se possa comprovar tal fato por conta do "incêndio". No entanto, do que ficou – para além de histórias, comentários, análises e elucubrações – uma carta de Alberto de Oliveira sobreviveu à sanha do ensaio de Nero português. É a carta do rompimento. Antes de chegar nela, quero dar uma última olhada na correspondência de António Nobre. A última parada é uma das primeiras cartas que António Nobre escreve para Alberto de Oliveira, logo no início de sua viagem até Paris. Note-se que mantenho a convicção da imanência da questão inicial aqui aventada: pode ser a carta lida e usufruída como obra de Literatura, ou constitui apenas um material auxiliar para o conhecimento de seu autor, de problemas relacionados com a sua obra, de suas concepções e de seu ambiente social? A resposta me parece um tanto óbvia. Assim não fosse, eu não me debruçaria na leitura destas cartas que gritam por respostas que, aparentemente estão por vir, em algum lugar do passado.

As cartas de António não apenas são documento de um processo criativo, poeticamente insinuado por sua própria escrita e pela publicação do *Só*, como também revelam a intimidade do poeta, igualmente exposta de maneira poética, ainda que matizada por sua característica melancolia e certo exagero. Nesta perspectiva, são esclarecedoras as palavras de Guilherme Castilho, editor de uma edição da correspondência de António Nobre:

> *O valor mais evidente deste conjunto de escritos pessoais vem--lhe precisamente de documentarem, de maneira sistemática e com um pormenor até hoje não revelado, como os vários lances da biografia do homem-António Nobre engendram a personalidade* sui generis *do artista criador – que o mesmo é dizer: como a sua*

sensibilidade, aqui multiplamente posta à prova em face da vida, foi determinante fundamental da formação do artista. Por isso é que ler estas cartas sem conhecer o Só seria ter a visão incompleta de uma unidade, conhecer uma causa que só verdadeiramente interessou pelo efeito que produziu. Revertendo à inversa – à hipótese de se ler o Só sem conhecer as cartas –, é evidente termos de reconhecer que a poesia daquele não precisará á estas para ter realidade, porque toda a obra de arte existe por si. Mas a «realidade» que ela é, a obra acabada que ela representa, tem no conhecimento e na interpretação destes documentos biográficos o mais precioso instrumento de estudo da evolução do «fazendo» para o «feito». (CASTILHO, 1982, p. 14.)[26]

Percebe-se neste comentário a consonância com o questionamento que o antecede. Sem ficar estacionado nesta micro polêmica, acrescento apenas que o exercício dinâmico da leitura – quer das cartas, quer do livro de António Nobre, quer ainda do trânsito entre ambos os conjuntos de textos – faz bem ao conhecimento do poeta. Na mesma medida, oferece a oportunidade para um melhor entendimento do processo criativo do mesmo poeta. Além disso, esse mesmo exercício abre a possibilidade de inferir detalhes e nuances na personalidade cartorial do homem António acerca, sobretudo, de sua afetividade e a seus relacionamentos pessoais – incluindo-se aí, obviamente, a amizade íntima partilhada com Alberto de Oliveira. Ao fim e ao cabo, o que vale mesmo é a leitura dos textos – poesia e cartas – como forma de alargar o conhecimento em seu mais largo e denso conceito. Para o passo final anunciado, não transcrevo a carta que me interessa na íntegra, porque longa. No entanto, para que a análise não fique desarticulada e pareça solta ou, mesmo, sem

---

[26] O trecho está em itálico no livro publicado por Guilherme de Castilho. Conservo aqui a formatação que lhe deu o editor.

sentido, transcrevo a passagem em que se encontram os elementos suficientes para sustentação de minha leitura, apesar de também não ser assim tão curta:

Uma nota curiosa desta manhã: um casal de passarinhos do tamanho de cotovias tem vindo a acompanhar o vapor, em pleno alto-mar, tão longe de terra; a esta hora não sei o que será deles, ou vão pisados no paquete, ou tombaram esfalfados sobre a água. Pobres Almas de Alice e Alberto! Sabes o que esta manhã vi, também, curiosíssimo? Uma baleia, mas distante infelizmente, notando-se apenas a água que o monstro espirrava para o Ar. Não me borrifou, entretanto. Também te quero dizer que o *Britannia* nasceu em 1873, tendo pois a tua idade: sois, talvez, gêmeos, mas não sois com certeza patrícios, por que o teu corpo de Purinho, desengonçado e cor de leite, foi batizado na concha de pedra da Igreja de Santo Ildefonso, o desse monstro do *Britannia*, sólido e negro, tem o seu nascimento arquivado, nalguma babilónica oficina de Liverpool. Contudo, há esta coincidência mas eu não consinto que a tua pilinha-morango, toque nem de leve o vergalho deste paquete. Alberto, são 2 ½ da tarde: vou à tolda saber notícias da nossa marcha e, pela noite, depois do jantar, virei concluir esta folha. Até logo. (CASTILHO, 1982, p. 116.)

O primeiro período, pra repisar o óbvio, respira à poesia, o que corrobora a interlocução acima aventada. A observação intercalar já aponta para certa melancolia a marcar o estado de espírito do poeta, tanto como parte da carta em questão, quanto expressão da peculiar melancolia constitutiva da personalidade de António Nobre. Uma pena não ter sido encontrada a carta que possivelmente Alberto de Oliveira teria escrito a António Nobre depois desta, ou mesmo, antes. Caso assim o fosse, poder-se-ia averiguar até que ponto a correspondência entre os afetos que enlaçava os dois poetas verifica-se na "troca de cartas que mantiveram durante tanto tempo. Sobretudo no que diz respeito às comparações que Nobre faz. A reação de Alberto seria por demais esclarecedora, mas vai ficar sepultada na campa das inferências.

De qualquer maneira, vale a sua abordagem, nos termos em que aqui se coloca. A carta em que se encontra este trecho foi escrita em 24 de Outubro de 1890, e foi enviada por António Nobre do navio *Britannia*, quando a caminho de Paris. Vale lembrar que o estado de espírito do poeta não era dos melhores. Por um lado, havia sido reprovado por duas vezes seguidas nos exames em Coimbra, não podendo conseguir aí o diploma de Bacharel em leis. Por outro, a separação do "amigo mais querido"[27] que ficou em terras portugue-sas, o que criou o horizonte de expectativas das cartas que trocaram. O poeta faz, neste passo da carta, uma comparação entre o navio em que viaja e o corpo de Alberto de Oliveira. Uma comparação não apenas "saborosa", mas reveladora.

O adjetivo destacado remete a Barthes em seu livro *O prazer do texto*. Como espaço de exposição da intimidade – ainda que este não seja, conscientemente, o objetivo de quem escreve – uma carta é sempre circunscrição de um perímetro desenhado pelo desejo, seja ele de que natureza for. De um modo ou de outro, a carta en-seja uma experiência que tem "sabor", porque revela/constrói um "saber", simultaneamente, sobre quem escreve e sobre quem lê. Ambos degustam este processo e seu resultado, seus efeitos. Neste jogo de sedução mútua, via de mão dupla sustentada pelo texto, há o que Barthes chama de *jouissance*. O trecho citado abaixo ajuda, e muito, na compreensão da relação estabelecida entre os dois poetas

---

[27] Coloco a expressão sempre entre aspas, não porque alguém a tenha citado – e creio que tenha sido – mas porque é usada aqui e ali, e por mim mesmo, para identificar Alberto de Oliveira.

portugueses, de que a carta em questão é instrumento de comunicação e partilha de afeto:

(Prazer/Fruição[28]: terminologicamente isto ainda vacila, tropeço, confundo-me. De toda maneira, haverá sempre uma margem de indecisão; a distinção não será origem de classificações seguras, o paradigma rangerá, o sentido será precário, revogável, reversível, o discurso será incompleto.)

Se leio com prazer esta frase, esta história ou esta palavra, é porque foram escritas no prazer (este prazer não está em contradição com as queixas do escritor). Mas e o contrário? Escrever no prazer me assegura a mim, escritor o prazer de meu leitor? De modo algum. Esse leitor, é mister que eu o procure (que eu o drague), sem saber onde ele está. Um espaço de fruição fica então criado. Não é a pessoa do outro que me é necessária, é o espaço: a possibilidade de uma dialética do desejo, de uma imprevisão do desfrute: que os dados não estejam lançados, que haja um jogo. (BARTHES, 1973, p. 7-8.)

A passagem de *O prazer do texto* encerra o sentido que pretendo perceber e sustentar, na leitura da passagem da carta de António Nobre, referida acima. Nela, a decisão do tradutor de usar "fruição" no lugar de "gozo", faz com que eu, de certa forma, pense na experiência pela qual passou António Nobre, enquanto escrevia esta carta. Percebe-se, claramente, a meu ver, o seu "prazer" ao falar do "amigo mais querido". Por outro lado, fica estabelecido um elo de significação entre os elementos utilizados pelo poeta na

---

[28] Alguns críticos têm considerado que a melhor tradução de *jouissance* para o português seria gozo, uma vez que esta palavra daria, de um modo mais explícito, o sentido do prazer físico contido no termo original. Acredito que a palavra *fruição*, embora algo mais delicada, encerra a mesma acepção – gozo, posse, usufruto –, com a vantagem de reproduzir poeticamente o movimento fonético do original francês. Em todo caso fica para o leitor o prazer que pretenda desfrutar nesta leitura.

construção de sua comparação, sobretudo o morango, como há de se ver mais abaixo. De qualquer modo, as ideias de Barthes neste trecho sustentam a minha ideia de que a leitura das cartas *a posteriori* cria o espaço a que o autor francês se refere. O espaço da fruição/gozo que a leitura proporciona e que pode ser intensificado pelas associações livres que a partir do texto se constroem. Estas influenciam diretamente na mesma experiência de fruição/gozo da leitura, em *continuum*.

A passagem da carta aqui considerada está, de fato, diretamente ligada aos indícios da existência das cartas de Alberto de Oliveira, em resposta às que recebeu de António Nobre. Mais um deles... Para além disso, muito além aliás, está uma série de três pares comparativos feitas pelo poeta "da torre", envolvendo seu amigo e o navio em que viajava. Deste trecho, destaco a seguinte passagem:

> "... sois, talvez, gêmeos, mas não sois com certeza patrícios, por que o teu corpo de Purinho, desengonçado e cor de leite, foi batizado na concha de pedra da Igreja de Santo Ildefonso, o desse monstro do *Britannia*, sólido e negro, tem o seu nascimento arquivado, nalguma babilónica oficina de Liverpool. Contudo, há esta coincidência mas eu não consinto que a tua pilinha-morango, toque nem de leve o vergalho deste paquete." (P. 116.)

O primeiro par, menos "saboroso", aponta para a coincidência entre o ano de nascimento de Alberto de Oliveira e o de inauguração do *Britannia*, 1873.[29] São "gêmeos", como diz Nobre, apesar de

---

[29] Uma observação necessária: na consulta que fiz na internete, encontrei referências a oito navios com o nome Britannia. Um deles naufragou em 1873, um outro foi demolido em 1909. Os demais são posteriores a este período. A considerar data da carta, cabe afirmar que se trata deste, no caso da viagem de Nobre. Terá sido ato falho do poeta? Gralha na edição das cartas? No entanto isso contradiz a base de toda a comparação que faz com Alberto de Oliveira, pois o primeiro aqui referido foi construído em 1863. Somente no caso do naufrágio, há coincidência

nacionalidades diferentes. Dada a particular oscilação de António Nobre em relação a seus sentimentos quando se trata dos ingleses, de cara, evidencia-se a preferência pela própria identidade cultural, o que vai ficar cada vez mais evidente nos pares comparativos seguintes. De mais a mais, *"ler estas cartas sem conhecer o Só seria ter a visão incompleta de uma unidade, conhecer uma causa que só verdadeiramente interessou pelo efeito que produziu."* (CASTILHO, 1982, p. 15.) Este "detalhe" aprofunda a hipótese defendida pelo editor da correspondência quando afirma que a leitura das cartas não prescinde da leitura do *Só*, e vice-versa. Isto posto, a abordagem dos pares comparativos como é feita aqui, segue o rastro do que propõe o editor da correspondência. Por tabela, a fortuna crítica do poeta se enriquece e a contextualização, simultânea, de sua vida e de sua obra recebem o mesmo influxo de compreensão e alargamento crítico. Ao fim e ao cabo, o caráter homoafetivo da relação entre os dois poetas fica, ainda uma vez, confirmado e um tanto mais explícito.

Na primeira assertiva do segundo par comparativo, António Nobre opõe "o corpo de Purinho, desengonçado e cor de leite" a "monstro do *Britannia*, sólido e negro". Os adjetivos em contraposição explícita revelam dobras semânticas insuspeitadas, quando observados/lidos sob a o enfoque da lente do homoerotismo: "desengonçado" opõe-se a "sólido", deixando entrever a delicadeza do afeto que aproxima e une os dois poetas, não sem confirmar a intimidade física entre eles. O sentido dicionarizado de "desengonçado", aqui, é abandonado para ceder espaço a uma acepção envolvida por afeto, carinho, que ressalta, ainda uma vez, a delicadeza da relação entre os dois poetas. Na sequência, "cor de leite" opõe-se a "negro". O cromatismo, em primeira instância, apela para a dicotomia totalidade/

---

entre as datas... Isso parece muito sintomático e sugestivo. Consultado em http://en.wikipedia.org/wiki/SS_Britannia, no dia 5 de Fevereiro de 2015.

nulidade se se considerar o pressuposto da Física, que apresenta o branco como a presença de todas as cores e o negro como a sua ausência. Daí para o simbolismo de dicotomias que as duas cores ensejam e sustentam é um pulo: a pureza e a sujidade, a inocência e o vício, o dia e a noite, o permitido e o condenado.

Num breve excurso a esta argumentação, cabe destacar a brancura referida pelo poeta sem sua comparação. Isto porque, em outras alturas da correspondência, há referência ao leite como líquido de celebração da amizade afetuosa partilhada por António Nobre e Alberto de Oliveira: torna-se quase um ícone. Ora, se o caráter simbólico for aqui (também) viável, seria aceitável associar a substância do leite como elo que traz à tona o sêmen, muitas vezes identificado terminologicamente à mesma substância. Esta inferência coloca-se a anos luz de distância de qualquer insinuação de sodomia/pederastia, como variante (ainda que possível) do pacto homossocial estabelecido, mesmo que inconscientemente. No diapasão desta nota, a Psicanálise dá o tom, fazendo com que a plausibilidade da associação seja respaldada pelo axioma lacaniano que toma a linguagem como modo de operação do inconsciente.

A "insinuação" a que me refiro acima não tem aqui o papel de determinar o direcionamento dos sentidos que circunscrevo aos pares opositivos que examino. Estou longe, muito longe de querer afirmar que as práticas de sodomia e/ou pederastia foram um dos aspectos da relação entre António Nobre e Alberto de Oliveira – que seria passível de punição, como bem lembra Ana Paula Arnaut em seu artigo aqui referido. Na verdade, a sustentar a hipótese que venho desenvolvendo, cabe muito mais argumentar a favor da supremacia do desejo. Assim, os pares comparativos funcionariam como uma espécie de jogo. Este, por sua vez, teria alguma semelhança ao que é pensado por Freud a este respeito.

Seguindo em frente, a segunda assertiva da mesma comparação aponta para outra dicotomia: sagrado/profano. A "concha de pedra de Santo Ildefonso" é o par opositivo de "nalguma babilónica oficina de Liverpool". Ressalte-se que a referência utilizada por Nobre – Alberto/Igreja de Santo Ildefonso e Britannia/Liverpool – também pode levar a outro nível de comparação que é o das circunstâncias e da conjuntura da Europa à época. Por metonímia, é plausível pensar na comparação entre o desenvolvimento da Inglaterra e certo atraso industrial português. Ora, a "concha de pedra" opõe-se à "babilónica oficina". A primeira recebe, aconchega, acolhe; a segunda produz, apresenta, lança. O adjetivo "babilónica" é o significante que dispara o discurso comparativo de oposição entre o sagrado e o profano. De mais a mais, a mesma oposição serve para reforçar o caráter afirmativo da valorização do relacionamento entre os dois poetas, conforme atestado nesta correspondência. Uma vez mais, por vias transversas, o pacto homossocial é celebrado.

Ao final, o terceiro par comparativo, o mais "saboroso", eu diria. Admitindo, uma vez mais, a coincidência, António Nobre nega consentimento à identificação completa entre o navio e o seu amigo: a "pilinha-morango" é oposta ao "vergalho". Pila, em Portugal, é usado para identificar o pênis, sobretudo coloquialmente. No Brasil, mais especificamente no Rio Grande do sul, significa, também, dinheiro.[30] O primeiro significado coloquial se aplica a "vergalho". O diminutivo do primeiro, que pode ser referência à dimensão do órgão masculino, aprofunda o sentimento carinhoso e delicado devotado pelo autor da carta a seu amigo. A força fonética do segundo termo confirma a ideia representada pelo navio, nas comparações feitas por António Nobre. O "sabor" da comparação – e aqui o sentido do substantivo se sustenta no pensamento barthesiano – não deixa de ser sugestivo, no uso de "morango", funcionando como

---

[30] Outro nível de aproximação semântico-discursiva é facilitado aqui: o da associação entre sexo e dinheiro, leia-se prostituição e, no caso específico, masculina. A perspectiva sociológica fica mais explícita e eficaz. Isto fica para outra oportunidade.

índice identificador, uma espécie de predicativo do sujeito. Por um lado, a delicadeza da fruta que se revela no adocicado e no líquido associados ao paladar e, por outro, a cor que identifica, indiretamente, a "adolescência" de Alberto de Oliveira. Estes detalhes ratificam, uma vez mais e definitivamente, a delicadeza percebida, devotada e celebrada na/pela relação entre os dois poetas.

Na sequência de comparações feitas por António Nobre, se Freud não estava errado, percebem-se indícios do que este chama de compulsão à repetição. O poeta sempre volta ao navio como elemento comparativo em relação ao corpo de Alberto de Oliveira. Este aparece, na repetição, como elemento de desejo do sujeito nostálgico que é António Nobre a bordo do navio, a caminho de Paris, sozinho. Ao mesmo tempo que constrói as comparações, forçosamente, Nobre recorda a sua experiência afetiva com Alberto. Isso funciona como combustível para o processo desenvolvido ao longo da carta. De acordo com Freud:

> O recordar, tal como era induzido pela hipnose, só podia dar a impressão de um experimento realizado em laboratório. O repetir, tal como é induzido no tratamento analítico, segundo a técnica mais recente, implica, por outro lado, evocar um fragmento da vida real; e, por essa razão, não pode ser sempre inócuo e irrepreensível. (FREUD, 1976, p. 195.)

Na comparação feita por Freud, o método da hipnose ajudava o paciente a recordar de elementos que serão analisados durante o processo terapêutico. Esses elementos funcionam como estopim para a eclosão dos sintomas que, tratados terapeuticamente, colocam o sujeito em estado de "normalidade". Evidentemente, a troca de cartas entre os dois poetas portugueses não é exatamente um exemplo de processo terapêutico, mas um seu similar. Na mesma medida, a hipnose não entra nas cogitações de abordagem desta troca de cartas, mas a repetição constante das comparações feitas por António Nobre sim. De qualquer maneira, essa atitude de Nobre, abre espaço para a especulação que desenvolvo sumariamente aqui. No intuito de fazer "real" o seu afeto, mesmo levando-se em consideração o caráter introvertido da personalidade de António Nobre – como aqui já aventado – o poeta usa a repetição, inconscientemente, é claro, como forma de alcançar a realização de seu desejo: a proximidade com Alberto de Oliveira. A propósito da aproximação com a Psicanálise, através da menção e dos comentários ao texto de Freud aqui referido, trago um comentário de Ana Paula Arnaut, acerca de um livro de Mário Cláudio, *Retrato de rapaz*. Sobre o romance, nesta perspectiva, ela diz:

> Baseando-se, por exemplo, no estudo psicanalítico de "A Virgem e o Menino com Santa Ana"[31], e também no que Leonardo da Vinci escreve no *Codex Atlanticus*[32], sobre a memória de ter sido atacado no berço pela cauda de uma ave de rapina, o criador da Psicanálise *(re)desenha* nas vestes da Virgem os contornos de um abutre e defende que na imagem é possível observar a manifestação de uma homossexualidade passiva[33].
>
> Segundo Freud, na apreciação da designada "fantasia do abutre", não esquecendo que esta é ainda decomponível em elementos simbólicos relacionados com o nascimento ilegítimo do pintor[34], e não esquecendo também que na hieroglífica egípcia este signo representa a ideia de mãe[35] (...) (ARNAUT, no prelo.)

---

[31] Óleo sobre madeira, pintada em Milão entre 1508 e 1513 e hoje exposta no Museu do Louvre, em Paris. Ver http://pt.wikipedia.org/wiki/A_Virgem_e_o_Menino_com_Santa_Ana (consultado em 12 de maio de 2014).

[32] Compilação de estudos escritos entre 1478-1519 (12 volumes que atualmente se encontram na Biblioteca Ambrosiana, em Milão).

[33] FREUD, 1990, p. 39-55.

[34] *Idem*, p. 53-54.

[35] CIRLOT, 1990, p. 105.

Ora, os comentários dizem respeito a um romance de Mário Cláudio, no entanto, a ideia que destaco pode ser articulada à leitura do trecho da carta de António Nobre, objeto de minhas especulações aqui. Trata-se do jogo do *Fort-Da*, metaforicamente representado pelo trabalho de desenhar o contorno do milhano, ou milhafre – ou qualquer que seja a ave –, no quadro de Da Vinci, para desenvolver a sua hipótese de homossexualidade do pintor. Este detalhe me interessa, o do jogo – para Além do contato semântico-discursivo com a ideia de sexualidade. Ao fazer o que fez, Freud corrobora o que faço com o tirar e por referências discursivas nos termos com os quais António Nobre constrói suas comparações entre Alberto de Oliveira e o navio em que viaja.

Jurandir Freire Costa, em seu livro *A ética e o espelho da cultura*, faz uma espécie de balanço histórico-conceitual, da ideia de certo/errado, normal/anormal, aceitável/condenável. Sem especificar um termo, ele passeia por esse tipo de dicotomia que atravessa a cultura ocidental. O que ele faz, serve como anteparo às ideias que desenvolvo neste artigo. Por isso mesmo, trago aqui um pequeno atalho ao seu longo percurso de raciocínio. Aponta ele que, já há muito tempo, notadamente em 1484, quando o papa Inocêncio VII publicou uma bula condenando a excomunhão, interdição e outras penas e castigos "sem apelação" para todos os indivíduos que se opusessem às atividades inquisitórias, Heinrich Kramer e James Sprenger, dois monges dominicanos alemães de reconhecida presença no contexto das ações e efeitos do Tribunal do Santo Ofício publicaram *O martelo das feiticeiras*, manual dedicado à prática da Inquisição de mulheres possuídas. Neste livro, encontra-se a afirmação de que era heresia não acreditar em feitiçaria, pois "as leis eclesiásticas demonstravam que negar a existência de bruxas era contrário ao sentido óbvio do Cânon" (KRAMER; SPRENGER, 1991, p. 53). Encontra-se também nele, como em bons manuais o "como fazer" para os procedimentos de identificação reconhecimento e punição das mulheres[36] possuídas. Jurandir continua dizendo que, quase cem anos depois, em 1570, o médico francês Jean Weir escrevia *Da impostura dos diabos*, tratado polêmico em que era afirmado que nem todas as mulheres que se comportavam como feiticeiras eram, de fato, possuídas. Algumas eram doentes, loucas, e por isso, antes de julgadas e mandadas à fogueira, deveriam ser examinadas pelos médicos, os únicos que, à altura, estavam habilitados a entender "diferenças, regras e causas de qualquer mal engendrado contra a ordem da natureza" (WIER, 1970, p. 6).

Dando um salto para o século XIX – que nos interessa de maneira particular, dado ser neste período que se localiza a correspondência entre os dois poetas portugueses, da qual extraio o trecho de uma carta sobre a qual venho tecendo meus comentários – afirma-se certa "crença cega" no demonismo por parte de Wier, oscilando o caráter de seu pensamento entre o teológico e o médico. Em 1970, ainda sobre o mesmo autor, Marc Lamesi pergunta: "O 'Diabo' de Jean Wier, este 'diabo' que faz agir as feiticeiras e que provocou tanto escândalo, não seria o 'inconsciente', 'a peste' sobre a qual não paramos mais de falar?" (*Idem, ibidem*).

Há, e sempre houve, controvérsias. Pode-se ou não concordar ou discordar dos argumentos que nelas circulam. De qualquer maneira, é irrecorrível reconhecer que o fenômeno da feitiçaria é mais uma prova da superstição de "almas pré-científicas". No estado atual das ciências – ainda que seja esta expressão ambígua em seu caráter discursivo comportamental – faz-se mister levar em conta que o progresso do conhecimento respalda a certeza de que o mal de que sofriam feiticeiras e inquisidores é a ignorância, o desconhecimento ou recalcamento da realidade sexual do inconsciente. Talvez não seja

---

[36]Fico me perguntando: será que somente as mulheres eram (foram) vítimas de possessão? E os homens? Há de haver histórias e mais histórias que possam vir a documentar as possíveis respostas a esta pergunta.

ousado demais afirmar que hoje, neste saber "científico" está a chave do enigma de ontem. No entanto, ao se deparar com textos como os das cartas de António Nobre para Alberto de Oliveira e, dentre elas, a que aqui tomo como objeto de observação, essa afirmação ganha outros contornos. Coloca-se, em questão – como bem quer a Psicanálise – a ideia de que a verdade, envolta durante tanto tempo na ilusão pode, por fim ser revelada. Esta assertiva também sofre a síndrome da desconfiança.

As bruxas podem ser iconizadas como efeito da crença em bruxaria. Sem a crença em bruxas, não haveria mulheres que sentissem, agissem, se reconhecessem e fossem reconhecidas como bruxas. Tampouco haveria religiosos, moralistas, médicos etc., no controle das discussões acerca das causas do fenômeno, na busca do melhor caminho para a "cura" e, obviamente, o controle dessas "anomalias". Analogamente, é possível pensar que as crenças a respeito da sexualidade são apresentadas como fundadas em "fatos evidentes". Deste modo, desde o século XIX, a divisão natural dos sujeitos em "heterossexuais, bissexuais e homossexuais" passa a ser mais um elemento a constar de supostos "manuais" – ainda que apenas imaginadas, por vezes concretizados – de controle e "cura". Categorias de um saber que pode ser dominado.

Isso impõe à maioria das pessoas um dado imediato da consciência, como algo "intuitivo" e, portanto, como algo universalmente válido para todos os sujeitos em qualquer circunstância espaço-temporal. No entanto, com um pouco de imaginação, é possível conceber um caráter mais flexível para taxonomias tão fechadas. Fico pensando no grau de angústia que devia manifestar-se inconscientemente no espírito de António Nobre e de Alberto de Oliveira, ao trocarem confidências íntimas, dando vazão a um afeto que, dadas as circunstâncias, tinha necessariamente de ser recalcado, metaforizado. Acredito que o exercício poético de ambos é a demonstração mais evidente do processo de recalcamento a que ambos foram impostos pelas circunstâncias do momento em que viveram. Talvez esta tenha sido a estratégia de Nobre. Coisa de que duvido, mas não posso deixar de admitir como plausível, até provável. O teor das cartas é suficientemente consistente para sustentar tal hipótese. De mais a mais, o esforço – até prova em contrário, plenamente satisfeito de Alberto de Oliveira – de exigir a incineração de seus papeis parece-me funcionar como corroboração da manifestação de tal ansiedade. Para dizer o mínimo. Percebo isso em declarações como a de Guilherme de Castilho, quando de uma visita a Alberto de Oliveira, pouco antes da morte deste:

> *Por essa altura estava eu coordenando elementos para um trabalho que mais tarde publiquei sobre António Nobre. A vista de documentos de tão grande valor para o estudo da personalidade do poeta, lamentei que estes se conservassem inéditos. Sobre os últimos disse-me tencionar aproveitá-los um dia, «se Deus lhe desse vida e saúde». Mas – acrescentou – eram documentos tão íntimos, o seu tom de tal forma confidencial que só os divulgaria em parte e com notas suas aclarando passagens de mais delicada interpretação, decifrando o que em muitos passos era quase linguagem cifrada, revivendo memórias e reconstituindo ambientes inteiramente delidos pelo tempo. (CASTILHO, 1982, p. 10.)[37]*

Continuando, no caminho traçado por Jurandir Freire Costa, há que se reconhecer que as taxonomias, a cada passo da História, acabam por ser úteis. Por sua utilidade não se pode afirmar a sua veracidade absoluta. Em outras palavras, não se pode acreditar que, diacrônica ou sincronicamente, tais aferições são relativas. A seguir

---

[37] O itálico é do próprio Guilherme de Castilho. Conservo a formatação do texto conforme livro por ele publicado.

a lição de pensadores como Freud, Wittgenstein, Foucault ou Richard Rorty, conclui-se que tais questões são equivocadas em relação a outra, esta sim, fundamental: qual o interesse ou valor moral de tais divisões? Em que e por que importa identificar moralmente os sujeitos com base em suas "inclinações sexuais"[38]? Por que tomar a classificação das pessoas, como acima referido, como imperativo atemporal da "razão científica" e não como conformação – mesmo ficcional, se se aceitar a hipótese da carta como um texto que "cabe" neste "gênero" – das experiências afetivas, eróticas e/ou sexuais, datada historicamente quanto qualquer outra? Por fim, que arranjo imaginário das sexualidades contribuiria para a construção de ideais de decência pública e auto realização individual?

A meu ver, fora deste enfoque, toda discussão sobre a assim denominada "homossexualidade" fica rebaixada ao nível de um exercício acadêmico fútil ou transforma-se em artigo de liquidação no também assim chamado "mercado do sexo". Sob a égide de pensadores como os acima citados, não há como denegar a evidência de que o sujeito é um "ser" de linguagem. Nada, na subjetividade ou na sexualidade do sujeito, escapa ao modo como ele a percebe, sente, descreve, define ou avalia moralmente o que ele "é". Ambas são realidades linguísticas; mais, discursivas. Portanto, é equivocado pensar que exista coisa sexual objetiva que preexista à forma como é conhecida linguisticamente. A palavra não é aquilo que diz, falsa ou verdadeiramente, o que a suposta coisa sexual é em si. A sexualidade é aquilo que a palavra diz que ela é. Não se pode simplesmente acreditar que alguém "seja" heterossexual, bissexual ou homossexual porque pura coação de um vocabulário que leva os indivíduos a identificarem-se uns aos outros utilizando estes termos. Este vocabulário, entretanto, não surge do

---

[38] As aspas aqui chamam a atenção para o fato de que esta é uma questão polêmica que, por circunstância, vou ser obrigado a deixar de lado, contando com a colaboração do leitor.

nada. Sendo assim, deixa de ser a representação da "verdade" sobre a sexualidade, ignorada pelo obscurantismo de todos os que sobre ela pensaram antes de chegar aqui.

A verdade, como quer Richard Rorty, é uma crença sobre a qual ainda não se encontraram razões para ser colocada em dúvida. Neste sentido, pode ser entendida como uma espécie de medida que é dada àquilo que se faz útil para quem dela se utiliza. Ou, se se quer, é o simples estado da conversação atual no qual os últimos termos do debate não necessitam de argumentos suplementares para se afirmarem como uma crença plausível. Esta inferência final segue o raciocínio de Jurandir Freire Costa, mas uma vez. A verdade sexual é filha da moral burguesa oitocentista. Surgiu e estabilizou-se, não por força dos eternos decretos da razão científica, mas pela força das construções de caráter e índoles variados: institucionais, políticos, científicos, econômicos etc. Estas mesmas construções que, no século anterior, disputavam a posse e a fabricação de um sujeito adequado às suas estratégias de reprodução, expansão e hegemonia culturais.

Cabe introduzir uma pequena digressão quando se pensa em António Nobre e Alberto de Oliveira como sujeitos da linguagem que são – ambos são poetas, para além de tudo. A amizade que entre eles se constrói, se desenvolve – e as cartas são prova incontestável disso – e se acaba – ainda que o motivo "real" do rompimento não tenha vindo a público – é dada a conhecer através de cartas. Textos que materializam a linguagem, que a realizam. Desta forma, ambos estão também circunscritos ao funcionamento desta linguagem – a poética – para o exercício da expressão de seus afetos. Assim, a consideração das cartas como textos que podem ser alocados na categoria de gênero literário, passam a ser uma espécie de documento de época que revela a circunstância, o conjunto de operadores socioculturais que acaba não só por contaminar as relações subjetivas como, até, dominá-las e dirigi-las. Em outras palavras, o que desejo afirmar é que ambos estão circunscritos aos limites que a linguagem impõe ao sujeito, por um lado; por outro, o contexto de época que determina como esta imposição se dá. Daí, talvez, abre-se uma possibilidade um tanto mais larga para entender, por exemplo, o porquê da exigência de Alberto de Oliveira e, talvez, do rompimento da amizade com António Nobre, ao que parece, promovido por este.

Para encaminhar este raciocínio a uma conclusão, ainda que relativa, é preciso lembrar de que, uma vez criadas, as práticas morais e intelectuais, tornam-se quase absolutas na demarcação do limite de possibilidades das identificações sexuais de cada indivíduo. A escolha entre preferências sexuais assim como da língua materna é algo que está no âmbito da impossibilidade. A sexualidade, acompanhando o pensamento de Freud, é, ao fim e ao cabo, contingente, arbitrária e casual, mas isto não quer dizer que seja gratuita. Existe a fronteira, o limite de um repertório sexual, da ordem da "cultura", até que novas práticas linguísticas produzam novos modos de identificação moral dos sujeitos.

O problema reside no fato de que este mesmo sujeito não consegue ser senhor em sua própria morada sexual. Paradoxalmente, instaura-se a liberdade – esta sim, subjetiva – para redescrever moralmente a versão imposta às formas de amar e desejar sexualmente. Ninguém pode escolher que tipo de desejo ou atração sexual será a sua, mas qualquer um pode aprender a definir o que sente conforme seus padrões éticos. Faço eco às palavras de Jurandir Freire Costa por acreditar, com ele, que continuar discutindo sobre "homossexualidade", tendo como pressuposto a ideia de que é possível nomear os indivíduos a partir da expressão de sua sexualidade – por impossível, de fato – significa subscrever, como cúmplice, a um jogo de linguagem que mostrou-se violento, discriminador, preconceituoso e intolerante. Este jogo, diferentemente do *Fort-Da* freudiano, leva ao equívoco – para dizer o mínimo – de acreditar que pessoas comuns como qualquer um são "moralmente inferiores" só pelo fato de sentirem atração por outras do mesmo sexo biológico.

Mais uma breve interrupção para referir aqui a delicadeza da relação entre os poetas portugueses que não se pode dizer por razões óbvias. No entanto, ainda que a contrapartida de Alberto de Oliveira não se já mais possível de manipular, as cartas de António Nobre são a clara ilustração não só do recalcamento a que antes me referi, como também do jogo linguístico que menciono acima. Neste sentido, à parte toda e qualquer outra interpretação que do texto de Nobre possa vir a ser feita, é inegável a evidência de que, poeticamente, as cartas dão vazão a um desejo que encontrou outra forma para se expressar. Mesmo sendo cartas, o teor poético de sua linguagem pode ser lido como exercício estético de sublimação – em termos freudianos – de um afeto que atormentava e impunha-se recalcar. Por outro lado, numa visada mais ampla, a relação que se descreve poeticamente nas cartas é o "documento" que chancela a existência e efetividade dos jogos de linguagem a que Jurandir Freire Costa se refere no eco de suas ideias que aqui trago.

O vocabulário a respeito da sexualidade e a tudo o que o campo semântico-discursivo desse termo enseja, é viciado nas perguntas que faz e nas respostas que obtém. As conclusões a que se pode chegar, quando do seu emprego, estão todas postas quase como pressupostos. No fim da argumentação, chega-se à mesma conclusão (equivocada): homens e mulheres são, foram e serão *sub specie aeternitatis* "heterossexuais, bissexuais e homossexuais". A assertiva pode parecer indiscutível e suficiente para entender/resolver a questão. No entanto, se Richard Rorty está certo, nenhum vocabulário é imortal. É muito mais sensato. É possível e desejável abandonar o vocabulário de onde se depreende a ideia de "homossexualidade", assim como nos recusamos a discutir sobre bruxas e bruxarias com o vocabulário da Inquisição. Esta constatação faz coro com o próprio Jurandir Freire Costa, quando da elaboração e da defesa do termo "homoerotismo" – espécie de substituto eficaz do termo em uso – por conta da maior amplidão e amplitude que oferece, quando de sua articulação a discursos críticos.

Esta parece ser a saída mais sensata para deixar de lado o interesse por perguntas sem sentido e problemas sem solução. Na ocorrência desta situação, os atuais posicionamentos equivocados deixarão de ter espessura e sentido, assim como as crenças em feitiçaria. Serão como "um erro do tempo". Num futuro possível – e em igual medida desejável – os indivíduos de uma cidade ideal da ética humanitária e democrática, serão livres para amar sexualmente de todas as formas possíveis e imagináveis. Seu limite não será o céu, mas o respeito pela integridade física e moral do outro. Heterossexuais, bissexuais e homossexuais serão apenas palavras a identificar coisas e seres que mais se parecerão com ícones em um museu. Na realidade, serão como os poemas de Jose de Anchieta; existirão enquanto as ondas não o apagarem. Em certo sentido, é o que acaba por ser desvelado aqui, sobretudo a partir da análise das cartas que remetem ao rompimento da amizade entre os dois poetas portugueses.

O passeio encenado até aqui envolve uma série de referências, textos, autores e tendência teórico-críticas. De certa forma, ele busca desenhar perímetro de renovação da leitura de produção poética mais que relevante para o estudo da História da Literatura Portuguesa, num recorte comparatista, destacando a perspectiva da Estética da Recepção. Pode-se, para isso, partir do pressuposto de que a palavra-chave aqui é "leitura". Neste sentido, fazem-se pertinentes as palavras de Stephen Vizinczey, quando afirma:

> Ler é um acto criativo, um contínuo exercício da imaginação que fornece carne, sentimentos, cor às palavras mortas da página; temos que ir buscar a experiência dos nossos sentidos para criar um mundo no espírito, e não podemos fazer isso sem envolver

o nosso inconsciente e revelar o nosso *ego*. Em resumo, somos extremamente vulneráveis quando lemos, e só ficamos felizes com autores que partilhem, as nossas inclinações, preocupações, preconceitos, ilusões, pretensões, sonhos, e que tenham os mesmos valores, as mesmas atitudes em relação ao sexo, à política, à morte, etc. (VIZINCZEY, 1992, p. 244.)

À parte certa tendenciosidade estilística e a radicalidade de posicionamento crítico-discursivos, a pertinência do trecho, em relação ao primado da leitura, faz-se consistente. Por outro lado, o indiciamento do prazer – a fazer lembrar Barthes – aponta para as "afinidades eletivas" que sempre exercem influências nas escolhas e no encaminhamento da(s) leitura(s) que cada leitor pode vir a fazer, como e o caso aqui. Confirma-se assim a vulnerabilidade de toda e qualquer proposta de leitura, dada sua natureza eletiva e sua índole subjetiva. Que outra perspectiva, senão esta, pode ser exemplarmente explicitada pela troca de cartas e pela produção poética, gêneros mais que subjetivos em sua "visceralidade essencial"? A investigação que enseja o embrião de minha hipótese de trabalho considera a obra de Alberto de Oliveira e António Nobre – incluindo aí as suas cartas – como *corpus* de expressão e construção de subjetividades marcadas por seu tempo, o que não é novidade. Mas as marcas a que me refiro, muitas vezes, não chegam a fazer parte do processo, como no caso da incineração das cartas de Alberto de Oliveira, até prova em contrário.

A leitura da correspondência entre os dois autores, como instrumento de abordagem da recepção literária de sua poesia, pode sustentar hipóteses as mais variadas. Do ponto de vista da constituição de uma fortuna crítica consistente e instigante, esta troca de cartas é instrumento valioso para uma hermenêutica do final do século XIX em Portugal. Ambos os escritores tiveram participação ativa em eventos e publicações de sua época, produção esta que muito contribui para o desenho do quadro finissecular da Literatura Portuguesa que pode ser tomado como antessala do seu Modernismo. Foi esta a direção primacial de minha linha de raciocínio: a amizade literária como instrumento de abordagem hermenêutica de uma produção poética. Tal pressuposto aponta para o primado do leitor, no bojo do processo de constituição de sentido:

> A estética da recepção parece (...), a tentativa mais inovadora para constituir uma sociologia da Literatura não-marxista, para, de um só golpe, renovar, reanimar, deslocar a história literária. Retraçar as leituras sucessivas de uma obra por várias gerações críticas não é constituir um monte de tolices, mas destacar a dialética do livro e da leitura coletiva e revelar aspectos sempre novos de um autor, de um mito, de uma palavra. (TADIÉ, 1992, p. 192.)

Considerando a produção epistolográfica entre Alberto de Oliveira e António Nobre como o *locus* discursivo no qual a produção poética de ambos se espraia implicitamente, na troca de impressões que retroalimenta a amizade que une os dois poetas, o estudo desta "memória individual" partilhada pode sustentar a presente hipótese de leitura: a influência da amizade o desenvolvimento da poética de ambos, por um lado; e, por outro, o caminho contrário, a troca de cartas como exercício do afeto que acaba por sustentar a produção poética, sobretudo se considerada, a amizade, no influxo do já referido pacto homossocial.

Entendo que a correspondência entre os dois poetas pode deixar transparecer uma espécie de jogo discursivo que acaba por fazer com que o missivista procure, mesmo que inconscientemente, chamar sobre si a atenção de seu interlocutor sem, no entanto, ter a prerrogativa da transparência do discurso: ele necessita de uma "resposta", na verdade, pede por ela. Ainda que a inexistência das cartas de Alberto de Oliveira, por decisão do próprio autor, seja aparentemente "uma pedra no meio do caminho". Tal situação dialoga de forma evidente com o conceito de "pacto referencial" apresentado por Lejeune, em *O pacto autobiográfico*, como sendo uma espécie de contrato da memória com a verdade, esta sempre reduzida à esfera das possibilidades, levando-se em consideração a série de rasuras, deformações e imprecisões às quais está submetido aquele que escreve as cartas.

Da mesma forma, em *Lete*: arte e crítica do esquecimento, Weinrich comenta acerca do descrédito a que Platão lança o "sistema gráfico", matéria-prima das cartas, quando afirma que a memória definha na medida em que o tempo passa e fragiliza as "certezas" que esta mesma memória consolida. Tal definhamento pode ser sanado com a releitura das cartas em articulação com a poesia produzida por ambos os autores portugueses, como proposto aqui. Considerando, ainda, as missivas como campo de tensões que estimulam a colisão de perspectivas distintas sobre a dominante literária da época, torna-se necessário, como contraponto da correspondência – esse camarote da criação literária, o projetado espaço para treino da escrita poética –, a sua articulação com a poesia de ambos os poetas, na perspectiva aqui adotada. Tais cartas funcionam como uma espécie de laboratório de criação poética, no âmbito da leitura, mesmo que não tenha sido esta a "intenção" dos dois.

Se a amizade é laço afetivo que pode unir pessoas independentemente de uma explicação racional, a perspectiva dos estudos de gênero pode especular sobre liames mais implícitos que a moralidade de uma época ou mesmo os princípios dormentes que, na organização social, tendem a ser recalcados, limitados e, por vezes, dissimulados. O que Sedgwick pressupõe é que haja um investimento afetivo – do naipe daqueles descritos por Freud em sua saga intelectual – nas relações entre sujeitos de mesmo sexo (daí a importância do prefixo "homo"), objetos de eleição de muitos escritos sejam poéticos ou narrativos. Longe de circunscrever um perímetro de elucubrações que seja reduzido ao exame de "preferências" e ou práticas, da ordem do sexual, o conceito por ela cunhado – homossociabilidade, ou mesmo, pacto homossocial – respalda o olhar inquisitivo do leitor que passeia por índices escritos desse desejo que se faz palavra. É, a meu ver, a hipótese de fundo que parece sustentar Jurandir Freire Costa, como aqui exemplificado. Dito de outra forma, pouco importam as preferências sexuais dos autores dos textos que se colocam em epígrafe. Desinteressante se faz, por consequência, defender esta ou aquela justificativa para os chistes linguísticos que a Literatura agencia no/pelo texto que o poeta escreve. De todas as possibilidades, o texto da carta pode ser tomado como exemplo mais afeito a esse tipo de análise/observação, dado que o autor dela fala de si, ainda que na superfície da letra a mensagem se reduza, aparentemente – e apenas assim –, ao comunicado de conteúdo diverso, de informação útil (ou não!) de referência "objetiva".

Neste sentido, analisar trechos de cartas, como foi feito aqui, é atitude que se explicita na constituição de um *corpus* de investigação mais plausível. A orientação desta investigação, portanto, coloca-se muito além de moralismos e/ou respeitos que possam agilizar assertivas redutoras que procuram impedir que o olhar do leitor atento encontra, nas linhas pelas quais caminha: os índices da afeição partilhada. Desta forma, a afetividade que alimenta a amizade de ambos não deixa de ser o eixo da referida homossociabilidade, ou, por outra, a leitura que deste material se pode fazer leva à certeza de que um pacto homossocial foi estabelecido prévia e, até, inconscientemente, pelos autores das cartas e dos poemas. Cabe ao leitor atento aceitar esses índices, examiná-los à luz de sua evidência e dinamizá-los na hermenêutica possível dos textos nos quais e pelos quais se explicita.

Fica, então, a título de corroboração do que aqui se propõe, o conjunto de "insinuações" – o sentido deste termo aqui não carrega nenhuma intenção pejorativa e/ou condenatória – feitas por Mario Cláudio que, de maneira um tanto apressada, são rechaçadas por Vasco de Castro em texto que "comenta" a publicação da *Fotobiografia de António Nobre*.[39] Nesta, ao que parece, Mário Cláudio teria percebido alguns destes índices. A última frase do referido "comentário" – "Vou lavar-me as mãos" –, aponta ambiguamente para uma atitude de desprezo que muito bem pode encerrar sentido mais profundo, aquele dinamizado por preconceito, revestido de recalcamento gratuito. Em igual medida, pode-se concluir que o discurso do mesmo comentário aponta para alguma coisa como "não vou tocar nesse assunto delicado pra não 'me sujar' com isso". Constatação plausível e, em igual medida, instigante. A investigação que, em seus "resultados", ora se apresenta pode também, acredito, desfazer esta dúvida. Complemente-se que o próprio Mário Claudio publicou um livro de contos, *Triunfo do amor português*, do qual faz parte uma narrativa intitulada "António Nobre e Alberto de Oliveira". Na perspectiva que se desenha a partir dos comentários feitos à "Fotobiografia", parece pertinente articular a leitura das cartas em diálogo com a ficção de Mário Cláudio.[40] Mais uma vez, desta forma, reitera-se o caráter comparatista da investigação (e de seus resultados), bem como reinvestindo nos pressupostos estabelecidos a partir da leitura dos trabalhos de Eve Kosofsky Sedgwick e Jurandir Freire Costa, conforme já referido anteriormente.

Considerados o conjunto de referências teóricas e metodológicas acima, e operacionalizando seus princípios à releitura das cartas de António Nobre, a investigação criou as condições para proceder

---

[39] Verificar a seguinte ligação: http://www.trasosmontes.com/eitofora/numero20/opiniao.html. Acesso em 20/08/2014.

[40] Tal conto mereceu análise, ainda que sumária, anteriormente, no corpo da tese.

à análise comparativa da correspondência. O trabalho, sempre em curso, não vai ser paralisado para a consideração da proposta aqui ensejada: estudar o intercâmbio de cartas como instrumento de construção, consolidação e explicitação da amizade literária de que são sujeitos os dois poetas portugueses. Para tanto, abordo este "processo" escrito a partir das ideias de Eve Kosofsy Sedgwick, sobretudo a partir de suas propostas exaradas em dois volumes: *Epistemology of the closet* e *Between men*: English literature and male homosocial desire. Ambos os livros são acompanhados de instigante estudo realizado por Jurandir Freire Costa, *A inocência e o vício*. Este polo teórico-metodológico orienta o desenvolvimento da abordagem da leitura da correspondência entre os poetas portugueses, a partir da possibilidade de se entender a amizade dos dois como exercício poético de um pacto homossocial, nos termos em que essa conceituação é apresentada, inicialmente, pelos volumes acima citados. Tal abordagem vai ao encontro do diálogo que se estabelece com o texto de Mário Cláudio, igualmente referido alhures. O trabalho investigativo, articulado às análises realizadas – das cartas, dos textos de referência e a fortuna crítica dos dois poetas – resulta em material interessante e sedutor. Esta sedução implica em satisfação possível. Caberá ao tempo, o que tudo muda, a decisão de corroborar ou não tanto a busca, quanto a satisfação desse desejo.

CAPÍTULO V

CODA

O Texto contém nele a força de fugir infinitamente da palavra gregária (aquela que se agrega), mesmo quando nele ela procura reconstituir-se; ele empurra sempre para mais longe – e é esse movimento de *miragem* que tentei descrever e justificar há pouco, ao falar da literatura – ele empurra para outro lugar, um lugar inclassificado, atópico, por assim dizer, longe dos *topoi* da cultura politizada, "esse constrangimento de formar conceitos, espécies, formas, fins, leis... esse mundo de casos idênticos", de que fala Nietzsche: ele soergue, de modo frágil e transitório, essa chapa de generalidade, de moralidade, de in-diferença) separemos bem o prefixo do radial) que pesa sobre nosso discurso coletivo.

Roland Barthes
Aula

O advogado de defesa, um homem branco, depois de ter sido derrotado em todas as suas argumentações, pede aos jurados que fechem os olhos enquanto conta a história de uma menina estuprada numa estrada por três rapazes. Depois de todo o tipo de selvageria, ela é abandonada, pendurada numa árvore. Os detalhes minuciosos provocam reações de horror. Ao final ele diz, mais ou menos, assim: imaginem que essa menina é branca. Os jurados abrem os olhos e, ao final das deliberações, absolvem o acusado. Há que se dizer que o réu é negro e foi acusado de ter matado os três rapazes que estupraram sua filha e ferido o xerife que investigava o caso. Os jurados e o juiz são todos brancos. O processo corre num estado norte-americano de maioria branca sob a tutela de todos os preconceitos que envolvem esta situação vergonhosa. Os detalhes aqui não são apenas recursos a criar ambiência discursiva peculiar. A estratégia do roteirista desvela o que se pode entender como "contexto".[41]

Este termo, no dicionário, apresenta três acepções, a saber: interrelação de circunstâncias que acompanham um fato ou uma situação; conjunto de palavras, frases, ou o texto que precede ou se segue a determinada palavra, frase ou texto, e que contribuem para o seu significado; encadeamento do discurso. A terceira acepção circunscreve-se ao campo da Linguística Estrutural e significa "ambiente", no que é complementada por outra circunscrita à Sociolinguística, significando: conjunto de condições de uso da língua, que envolve, simultaneamente, o comportamento linguístico e o social, e é constituído de dados comuns ao emissor e ao receptor. Para os fins a que se presta aqui, a palavra "contexto" vai ser útil em suas duas primeiras acepções. No âmbito da correspondência entre Alberto de Oliveira e António Nobre, as cartas constituem o "conjunto de palavras, frases, ou o texto que precede ou se segue a determinada palavra, frase ou texto". A troca de afeto

---

[41] Trata-se do filme *Tempo de Matar* (no original: *A time to kill*), de 1996, do gênero drama, dirigido por Joel Schumacher. O advogado em questão é representado por Mathew McConaughey e o réu, por Samuel L. Jackson.

expressa nos linhas das cartas se faz a parir de outra palavra "afeto", objeto principal da partilha exarada nas linhas escritas entre os dois poetas. Sua amizade partilhada se espraia nesta troca de "impressões" o que faz repercutir a insistência numa relação que, em tudo e por tudo, acabou arruinada por qualquer coisa de (ainda) desconhecido. Haja vista a última carta de António para Alberto, a que marca o rompimento definitivo.

Em outra possibilidade de perspectiva, a mesma troca de cartas não pode deixar de ser inserida numa série, a histórica, que faz dinamizar a Literatura Portuguesa, sobretudo no período compreendido entre as duas últimas décadas do século 19 e a primeira do século 20. Esta determinação cronológica se estabelece a partir da consideração das datas de nascimento de António Nobre. Isto porque, com sua morte, a correspondência com Alberto de Oliveira, anteriormente rompida, fica definitivamente impossibilitada de experimentar qualquer tipo de continuidade. Mesmo que haja referências ao poeta do *Só*, como no caso de um dos textos de *Palavras loucas*, de Alberto de Oliveira, a tal correspondência, como "documento" que atesta a partilha afetuosa de uma amizade mal resolvida, deixa de existir para sempre.

Neste sentido, é ela que dá solidez e relevância ao contexto em que se insere a relação entre os dois. Especificamente numa perspectiva historiográfica, tal situação remete a considerações acerca do Naturalismo – como estética predominante na cultural ocidental de então – do Decadentismo – como recorte lusitano para a expressão literária de um período de transições e mudanças radicais (incluindo aquelas provocadas pelas "vanguardas europeias") – e, até, do Modernismo português que já então se anunciava. Eu acrescentaria ainda o Simbolismo como, segundo alguns autores, a "chave" de compreensão e gestação da poesia de António Nobre. O fato de a morte de Antonio Nobre ter acontecido bem no limiar entre os dois séculos, impede, de certa maneira, perspectivação mais "modernista" para a abordagem da relação de amizade que se faz concreta a partir das cartas. É em meio a estas considerações que apresento as linhas gerais e características contextuais necessárias. Estas respaldam as afirmações que faço acerca das cartas trocadas entre os dois poetas portugueses. Estas cartas ganham sentido mais afinado quando circunscritas ao contexto da passagem do século XIX ao XX.

Há que retomar um pouco do óbvio sobre ao assunto, dado que em linhas gerais, o símbolo é a palavra poética, na medida em que pode criar afinidades surpreendentes entre as coisas que significa: sentidas, recordadas, sabidas. É a palavra criadora do mundo, e o mundo inseparável da atividade que o representa. Em Portugal, o Simbolismo, de origem francesa e com uma enorme influência de Verlaine, está intrinsecamente ligado à noção de decadência e ao pessimismo próprio desta. É corrente que reage contra o positivismo científico, o materialismo, a disciplina e o realismo parnasianos. Procura a espiritualidade, a transcendência física, a imaginação, proclama o ideal (parnasiano) da arte pela arte e afirma-se sobretudo na poesia (a poesia pela poesia). Anunciado em 1887 n'*A Província*, dirigida por Xavier de Carvalho, o ano de 1889 é simbólico por força da explicitação dessas ideias em periódicos que marcaram época e lugar como a *Boémia Nova* (Alberto de Oliveira, António de Melo e António Nobre) e *Os Insubmissos* (Eugénio de Castro, Francisco Bastos e João Meneses).

Entre os escritores portugueses com textos marcadamente característicos deste movimento ou simplesmente com traços simbolistas, figuram pois os já acima mencionados e ainda: Camilo Pessanha, Luiz de Borja (pseudônimo dos escritores Raul Brandão, Júlio Brandão e Justino de Montalvão), Alberto Osório de Castro, José Duro, D. João de Castro, Roberto de Mesquita, Teixeira de Pascoaes ou António Patrício. Entre eles, guardadas as devidas proporções há uma ideia que parece comum, a de decadência. Este termo, também fulcral na poesia simbolista, está bem espelhado no pessimismo de Pessanha, por exemplo, na sua angústia que também é a do povo português. Por extensão de sentido a poética nobriana ressente-se da mesma influência. Não poderia ser de outra firma, dado que no final do século XIX, Portugal não atravessava um período nem de prosperidade nem de estabilidade política, social ou econômica. A consciência do avanço tecnológico e da prosperidade da Europa do norte, por oposição ao sul; a transição de uma monarquia para uma república; o abismo entre a vida do campo e a vida da cidade; o humilhante "Ultimatum Inglês", em 1890. Todos estes aspectos fizeram com que se gerasse um mal-estar, o conhecido pessimismo de fim-de-século, que se fez sentir por todo o país, por todo o povo português. Não foi uma nem duas vezes apenas que António Nobre – explícita e/ ou implicitamente – faz menção a tal estado de coisas, da mesma forma que o faz em sua poesia, nas cartas que escreve ao amigo "mais querido".

As cartas entre os dois poetas portugueses são trocadas no período compreendido entre os anos 1889 e 1893, salvo engano. Isto faz com que o "contexto" a que me refiro sirva de revestimento social, ideológico e cultural da correspondência. O fato, já comentado, de haver apenas uma carta publicada de Alberto de Oliveira (a do rompimento, como a chamo) não desautoriza o revestimento de que falo. Tanto no que diz respeito à produção poética de ambos, quanto no que diz respeito às experiências não relatadas pelas cartas vão ser vislumbradas ainda que à distância, quando da consideração do contexto em que a troca de cartas se deu. De mais a mais, o conceito de cultura (GAY, 1988) remete a ideias mais complexas e descontínuos, por isso mesmo, surpreendente, ao contrário do que julgam muitos estudiosos da moderna civilização ocidental. Os altos e baixos do encadeamento de causas e efeitos – e acrescente-se uma variável poderosa: o inconsciente e seus chistes – a tornam refratária a qualquer tentativa de mapeamento empreendida pelo historiador ou crítico literário, eu diria.

Ainda que o intuito específico deste trabalho esteja um tanto distante das balizas do que poder-se-ia chamar de História, o caráter historiográfico da investigação não deixa de estar presente. Neste sentido, as palavras de Peter Gay corroboram a intenção e o gesto do texto em que afirmo a relevância do contexto para a leitura que proponho das cartas aqui mencionadas. Logo, o conceito de "cultura", tal como posto na citação acima, ecoa consistentemente para respaldar meus pressupostos de leitura. Outro ponto a destacar é a perspectiva psicanalítica que se instaura, favorecendo a mesma abordagem. Como não pretendo apresentar mapeamento algum, a proposta de investigação mostrou-se multifacetada e consistente.

A *belle époque* é um período da História europeia entre o final do século XIX e início do XX, que se caracterizou pelo uso irrestrito dos progressos da Modernidade. Foi um período historicamente de trégua, anterior à Primeira Guerra Mundial, que deu ao homem comum, o acesso à luz elétrica, ao telefone, ao metrô e outros avanços. Uma época em que a comunicação vira uma febre. Talvez seja por isso mesmo que a carta tenha se consolidado como texto, como gênero, dando vazão aos relatos multifacetados e inumeráveis das experiências que então tinham lugar. A ideia distante dos benefícios trazidos pelo progresso torna-se uma realidade. O homem comum se percebe no centro do mundo e passa a usar o campo apenas como área de lazer, a cidade lhe traz prosperidade e é o ambiente ideal para o *glamour* deste novo projeto de vida. O clima de otimismo da época (MOISÉS, 1984) pode ser sintetizado de modo a explicitar o auge da atmosfera de inquietação artística e existencial é atingido precisamente em 1900, com outra Exposição Universal e a inauguração do metrô de Paris. Esses dois eventos, por eles são reflexo do gosto moderno pela velocidade. De repente, um frêmito de liberdade plena, e a arte entra a refletir uma ebulição talvez nunca antes experimentada, cujo processo ainda está em curso.

Tal qual o nome sugere a *belle époque*[42] caracteriza-se pelo luxo e deslumbramento, pela promessa de um século XX cheio de otimismo, progresso, prosperidade e paz. Aliado a isto, uma euforia pelo poder de consumo, que camuflou a arrogância do homem, que cria tudo poder e, principalmente, que a ideia de felicidade estava atrelada ao consumo. Na alegria superficial de viver palpitava algo de mais decisivo: a alegria de mandar, que assaltava o homem médio, exaltado, ao mesmo tempo pela emancipação de fato e pela imensa distensão das potencialidades vitais, condensadas, por exemplo, nos novos dispositivos e mecanismos tecnológicos, à disposição de todos. Dessa euforia do poder procede a petulância característica do representante da *belle époque,* como deriva o falso sentimento de segurança que assoalhava as nações, como se estivessem para todo o sempre a salvo de qualquer contratempo, guerras, agitações sociais, crises econômicas, contribuindo para que esses males se revelassem mais depressa e talvez de modo mais radical, a partir de 1914. Há que acrescentar a esse rol as, então, pouco aceitas experiências afetivas que pululavam numa Europa imersa em euforia.

Por conta da pouca aceitação, a relação entre Alberto de Oliveira e António Nobre ganha realce e se faz contundente através de suas cartas. Estas demonstram a profundidade afetiva da amizade entre os dois poetas e a dificuldade de nomear tal relação sem correr o risco de, em certa medida, denegrir a imagem de ambos. Talvez seja por isso que até hoje, a crítica, em boa medida, ainda resista a, usando expressão popular, "dar nome aos bois". Neste sentido, o espírito de contraste e transgressão – um tanto generalizados na época que aqui se destaca – se faz presente na confrontação possível entre o que se diz nas cartas – objeto de meu desejo – e o contexto ao qual

---

[42] A palavra francesa *époque*, além de significar época, faz uma alusão onomatopaica da abertura de um champagne – "poc". Esta bebida é a que melhor representa a sofisticação e tornou-se, portanto, um símbolo do prestígio que bem representa o momento histórico descrito.

se subscrevem e que, em certa medida, dimensionam os contornos da leitura a que procedo. Os acontecimentos que consolidaram a substituição do otimismo da *belle époque* por sentimentos de insegurança, incerteza e medo do porvir que podem ser uma das formas de enxergar as artes das vanguardas europeias como exercício de rompimento com os padrões artísticos e literários vigentes.

Essa atmosfera de agitação e turbulência, aturdimento psíquico e embriaguez, expansão das possibilidades de experiência e destruição das barreiras morais e dos compromissos pessoais, auto expansão e autodesordem, fantasmas na rua e na alma, é a que dá origem a sensibilidade moderna. O homem, no desejo de diminuir sua desesperança, busca na ciência uma tentativa de explicar as grandes dúvidas da humanidade gerando uma excessiva crença no poder dela no século XX. Por essa trilha, facilmente se chega ao capítulo das experiências afetivas até então não publicadas e partilhadas pelos mais diversos meios, inclusive as cartas. É neste cenário da passagem da *belle époque,* para a eclosão da Primeira Guerra Mundial que "acontece" o Decadentismo – resposta contra todo o otimismo utópico de uma época, que em nome da modernidade se alienou do quotidiano e acreditou que o progresso responderia as grandes indagações da humanidade.

Este termo decadentismo/decadência é importante deixar claro que algumas podem ser as acepções destas palavras e que, portanto, de maneira ampla, é necessário pontuar as duas mais significativas para o presente trabalho. É possível se entender por decadentismo/decadência primeiramente uma atitude existencial do final do século XIX. A base para sustentar a decadência como atitude é a filosofia de Nietzsche e Schopenhauer, que traduzem a sensação de mal-estar e pessimismo que dominou a Europa no final do século XIX, culminando com o Decadentismo e a consequente falência do otimismo da *belle époque.* Seus principais representantes são Charles Baudelaire e Oscar Wilde, pois ambos apresentaram em suas obras a sensação de desconforto com a sociedade, além de um pessimismo latente e do culto pela arte e pelo sensorial. Paralelamente à decadência como atitude, pode-se perceber a decadência como estética, que se caracteriza por uma busca de inovação artística, pelo gosto mórbido e doentio da sensibilidade, pelo gosto por sensações levadas a extremos.

O estilo da decadência é o que sobressai na produção artística em seu ponto de extrema maturidade a que as civilizações, ao envelhecerem, conduzem seus olhares mais oblíquos: estilo engenhoso, complicado, erudito, cheio de nuanças e rebuscado, recuando sempre os limites da língua, tomando suas palavras a todos os vocabulários técnicos, tomando cores a todas a paletas, notas a todos os teclados, esforçando-se por exprimir o pensamento no que ele tem de mais inefável e a forma em seus mais vagos e mais fugidios contornos, ouvindo, para as traduzir as confidencias subtis da neurose, as confissões da paixão que envelhece e se deprava e as alucinações estranhas da ideia fixa ao tornar-se loucura.

O maior expoente desta acepção é J. K. Huysmans cuja obra *Às avessas* apresenta "Des Esseintes" como representação máxima do herói decadente. As excentricidades desse homem bem podem ser aproximadas de algumas peculiares à personalidade de António Nobre: a mania de usar o traje de Coimbra, a sebenta constantemente sobraçada; os anéis, grampos de gravata e canetas feitas de pregos retorcidos e soldados; a resistência a assinar o próprio nome como em episódio anotado por Alberto de Oliveira, etc.). Neste capítulo – o das excentricidades –, a associação com a Psicanálise freudiana abre espaço para especulações de ordem vária. Contextualizadas no *fin du siècle* europeu, tais associações sustentam a leitura do caráter homoerótico a envolver a amizade vivida e escrita entre António Nobre e Alberto de Oliveira. Entenda-se então o Decadentismo como um período em que a Literatura que resplandece em tempo de decadência, não para seguir os passos de sua época, mas exatamente "às avessas", para insurgir-se contra, para reagir pela delicadeza, pela elevação, pelo refinamento de suas tendências. Estranho modo de vida, esta estética permite, a meu ver, a expressão plena, ainda que não consciente na maior parte de suas manifestações dos instintos menos nomeáveis à época. Mais uma vez, percebe-se a relevância dos estudos de Freud e sua penetrabilidade na cultura de então: estes, os instrumentos, dentre outros, para corroborar o espírito que emana da poesia do *Só*, por exemplo, como a delicadeza das relações afetivas entre seu autor e Alberto de Oliveira.

De maneira generalizada, neste período da História cultural do Ocidente, qualquer artista era vista pelos decadentes como sujeito que participa do início de um novo pensamento: o que abriu as portas da arte para a Modernidade. Os decadentistas não tinham precisão de qual o nível de sua própria influência para a Modernidade, pois sua própria contemporaneidade não permitia perceber isto com tanta clareza. Ainda assim, os textos deixados tornam claro que, mesmo para a época, uma grande valorização dos escritores de então já estava presente e que tudo que se relacionava a eles dava indícios de um reconhecimento de sua influência nos jovens escritores que entraram em contato com sua obra. A visão retrospectiva deste mesmo momento é respaldo suficiente desta hipótese. Acrescente-se a isso o fato de serem as cartas um gênero muito em voga, propiciando troca de ideias e de relatos experienciais que muito dizem acerca da própria época, transformando-se – por força da leitura que demandam – em "documentos" culturais de inegável valia para a análise contextual que porventura tenha sido feita posteriormente. Outro aspecto interessante para o trabalho que aqui se realiza é a consideração do "entorno" urbano. Sob o aspecto negativo, significa o mundo das metrópoles sem plantas com a sua fealdade, seu asfalto, sua iluminação artificial, suas gargantas de pedras, suas culpas e solidões no bulício dos homens.

Significa, além disso, a época da técnica que trabalha com o vapor e a eletricidade e o progresso (...).

No caso da correspondência entre os dois poetas portugueses este aspecto pode ser relacionado ao fato de a maior parte do intercâmbio se dar, por parte de António Nobre, em trânsito, durante sua viagem para Paris. Assim, os aspectos urbanos se dissolvem em imagens que remetem ao mar, à fluidez das águas e do espírito, às "nuvens" de pensamentos e desejos que não encontram reverberação concreta, por força do controle social. Uma vez que o belo aparecia na forma, na temática o bizarro e o feio tinham espaço garantido. Entenda-se que, para a época, "o bizarro e o feio" bem podem ser associados à afetividade que Alberto e António compartilham. Seguindo essa linha de raciocínio é certo que a única forma de provocação estava na constatação de que o belo, sob o ponto de vista aristotélico, deveria ser banido, logo, nada melhor que a exposição do homem como um ser bizarro. A lógica perde espaço para o absurdo e, lado a lado, passam a conviver expressões contrastantes. O satanismo, o mal e a dor fazem parte da lírica sem que esta ficasse comprometida.

Outra característica bastante corrente neste período é a busca de estímulo aos sentidos a fim de, por meio deles, levar o leitor que está sufocado pelas mudanças da cidade a uma sensação desconhecida, para um mundo repleto de melancolia. Mundo melancólico, mas verdadeiro, real, não uma falácia feita para ludibriar e soterrar a alma humana em cidades completamente desumanizadas e prontas para abocanhar o sujeito comum. A ideia de lar como aconchego e segurança é soterrada pela nova cidade. A visão do homem comum é de que ele é e faz parte desta nova realidade sem nenhuma condição para ser diferente e, a única forma de manifestação e liberdade só é possível através da arte.

Se fosse possível sintetizar as diversas correntes de pensamento e as ideias circulantes no fluxo das cartas, penso que uma das possibilidades seria o termo "tédio". De fato, tal termo não sintetiza o "sentido" ou a motivação primeira de tal correspondência. A natureza dos afetos partilhados por António Nobre e Alberto de Oliveira ver--se-iam por demais reduzidas se este termo fosse a chave que abre a caixa de Pandora dessa relação. No entanto, tédio é o que mais ressalta no conjunto de experiências estéticas – entre elas a prática missivista – que permeia a passagem do século 19 para o século 20. Por outro lado, a distância física que marca a maior parte do tempo que durou a relação entre os dois poetas portugueses – notadamente o período coberto pela troca de cartas e cartões, ensejando a correspondência e o desaparecido "Diário" – parece plausível como elemento que detona o espírito do tédio, tão caro à "cultura" finis- secular. Tal afirmação pode parecer contraditória, mas entra aqui mais como provocação que como constatação.

O tédio foi um tema preferido da poesia decadentista europeia do final do século XIX. Os poetas de então, com destaque para António Nobre, enfastiaram-se na vida e na arte de fazer versos, não só por força da tuberculose de que ambos sofriam, mas também porque adotaram o nada fazer, o aborrecer-se com tudo à sua volta, a neurastenia e o maldizer da própria existência individual como temas maiores da sua poesia. No caso do poeta citado, tudo isso fica expresso e registrado em várias de suas cartas. Essa atitude enfastiada perante a escrita é que me parece ter interesse para a Literatura, porque produz um gênero próprio, datado e devida- mente caracterizado, que é muito diferente de um simples sentir-se aborrecido por nada ter que fazer. Daí a importância dessas cartas como objeto de leitura de certo "gênero" ficcionalmente abordável. No caso presente, o tédio deixa de ser tópico temático e passa a ser instrumento de trabalho.

Escreve-se para vencer o tédio, para cobrir o tempo morto, para anular um bocejo ou para dizer simplesmente que nada vale uma palavra escrita ou um verso levado até ao fim. Concluo que tam- bém se escreve para dizer coisas que fora da escrita – das cartas sobretudo – não seriam ditas. O espaço da correspondência é generoso com esse tipo de extravazamento de alma. Por que não circunscrever a esta prática a escrita das cartas? No caso presente, a aparente contradição aponta para o fato de que, dada a natureza da relação afetiva entre os poetas, a situação de ambos e o "contexto" sociocultural em que estavam inseridos eram como combustível mais que eficaz para este estado de espírito. O tédio da vida comum não é da conta da Literatura. O tédio que resulta de um estado patológico (uma neurose ou uma neurastenia, por exemplo) também tem pouco interesse literário (exceto se influenciar o ato da escrita do indivíduo sofredor – como bem pode ser no caso das cartas).

O caso de António Nobre pode ser estudado pela via impressionista: por exemplo, sabemos que se declara "neurastênico", em carta que escreve ao irmão e em outras, mesmo que *en passant*. Um crítico biografista que ignorasse o que a neurastenia significa em termos psicanalíticos (em 1896, António Nobre não o podia saber) iria certamente por aqui e encontraria matéria para justificar os sentimentos decorrentes da neurastenia na obra poética de António Nobre e em suas cartas. Não é de estranhar também que muitas interpretações do *Só* tenham ignorado que o livro foi publicado muito antes de a doença de Nobre se ter declarado e o poeta ter consciência de ter tuberculose. Acredito que o tédio como *topos* literário nas cartas e nos poemas não tem tal origem, embora esteja, em alguma medida, ligado. Quando António Nobre confessa a seu irmão Augusto, durante as suas longas e nômades estadias no estrangeiro, que a vida na Suíça era "duma tristeza infinita e aborrecimento mortal" por força do seu estado de saúde débil e definhado. Quando o poeta António Nobre confessa em "Carta a Manuel"; "Que tédio o meu, Manuel!", da mesma forma. No caso de Alberto de Oliveira, como se viu, as "citações" são menos frequentes, mas não poderia deixar de, aqui, registrá-las.

Acreditar na possibilidade da associação entre os tópicos da correspondência entre Alberto e António é não acreditar na faculdade de fingimento de um poeta, o que sabemos ser pouco credível quer para Nobre quer para qualquer outro poeta. A questão não é saber se Nobre diz a verdade sobre aquilo que deveras sente, mas antes saber o que se sente *nas cartas* e a dor que seus leitores, aí apreendem. Um desses leitores foi Alberto de Oliveira. Logo, a constatação não carece de mais argumentos. Separando uma vez mais a psicologia individual da hermenêutica literária, diremos que o tédio na poética de Nobre – e ouso incluir nela o conjunto de cartas que escreveu a Alberto de Oliveira – é um estado que não se procurou e em que fatalmente o poeta se acha: não ter nada para fazer, não encontrar nada para fazer.

O espírito aberto deste trabalho não impede que tais circunlóquios tomem a cena do relato que sobre as cartas se desenvolveu. É por isso que intitulei o capítulo final do livro de "Coda" em lugar de "Conclusão" – ou qualquer das expressões equivalentes que, academicamente usuais, aparecem por aí. No dicionário Houaiss, a palavra apresenta duas acepções: como substantivo feminino, na rubrica "música", identifica a seção conclusiva de uma composição (sinfonia, sonata etc.) que serve de arremate à peça; por diacronismo, significa cauda, parte traseira, coice. O primeiro e o segundo significados, na segunda acepção, são óbvios: trata-se aqui de uma parte conclusiva do trabalho. O que fecha um círculo que remete à primeira acepção, na rubrica música, que recobre o mesmo perímetro semântico. O último sinônimo é que me chama a atenção: coice. No mesmo dicionário, este termo, substantivo masculino, apresenta vários significados, dentre os quais destaco: pancada própria de quadrúpedes, sobretudo dos equinos, desferida com as patas traseiras depois de firmadas as dianteiras; pancada para trás, com o calcanhar ou com o pé; recuo violento de arma de fogo quando detona; parte traseira de qualquer coisa; retaguarda, último lugar; agressão moral ou tratamento agressivo; patada.

A escolha não foi aleatória. Os cinco primeiros significados – ainda que em dois deles haja duas referências aos quadrúpedes –

remetem à natureza mesma de uma conclusão: algo que vem no fim. No entanto, "pancada" já conota um movimento não tão usual num trabalho académico. Este detalhe desenha a peculiaridade da proposta que percebi. Ao fim e ao cabo, o trabalho desfere, em certa medida, com certa força, uma pancada no *status quo* da crítica que se debruça sobre a obra e a correspondência de ambos os poetas portugueses: Alberto de Oliveira e António Nobre. Pancada que não deseja ferir ou matar, mas "sacudir a poeira" – em que pese a quase desfaçatez de tal expressão em trabalho acadêmico. Tal sentido é corroborado pela expressão "agressão moral" que aparece na última das acepções enumeradas. Já me explico. A referida "agressão" se modaliza quando se toma como pressuposto o contexto social, cultural e "moral" do período em que se desenvolve a amizade entre os dois poetas e a construção de sua correspondência. É neste sentido que o trabalho se abre à possibilidade de ser bastião de uma "agressão": tenta, como já dito, "dar nome aos bois".

Acrescentando-se ao pressuposto aqui tomado a polivalência do contexto estético a que se circunscreve a correspondência e a produção poética de António Nobre e Alberto de Oliveira, o sentido de agressão, ainda que amenizado permanece. Ambos nada têm de decadentes, a não ser aos olhos do cânone de então. Por outro lado, o Simbolismo aparece como traço composicional da poesia de ambos, ainda que seu próprio exercício poético seja, em si mesmo, proposta de experimentação estética que ultrapassa os limites deste mesmo traço. É por isso que assinalo, mesmo que superficialmente, a vinculação da leitura que faço ao campo das relações entre Literatura e História pois, através das cartas, sobretudo António Nobre, desenvolve um conjunto de pressupostos estéticos que ele mesmo considera na sua produção poética. Este exercício intelectual pode ser claramente detectado na leitura das cartas. Se a isso se acrescenta o tempero da afetividade homoerótica que marca sua relação de amizade com Alberto de Oliveira, fatalmente a abordagem da História da Literatura que porventura venha a ser realizada ganha outros contornos. Também neste sentido ouço os ecos do "coice", em sua acepção dicionarizada.

Além disso, a virada de século é, entre outros eventos, marcada de forma indelével pela Psicanálise, que então começava seu extenso percurso de consolidação. Com esse arcabouço, a consideração do caráter homoerótico do afeto que envolve e alimenta a relação de amizade entre os dois poetas portugueses ganha em pertinência e espessura. O discurso que neste diapasão o texto das cartas reverbera – mesmo a única carta de Alberto de Oliveira entre neste rol – é por demais claro, quando lido aos olhos de dois ou três conceitos psicanalíticos que desfazem as "sombras" que envolvem a amizade de Alberto e António. Como comentei anteriormente, é notável o "cuidado" com que o afeto que os une é tratado e não nomeado. Por um lado poder-se-ia enxergar aí um braço de censura, o que não deixa de ter plausibilidade; por outro, trata-se de uma forma de "sair da sinuca" a que se chega quando da leitura de todas as cartas, na perspectiva inaugurada pelo olhar homoerótico.

De uma forma ou de outra, preferi optar por uma terceira via (a terceira margem do rio, de Guimarães Rosa, talvez?). Esta desemboca na afirmação de que Alberto de Oliveira e António Nobre, através das cartas e cartões postais trocados, e somente através desse conjunto de textos, viveram uma história de amor. É isso. Amaram-se e partilharam esse afeto pelas cartas, dado que não havia, para eles, então, outra possibilidade. Assim não fosse, António Nobre não teria pedido de volta o "seu Diário" e Alberto de Oliveira não teria mandado queimar todos estes papéis. Pior para nós que sobrevivemos a este fato há muito ocorrido. Resta (ainda) a esperança de encontrar, quem sabe, um ou outro retalho de papel que tenha por sorte sobrevivido ao fogo. Mas o fato permanece: a correspondência conta uma história de amor. Afinal de contas, as cartas não mentem...

ANOTAÇÕES FINAIS

As correspondências familiares e a literatura "pessoal" (diários íntimos, autobiografias, memórias), embora sejam testemunhos insubstituíveis, nem por isso constituem os documentos "verdadeiros" do privado. Elas obedecem a regras de boas maneiras e de apresentação de uma imagem pessoal que regem a natureza de sua comunicação e o estatuto de sua ficção. Não há nada menos espontâneo do que uma carta; nada menos transparente do que uma autobiografia, feita para ocultar tanto quanto para revelar. Mas essas sutis manipulações do esconder/mostrar nos levam, pelo menos, à entrada da fortaleza.

Michele Perrot
Introdução à *História da vida privada*, v. 4

Dizer que o trabalho se concluiu é um eufemismo. Nenhum trabalho – de natureza análoga a este – jamais se conclui. Quando muito, chega a um ponto em que certas evidências se corroboram, outras foram abandonadas, por inúteis e muita coisa se perdeu nas sombras do tempo: este é bem o caso das "perdidas" cartas de Alberto de Oliveira. Neste caso, o ponto inicial deste trabalho, as cartas podem funcionar como "espelho da alma" que evola, se perde, se desfaz, como a Modernidade de Bermann. Não. Não se trata de um delírio. O trabalho que agora chega a uma etapa "conclusiva" traz constatações que podem até ser refutadas, mas oriundas de reflexão que se quis abrangente e, quanto possível, aprofundada.

A amizade entre António Nobre a Alberto e Oliveira se constrói como laço afetivo que pode unir pessoas independentemente de uma explicação racional. A perspectiva dos estudos de gênero pode especular sobre liames mais implícitos que a moralidade de uma época ou mesmo os princípios dormentes que, na organização social, tendem a ser recalcados, limitados e, por vezes, dissimulados. O que Sedgwick pressupõe é que haja um investimento afetivo – do naipe daqueles descritos por Freud em sua saga intelectual – nas relações entre sujeitos de mesmo sexo (daí a importância do prefixo "homo"), objeto de eleição de muitos escritos sejam poéticos ou narrativos. Foi nesta direção que busquei encarar os caminhos e descaminhos da amizade "poética" entre Alberto e António.

Longe de circunscrever um perímetro de elucubrações que seja reduzido ao exame de "preferências" e ou práticas, da ordem do sexual, o conceito por ela cunhado – homossociabilidade, ou mesmo, pacto homossocial – respalda o olhar inquisitivo do leitor que passeia por índices escritos desse desejo que se faz palavra. Dito de outra forma, pouco importa as preferências sexuais dos autores dos textos aqui colocados em epígrafe. Desinteressante se faz, por consequência, defender esta ou aquela justificativa para os chistes linguísticos que a literatura agencia no/pelo texto que os poetas escreves. De todas as possibilidades, o texto das cartas pode foi tomado como exemplo mais afeito a esse tipo de análise/observação, dado que o autor dele fala de si, ainda que na superfície da letra a mensagem se reduza, aparentemente – e apenas assim –, ao comunicado de conteúdo diverso, de informação útil (ou não!) de referência "objetiva".

Neste sentido, aproximar o texto das cartas de Alberto de Oliveira escritas em resposta àquelas enviadas para ele por António Nobre, numa articulação – via leitura atenta e verticalizada – com os poemas de ambos, é atitude que se explicita na constituição de um corpus de investigação mais plausível. A orientação desta investigação, portanto, colocou-se muito além de moralismos e/ou respeitos que possam agilizar assertivas redutoras que procuram impedir que o olhar do leitor atento encontre, nas linhas pelas quais caminha, os índices da afeição partilhada, seja pelas cartas, seja pelos poemas. Desta forma, a afetividade que alimenta a amizade de ambos não deixa de ser o eixo da referida homossociabilidade, ou, por outra, a leitura que deste material se pode fazer leva à certeza de que um pacto homos-social foi estabelecido prévia e, até, inconscientemente, pelos autores das cartas e dos poemas. Cabe ao leitor atento aceitar esses índices, examiná-los à luz de sua evidência e dinamizá-los na hermenêutica possível dos textos nos quais e pelos quais se explicita.

Fica, então, a título de corroboração do que aqui se propôs, o conjunto de "insinuações" – o sentido deste termo aqui não carrega nenhuma intenção pejorativa e/ou condenatória – feitas por Mario Cláudio que, de maneira um tanto apressada, são rechaçadas por Vasco de Castro em texto que "comenta" a publicação da Fotobiografia de António Nobre. Nesta, ao que parece, Mário Cláudio teria percebido alguns destes índices. A última frase do referido "comentário" – "Vou lavar-me as mãos" –, aponta ambiguamente para uma atitude de desprezo que muito bem pode encerrar sentido mais profundo, aquele dinamizado por preconceito, revestido de recalcamento gratuito. Em igual medida, pode-se concluir que o discurso do mesmo comentário aponta para alguma coisa como "não vou tocar nesse assunto delicado pra não 'me sujar' com isso". Constatação plausível e, em igual medida, instigante.

A investigação desenvolvida pôde também, acredito, desfazer esta dúvida. Complemente-se que o próprio Mário Claudio publicou um livro de contos, Triunfo do amor português, do qual faz parte a narrativa intitulada "António Nobre e Alberto de Oliveira", aqui "visitada". Na perspectiva que se desenha a partir dos comentários feitos à Fotobiografia, pareceu pertinente articular a leitura das cartas em diálogo com a ficção de Mário Cláudio. Mais uma vez, desta forma, reitera-se o caráter comparatista da investigação (e de seus resultados), reinvestindo nos pressupostos estabelecidos a partir da leitura dos trabalhos de Eve Kosofsky Sedgwick e Jurandir Freire Costa, conforme já referido anteriormente.

A proposta se respaldou na perspectiva anunciada. Como consequência imediata, o enfoque engloba os estudos de História da Literatura, sobretudo no que é desenvolvido epistemologicamente por Jacques Le Goff e Paul Ricoeur, nas obras elencadas na bibliografia. Este desdobramento conta com o apoio das propostas de releitura da literatura finissecular no Ocidente anunciadas por David Baguley, a partir do quê subsidia o rompimento da crítica com leituras cristalizadas desse período, destacando os desdobramentos possíveis de uma retomada da consideração da estética naturalista e adjacências. Este autor, em *Le naturalisme et ses genres*, oferece dois caminhos para esta retomada: a) um naturalismo trágico, objetivo, clínico, dinâmico; b) um naturalismo desiludido, autobiográfico, estático e repetitivo. Dessa reorganização, vê-se um deslocamento empreendido no campo literário. Sua visão do Naturalismo rompe a lógica da escola e do estilo de época para estender seu raio de atuação a montante e a jusante da produção literária finissecular – o que inclui os dois poetas em questão.

No âmbito da historiografia da Literatura Portuguesa – perímetro ao qual se circunscreve a correspondência entre os dois poetas aqui considerados – por força coercitiva da própria dinamicidade orgânica dos estudos comparatistas, o Naturalismo se constitui o pano de fundo para a "cena" que se dramatiza através da leitura das cartas trocadas. Claro está que este pano de fundo e seus desdobramentos – falo, aqui, do Decadentismo e do Simbolismo, em Portugal – não chegaram a ser explicitado no correr da investigação por pressuposto. De qualquer maneira, a abrangência de suas propostas e consequências é por demais evidente para exigir a satisfação de tal demanda. De qualquer maneira, cabe uma anotação.

Os conceitos propostos mais recentemente por David Baguley permitem redimensionar a estética naturalista, expandindo seu horizonte de modos e autores. Este autor reafirma a intenção de reunir um *corpus* de textos possuidores de traços comuns para esmiuçar os desdobramentos da proposta original, herança de Zola. Considerei, então, o texto das cartas como parte deste *corpus* e, por isso mesmo, mais uma vez, sua vinculação ao Naturalismo, mesmo que de maneira implícita. Este argumento se sustenta na ideia de que, no caso da correspondência, a vinculação se dá no sentido de corroborar a hipótese de que os questionamentos que o Naturalismo propõe e provoca apontam para o caráter "dramático" da relação.

Neste contexto, outra não poderia ser a conclusão a não ser a que aponta para o fato de que a correspondência ilustra uma conceituação outra para o Naturalismo. Esta, por sua vez, aposta na ideia de que haveria nesta estética um segundo "subgênero" que seria o da desilusão, em que o mal do personagem está relacionado à mediocridade da vida humana e às dúvidas existenciais. Acredito que, mesmo que em certa medida, Alberto e António assumem seu papel de atores de um drama que independe de sua própria vontade, ainda que o instrumento de expressão explicite seu desejo, ainda que inconscientemente. Visto desta forma, o Naturalismo deixa, neste caso em particular, de ser apenas um momento em que as vicissitudes da existência impõe seu "jogo", e cria espaço para a interação com a aventura da "modernidade" que se manifesta de maneira quase festiva na virada do século: período em que se desenvolve a amizade entre os dois poetas.

Dando um ultimo passo desse atalho, Baguley também colabora aqui não desenvolvendo argumentação (até) irônica quanto ao papel central da paródia na estética naturalista. Sua abordagem faz com que seja possível melhor compreender a diversidade de abordagens que a estética por princípio propicia. Assim, o que fiz aqui, ilustra um pouco desta diversidade, quando "tira do armário" o caráter afetivo da relação de amizade entre Alberto e António, bem como, dá a esta amizade o nome que lhe é cabido: homoerótica. Acredito que as ideias do estudioso francês foram de fundamental importância para a adequação "historiográfica" do presente trabalho, ainda que de maneira um tanto implícita. Esta particularidade não compromete a investigação, dado que, sua índole aponta para o estudo atento do texto das cartas e sua representatividade no contexto que, operacionalmente, está tomado como pressuposto.

A meu ver, esta retomada propicia outra(s) leitura(s) da correspondência entre Alberto de Oliveira e António Nobre, o que ilumina a crítica à poesia de ambos. Daí a efetividade desejadamente eficaz do recurso ao operador de leitura chamado "pacto homossocial" – instrumento instigante para desdobrar a relação crítica entre poesia e correspondência, sob a égide do conceito de amizade literária. Considerando a produção epistolográfica entre Alberto de Oliveira e António Nobre como o locus discursivo no qual a produção poética de ambos se espraia implicitamente, na troca de impressões que retroalimenta a amizade que une os dois poetas, o estudo desta "memória individual" partilhada sustenta a presente hipótese de leitura: a influência da amizade o desenvolvimento da poética de ambos, por um lado; e, por outro, o caminho contrário, a correspondência como exercício do afeto que acaba por sustentar a produção poética, sobretudo se considerada, a amizade, no influxo do já referido pacto homossocial.

Entendo que a correspondência entre os dois poetas pode deixar transparecer uma espécie de jogo discursivo que acaba por fazer com que o missivista procure, mesmo que inconscientemente, chamar sobre si a atenção de seu interlocutor sem, no entanto, ter a prerrogativa da transparência do discurso: ele necessita de uma "resposta", na verdade, pede por ela. Tal situação dialoga de forma evidente com o conceito de "pacto referencial" apresentado por Lejeune, em O pacto autobiográfico, como sendo uma espécie de contrato da memória com a verdade, esta sempre reduzida à esfera das possibilidades, levando-se em consideração a série de rasuras, deformações e imprecisões às quais está submetido aquele que escreve as cartas. É de constatar, então, que este situação é análoga à já estudada em Lete: arte e crítica do esquecimento. Neste texto, Weinrich comenta acerca do descrédito a que Platão lança o "sistema gráfico", matéria-prima das cartas, quando afirma que a memória definha na medida em que o tempo passa e fragiliza as "certezas" que esta mesma memória consolida. Tal definhamento pode ser sanado com a releitura das cartas. Esta leitura, por sua, se fosse o caso de seguir a lição platônica, levaria à sua articulação com a poesia produzida por ambos os autores portugueses. Tal possibilidade extrapola meus interesses no âmbito deste trabalho.

Considerando, ainda, as missivas como campo de tensões que estimulam a colisão de perspectivas distintas sobre a dominante literária da época, fez-se necessário aceitar que, como contraponto da correspondência – esse camarote da criação literária, o projetado espaço para treino da escrita poética – as de Alberto para António funcionam como uma espécie de laboratório de criação poética, no âmbito da leitura, mesmo que não tenha sido esta a "intenção" dos dois. O fato destas cartas terem sido incineradas não desautoriza esta demanda. A única carta "sobrevivente" é espaço suficiente para manter o desejo de satisfazer tal demanda, como delineado antes.

António Nobre amou Alberto de Oliveira. António Nobre ficou noivo umas duas ou três vezes em sua vida. Alberto de Oliveira casou-se e teve dois filhos. A amizade entre os dois ultrapassou o limite estreito de uma moralidade conspícua e repressora, expressando-se em cartas que, em seu conjunto, revelam o diapasão homoerótico de uma relação afetiva que, ainda hoje, é objeto de resistência – para não dizer denegação – de uma cultura que prima por guardar a sete chaves o seu segredo. António Nobre amou profundamente Alberto de Oliveira. Das cartas que primeiro escreveu para o segundo, em apenas uma, não se percebe o tom amoroso, delicado, sutil, mas sincero e contundente de uma "paixão" que deve que permanecer soterrada por uma gama profunda de motivos de ordem vária. O fato está no afeto partilhado. As duas cartas do rompimento – a e Alberto de Oliveira guarda, por vias outras, o mesmo tom terno e afetuoso de todas as outras que recebeu de António Nobre – revelam o fim de uma relação que, por incômoda – não pode haver dúvidas sobre este adjetivo – ficou relegada ao compartimento das "amizades literárias".

Desta história resta um problema: a "comprovação documental" da partilha de afeto. Sabe-se, como aqui ficou dito, que Alberto de Oliveira teve seu desejo de incineração de seus papéis respeitado e cumprido. Da sanha do fogo eterno, restaram uma carta e um cartão postal. Mário Cláudio esmiuçou competentemente o cartão postal. A carta foi objeto de algumas especulações de minha lavra aqui. Estes dois "documentos", em si mesmos, não são suficientes para determinar causas e consequências de uma intrincada relação que se consolida na troca de impressões de ordem vária, incluindo aí os afetos partilhados por dois jovens recém-saídos da adolescência, num ambiente severo e pesado, a viver experiências novas no limiar de um século que provocaria um tsunami comportamental de ordem então desconhecida. É praticamente impossível refutar este argumento. No entanto, da leitura atenta destes dois textos, em diálogo com as mais de trinta cartas escritas por António Nobre para Alberto de Oliveira – publicadas e comentadas por Guilherme de Castilho – asseguram a possibilidade de inferências que (ainda) podem vir a ser respaldadas por "documentos".

Recentemente, muito recentemente, noticiou-se o achado de uma caixa com papéis inéditos de Fernando Pessoa em território africano.

Quando já se supunha (quase) terminado o trabalho de catalogação dos escritos do poeta e seus heterónimos já consagrados, encontrou--se o famoso baú (ou foi mais de um), e o trabalho da "equipa Pessoa" começou e já rendeu frutos. Essa referência serve para corroborar a hipótese de talvez um dia, quem sabe, uma caixa (pasta, bolsa, envelope, pacote, etc.) seja encontrada com alguns papéis de Alberto de Oliveira. Entre eles, pode ser, encontrar-se-á uma ou duas cartas a mais, daquelas que até agora são consideradas consumidas pelo fogo do desejo. Acredito piamente que esta possibilidade existe. Por acreditar nela é que o projeto de investigação, que culminou neste livro, foi proposto.

Dois são os tópicos que constituíram a base do problema aqui: a amizade literária e as cartas como gênero. A base foi cimentada pela argamassa teórica da Literatura Comparada – numa ampliação da Teoria da Literatura – e o remate do Homoeotismo, funcionando como operador de leitura; especificamente, o olhar homoerótico que auscultou o texto das cartas e suas entrelinhas. É preciso dizer que esse traçado, em nada e por nada fica a dever aos inúmeros estudos que à correspondência entre s dois poetas já foram escrito. Outrossim, sua proposta – e consequente hipótese de trabalho, como desenvolvida aqui – buscou o esboço de novos perímetros teórico-crítico.

Há quem diga que a carta não é literatura, é algo à margem da Literatura. Para quem assim pensa, é apenas uma "atitude" diante do público. Este, por sua vez, seria o responsável pela demanda de mentiras elegantes, expressão de arte, pronomes no lugar e sem um só verbo que discorde do sujeito. Falácias. Depois do passeio feito pela leitura das cartas de António Nobre e Alberto de Oliveira é impossível levar a sério o argumento de que a separação operada pela crítica textual entre autor e obra, biografia e Literatura, História e escrita, possa considerar como critério valorativo a autonomia do texto frente ao contexto de sua produção, excluindo-se aí os documentos pessoais do escritor, como a troca de correspondência. O critério valorativo não se sustenta e a tal autonomia, ao fim e ao cabo, como é sabido, não existe... de fato. Neste caso, argumento vazio e tendencioso. De mais a mais, como ter qualquer "atitude" diante do público se a motivação dessa mesma atitude é algo que o próprio público contesta? Ou, antes, condena *a priori*?

O contraponto desta constatação é que a exclusão de documentos pessoais, os que auxiliam numa melhor leitura do texto, torna-se necessária tanto numa remontagem histórica do gênero quanto a reconstrução do momento histórico, na qual é visível uma intensa atividade que começa desde a antiguidade até a época Renascentista, na qual ocorreu uma considerável expansão do gênero. Como consequência, o desenvolvimento desse tipo de investigação – a que tem como *corpus* a carta – ainda requer esforço extra, pois, quase como consequência lógica, esse *corpus* abre espaço para sua abordagem como ficção. A ausência das cartas de Alberto de Oliveira, neste sentido é argumento favorável, nesta situação. Por outro lado, a produção poética de Alberto e de António, indiciada ao longo as deste, podem ser operacionalizadas como os referidos "documentos", atestando assim a plausibilidade da proposta de abordagens destes textos.

Romeu e Julieta, Abelardo e Heloísa, Gerturde Stein e Alice Stoklas, Randolph Scott e Cary Grant. Pares que ficaram eternizados por diversos meios de expressão artística no Ocidente. Um ponto comum entre eles, a identidade de gênero. Outro, o fato de terem sobrevivido às pressões recalcantes, para não dizer ditatoriais, dos valores culturais que dinamizavam o contexto social e moral no perímetro do quais a sua relação afetiva se desenvolveu. Acrescento então os nomes de António Nobre e Alberto de Oliveira. Os dois poetas portugueses se amaram, de maneira muito atormentada, velada – ainda que haja brechas a desvelar o contrário. Os dois se amaram e viveram sua relação afetiva de maneira a fazerem parte do *dramatis personae* em que os primeiros pares aqui citados já encontraram assento. Ao fim e ao cabo, é preciso dizer as coisas com as palavras mais simples: os dois se amaram.

De um ou de ouro modo, o caminhado trilhado até aqui demonstra, creio que de maneira clara – o perímetro de umas tantas possibilidades hermenêuticas, vilipendiadas por uma série de pressupostos – para não dizer preconceitos – que acabam por enterrar qualquer iniciativa de leitura. Acreditei na possibilidade de encontrar as cartas de Alberto de Oliveira, mesmo sabendo que elas teriam sido queimadas logo após seu falecimento. Apostei na busca de verbalizar uma história que, por caminhos tortuosos, vem sendo lida, estudada e admirada apesar de todos os pesares. Concluo o trabalho gratificado, certo de que cumpri o que me propus fazer e satisfeito pelo prazer de ter feito.

BIBLIOGRAFIA

ABELLIO, Raymond. *La structure absolue*: essai de phénoménologie génétique. Paris: Gallimard, 1965.

ACHTER, Erik Adolf Van. *On the nature of the [Portuguese] short story: a poetics of intimacy*. Utrecht: Universiteit Utrecht, 2010. (Tese de doutorado).

ALBALAT, Antoine. Lição Vigésima – do estilo epistolar. In: *A arte de escrever ensinada em vinte lições*. Trad. de Cândido de Figueiredo. 8 ed. Lisboa: Livraria Clássica Editora, 1948, p. 319-325.

ALBUQUERQUE, Severino J. *Violent acts*: a study of contemporary Latin American theatre. Detroit: Wayne State University Press, 1991.

——, *Tentative transgressions*: homosexuality, Aids and the theatre in Brazil. Madison: University of Wisconsin Press, 2002.

——, Modernist retorcessions: homosexual transgression, representation and the theatre of Brazilian Modernism. *Confluencia*, v. 17, n. 2, Spring, 2002, p. 12-25,

——, Reading translation queerly: Lispector's translation of "The picture of Dorian Gray". *Bulletin of Hispanic Studies*, n. 76, 1999, p. 691-702.

ALDRICH, Robert. *The seduction of the mediterranean*: writing, art and the homossexual fantasy. Londres: Nova York: Routledge, 1995.

ALIAGA, Juan Vicente; CORTÉS, José Miguel G. *Identidad y diferencia*: sobre la cultura *gay* en España. Barcelona: Madrid: Editorial *Gay* y lesbiana, 1997.

ALLEN, Dennis. Homosexualité et littérature. *Franco-Italica*, serie contemporanea, Alessandria, n. 6, 1994, p. 11-27.

ALMEIDA, Horácio de. *Dicionário de termos eróticos e afins*. 2 ed. Rio de Janeiro: Civilização Brasileira, 1981.

ALTAMIRANDA, Daniel. *Teorías literarias*: enfoques desde el lenguaje. Buenos Aires: Editorial Docencia, 2001, v. 1.

——, *Teorías literarias*: enfoques desde la cultura y la sociedad. Buenos Aires: Editorial Docencia, 2001, v. 2.

ALTMAN, Janet Gurkin. *L'épistolarité à travers les siècles. Colloque internationale sur les Correspondances – Cerisy La Salle*. Stuttgart: Franz Steiner Verlag, 1990.

——, *Epistolarity*: approaches to a form. Colombus: Ohio University Press, 1982.

AMBRIÈRE, Madeleine; CHOTARD, Loïc (orgs.). *Nouvelles approches de l'épistolaire: lettres d'artistes, archives et correspondances*. Actes du Colloque international tenu en Sorbonne les 3 et 4 décembre 1993.

AMORÓS, Celia. *Hacia una crítica de la razón patriarcal.* 2 ed. Barcelona: Anthropos, 1991.

ARIÈS, Philippe; DUBY, Georges (dir.). *História da vida privada*: I – do Império romano ao ano mil. Trad. De Hildegard Feist. São Paulo: Companhia das Letras, 1992.

ARTIÈRES, Philippe. Arquivar a própria vida. Trad. de Dora Rocha. *Estudos Históricos.* Rio de Janeiro, v.11, n. 21.

AUBRIT, Jean-Pierre. *Le conte et la nouvelle.* Paris: Armand Colin, 1997.

ARNAUT, Ana Paula. Três homens e um livro: boa noite senhor Soares de Mário Cláudio. In: SOARES, Carmen at alii. *Norma & Transgressão II.* Coimbra: Imprensa Universitária, 2011, p. 201-213.

——, Singularidades de uma morte plural. *Revista Letras.* Vila Real: Depto. De Letras, Centro de Estudos em Letras-Universidade de Trás-os-montes e Alto Douro, 2006a, v. 2, n. 5, p. 107-120.

——, O outro lado da personagem: a recriação de Blimunda. Coimbra: CLP, 2006b, p. 39-53. Separata de *Figuras da ficção.*

——, O todo e a(s) parte(s): o prazer do fragmento. *Revista Forma breve.* Aveiro: Centro de Línguas e Culturas, Universidade de Aveiro, 2006c, n. 4, p. 227-228.

——, Amadeo(s). In PETROV, Petar (org.). *O romance português pós-25 de Abril.* Lisboa: Roma, 2005a, p. 37-54.

——, Mário Cláudio: aproximação a um retrato. In: LEÃO, Delfim F.; FIALHO, Maria do Céu e SILVA, Maria de Fátima (coords.). *Mito clássico no imaginário ocidental.* Coimbra: Ariadne, 2005b, p. 13-23.

——, Em trânsito: do romance ao romance?. Coimbra: Instituto de Estudos Clássicos, 2005c, p. 269-279. Separata de: *O romance antigo*: origens de um gênio lusitano.

ASKER, D.B.D. *Aspects of metamorphosis*: fictional representations of the becoming human. Amsterdam: Atlanta: Rodopi, 2001.

ASSIS, Machado de. *Dom casmurro.* Rio de Janeiro: Jackson, 1955.

AUERBACH, Eric. *Mimesis.* 2 ed. São Paulo: Perspectiva, 1979.

BAKHTIN, Mikhail. *Estética da criação verbal.* Trad. de maria Ermantina Galvão Gomes. São Paulo: Martins Fontes, 1992.

BALDERSTON, Daniel; GUY, Donna J. (eds.). *Sexo y sexualidades en América Latina.* Buenos Aires: Barcelona: México: Paidós, 1998.

BARBOSA, João Alexandre. *A leitura do intervalo*: ensaios de crítica. São Paulo: Iluminuras: SEC-SP, 1990.

BARCELLOS, José Carlos. Identidades problemáticas: configurações do homoerotismo masculino em narrativas portuguesas e brasileiras (1881-1959). *Boletim do Centro de Estudos Portugueses.* Belo Horizonte: UfMG, n. 23, jul-dez, 1998, p. 7-42)

——, Literatura e Homoerotismo masculino: perspectivas teórico-metodológicas e práticas críticas. *Caderno Seminal.* Rio de Janeiro: Dialogarts, n. 8, 2000, p. 7-42.

——, Literatura e homoerotismo masculino: entre a cultura do corpo e o corpo da cultura. In: LYRA, Bernadette; GARCIA, Wilton (orgs.). *Corpo & Imagem.* São Paulo: Arte e Ciência, 2002, p. 127-155.

BARTHES, Roland. *Aula*. São Paulo: Cultrix, 1989.

——, *Le plaisir du texte*. Paris: Seuil, 1973.

BASSNET, Susan. *Comparative Literature*: an introduction. Oxford: Blackwell, 1992.

BASTOS, Maria Helena Câmara , CUNHA, Maria Teresa Santos , MIGNOT, Ana Chrystina Venancio (orgs.) *Destinos das letras: história, educação e escrita epistolar*. Passo Fundo: Universidade de Passo Fundo, 2002.

BAUDRILLARD, Jean. *Da sedução*. Trad. Tânia Pellegrini. Campinas: Papirus, 1991.

BAUMAN, Zigmunt. *A identidade*. Tradução de Carlos Alberto Medeiros Rio de Janeiro: Zahar, 2006.

——, *Modernidade e ambivalência*. Rio de Janeiro: Jorge Zahar Editor, 1999.

BEGEL, Emilio. *Gay cuban nation*. Chicago: Chicago University Press, 2002.

BENJAMIN, Walter. *Obras escolhidas*. 3 ed. Trad. de Sérgio Paulo Rouanet. São Paulo: Brasiliense, 1987, v. 1, p. 165-196. A obra de arte na era da sua reprodutibilidade técnica.

——, *Origem do drama barroco alemão*. Trad. de Sérgio Paulo Rouanet. São Paulo: Brasiliense, 1984.

BENHABIB, Seyla. *Critic, norm and utopia*: a study of the foundations of critical theory. New York: Columbia University Press, 1986.

BENSTOCK, Shari. From letters to literature: la carte postale and the epistolary genre. *Genre*, v. XVIII, 1985.

BERMAN, Marsahl. *Tudo que é sólido desmancha no ar*: a aventura da modernidade. Trad de Carlos Felipe Moisés e Ana Maria L. Ioriatti. São Paulo: Companhia das Letras, 1986

BERGMAN, David. *Gaiety transfigured*: *gay* self-representation in American literature. Madison: The University of Wisconsin Press, 1991.

BERSANI, Leo. *Homos*. Buenos Aires: Manantial, 1998.

BESSA, Marcelo Secron. *Histórias positivas*: a literature (des)construindo a aids. São Paulo: Record, 1997.

——, *Os perigosos*: autobiografias & aids. Rio de Janeiro: Aeroplano, 2002.

BESSA-LUÍS, Agustina. O triunfo do amor português de Mário Cláudio. IN: CLÁUDIO, MÁRIO. O triunfo do amor português. *Triunfo do amor português*. Lisboa: Dom Quixote, 2004.

BEUGNOT, Bernard. Style ou styles épistolaire. *Revue d'histoire littéraire de France*, v. LXXVIII, n. 6, nov.-déc., 1978.

——, Débats autour du genre épistolaire: réalité et écriture. *Revue d'histoire littéraire de France*, n. 2, 1974, p. 195-202.

BLEICH, David. *Readings and feelings*: an introduction to subjective criticism. Urbana: National Council of Teachers of English,1977.

BLOOM, Harold. *A angústia da influência*: uma teoria da poesia. Rio de Janeiro: Imago, 1991.

——, *Como e porque ler*. Trad. José Roberto O'Shea. Rio de Janeiro: Objetiva, 2001.

BOHEEMEN-SAAF, Christine; LAMOS, Colleen (eds.). *Masculinities in Joyce*: postcolonial constructions. Amsterdam: Atlanta: Rodopi, 2001.

BONNAT, J.-L. (dir.). *Des mots et des images pour correspondre – Actes du IIeme colloque international – les correspondance.* Nantes: Publication de l'Université de Nantes, 1986.

BOSSIS, Mireille (dir.). *La lettre à la croisée de l'individuel et du social.* Paris: Kimé, 1994.

———, Méthodological journeys through correspondances. *Yale French Studies*, 1990, p. 63-75.

BOSWELL, John. *Christianity, social tolerance and homossexuality*: gay people in western from the beginning of the christian era to the fourteenth century. Chicago: London: The University of Chicago Press, 1981.

BOURDIEU, Pierre. *A dominação masculina.* Trad. Maria Helena Kúhner. Rio de Janeiro: Bertrand do Brasil, 1999.

———, *Raisons pratiques*: sur la théorie de l'action. Paris : Seuil, 1994.

———, *Les règles de l'art.* Paris: Seuil, 1992.

———, Le champ littéraire. In: *Actes de la Recherche en Sciences Sociales*, n.º 89, sept. 1991, p. 4-46.

———, Champ littéraire et projet créateur. In : *Les temps modernes*, n.º 246, 1966, p. 865-906.

BOUSSAGROUX, Nicole. *Pratiques de la lettre et usages de l'inconscient.* Toulouse--Le Mirail: Presses Universitaires, 1993.

BOYER, Henri. L'épistolière au miroir. Réciprocité, réponse et rivalité. *Revue Marseille*, v. XCV, 1973, p. 23- 29.

BRANDÃO, Junito de Souza. *Mitologia grega.* 3. ed. Petrópolis: Vozes, 1989. v. 2.

BRANDES, Stanley. *Metaphors of masculinity*: sex and status in andalusian folklore. Philadelphia: University of Pennsylvania Press, 1980.

BRAVMANN, Scott. *Queer fictions of the past*: History, culture, and difference. Cambridge: Cambridge University Press, 1997.

BRECKENRIDGE, Carol A.; POLLOCK, Sheldon; BHABHA, Homi K; CHAKRABARTY, Dipesh (eds.). *Cosmopolitanism.* Durhan: Duke University Press, 2002.

BREMMER, J. (org.). *De Safo a Sade*: momentos da história da sexualidade. Campinas: Papirus, 1995.

BRISTOW, Joseph. *Effeminate England*: homoerotic writing after 1885. Nova York: Columbia University Press, 1995.

BUTLER, Judith; GUILLORY, John; THOMAS, Kendall (eds.). *What's left of theory*: New York on the politics of Literary Theory. New York: London: Routledge, 2000.

CALLIGARIS, Contardo. *Bem-estar na civilização*: a perversão como um laço social. Conferência pronunciada na Reunião Lacano-americana de Psicanálise. Gramado, 1988 (mimeografado).

———, Verdades de autobiografias e diários íntimos. *Estudos Históricos*. Rio de Janeiro, v. 11, n.21.

CALVINO, Ítalo. *Seis propostas para o próximo milênio*. Trad. De Ivo Barroso. São Paulo: Companhia das Letras, 1990.

——, *Se um viajante numa noite de inverno*. Trad. De Margarida Salomão. Rio de Janeiro: Nova Fronteira, 1982.

CANDAU, Joel. *Mémoire et identité*. Paris: PUF, 2000.

CANTARELLA, Eva. *Secondo natura*: la bisessualità nel mondo antico. 2 ed. Roma: Editori Riuniti, 1992.

CAPLAN, Pat. *The cultural construction of sexuality*. London: Tavistock Publications, 1987.

(orgs.). *Literatura Comparada*: textos fundadores. Rio de Janeiro: Rocco, 1994

CASTELLS, Manuel. *O poder da identidade*. 2 ed. Trad de Klauss Brandini. São Paulo: Paz e Terra, 2000.

CASTILHO, Guilherme de. *António Nobre*: correspondência. Lisboa: Imprensa Nacional: Casa da moeda, 1952. Biblioteca de autores portugueses.

CASTRO Laura.*Mário Cláudio*: 30 anos de trabalho literário (1969-1999). Porto: Cooperativa Árvore, 1999.

CASTRONOVO, Russ. *Necro citizenship*: death, eroticism and the public sphere in the Nineteenth Century United States. Durhan: Duke University Press, 2002.

CASULLO, Nicolás. *Modernidad y cultura crítica*. Buenos Aires: Barcelona: México: Paidós, 1998.

CERDEIRA, Teresa Cristina. *O avesso do bordado*. Lisboa: Caminho, 2000.

CERTEAU, Michel. *A invenção do cotidiano*. Trad. de Ephraim Ferreira Alves. Petrópolis: Vozes, 1994.

CEVASCO, Maria Elisa. *Dez lições sobre estudos culturais*. São Paulo: Boitempo Editorial, 2003.

CHARLES, M. *Rhétorique de la Lecture*. Paris: Seuil, 1977.

CHARTIER, Roger (org.). *Práticas da leitura*. Trad. de Cristiane Nascimento. 4 ed. São Paulo: Estação Liberdade, 2009.

CHARTIER, Roger; BOUREAU, Alain; DAUPHIN, Ecile C. *Correspondence*: models of letter-writing from the Middle Ages to the Nineteenth Century. Princeton: Princeton University Press, 1997.

CHARTIER, Roger (dir.) *La correspondance*: les usages de la lettre au XIXe siècles. Paris: Fayard, 1991.

CIRLOT, J.E. *Dictionary of symbols*. London: Routledge, 1990.

CLÁUDIO, Mário. *Triunfo do amor português*. Lisboa: Dom Quixote, 2014.

——, *Fotobiografia de António Nobre*. Lisboa: Leya, 2007.

CLARKE, Eric C. *Virtuose vice*: homoeroticism and the public sphere. Durham: London: Duke University Press, 2000.

COELHO, Jacinto do Prado (coord.). *Dicionário de Literatura Portuguesa, Brasileira, Galega, Africana*, Porto, Figueirinhas, s/d, 3 v.

COLLIER, Peter; GEYER-RYAN (eds.). *Literary theory today*. Cambridge; Blackwell, 1992.

COMPAGNON, Antoine. *O demônio da teoria*: Literatura e senso comum. Trad. de Cleonice Paes B. Mourão. Belo Horizonte: Ed.UFMG, 1999.

CORBIN, Alain. O segredo do indivíduo. In: PERROT, Michelle (dir.). *História da vida privada*. Trad. de Bernardo Joffily. São Paulo: Companhia das Letras, 1991, v. 4.

COSTA, Jurandir Freire. *A inocência e o vício*: estudos sobre o homoerotismo. 2 ed. Rio de Janeiro: Relume-Dumará, 1992.

——, *A Ética e o espelho da cultura*. Rio de Janeiro: Rocco, 1994.

——, *A face e o verso:* estudos sobre o homoerotismo II. São Paulo: Escuta, 1995.

——, *Sem fraude nem favor*: estudos sobre o amor romântico. 3 ed. Rio de Janeiro: Rocco, 1999.

COSTE, Didier. Trois conceptions du lecteur et leur contribution à une théorie du texte littéraire. *Poétique*. Paris: Seuil, n. 43, 1980.

CUESTA ABAD, José Manuel. *Teoría hermenéutica y literatura*: el sujeto del texto. Madri: Visor, 1991.

CULLER, Jonathan. *Teoria literária*: uma introdução. Trad. de Sandra G.T. Vasconcelos. São Paulo: Beca Produções Culturais Ltda., 1999.

——, *On deconstruction* theory and criticism after structuralism. Ithaca: New York: Cornell University Press, 1984.

——, *Structuralist poetics*. London: Routledge; New York: Paul Kegan, 1975.

DAVIS, D. L.; WHITEEN, R.G. *The cross-cultural study of human sexuality*. Annual Review of Anthropology, 1987, n. 16, p. 69-98.

DeANGELIS, Michael. *Gay fandom and crossover stardom*: James dean, Mel Gibson and Keanu Reeves. Durhan: Duke University Press, 2002.

DELCOURT, Christian. Le genre épistolaire. *Revue Belge de philologie et d'histoire*, n. 70, 1992.

DE MAN, Paul. *La resistencia a la teoría*. Trad. De Elena Elorriaga et al. Madrid: Visor, 1990.

DENISOFF, Dennis. *Aestheticism and sexual parody 1840-1940*. Cambridge: Cambridge University Press, 2002.

DERRIDA, Jacques. *La carte postale*: de socrate à Freud et au-delà. Paris: Flammarion, 1980.

DÍAZ-BENÍTEZ, Maria Elvira; FÍGARI, Carlos Eduardo (orgs). *Prazeres dissidentes*. Trad de Mauro Brigeiro. Rio de Janeiro: Garamond, 2009.

DIAZ, Brigitte. *L'épistolaire ou la pensée nomade*. Paris: PUF, 2002.

DOLLIMORE, Jonathan. *Sexual dissidence*: Augustine to Wilde, Freud to Foucault. Oxford: Clarendon Press, 1991.

DONALDSON, Stephen (eds.). *Homosexual themes in literary studies*. Nova York: Londres: Garland, 1992. (Studies in Homosexuality, VIII).

DORTIER, Jean-François. L'individu disperse et sés multiples. In: RUANO-BORBALAN, Jean-Claude (coord.). *L'identité*. Paris: Sciences Humaines Éditions, 1998.

DUBERMAN, Martin Bauml. *About time*: exploring the *gay* past. New York: Meridian, 1981.

DUBERMAN, Martin Bauml; VICINUS, Martha; CHAUNCEY JR., George (eds.). *Hidden from History*: reclaiming *gay* and lesbian past. New York: Nal Books, 1989.

DUNDES, Alan (ed.). *Sacred narrative*: readings in the theory of myth. Berkeley: Los Angeles: University of California Press, 1984.

DURINGAN, Simon (ed.). *The cultural studies reader*. 2 ed. New York: London: Routledge, 1999.

DURUZ, Yvonne; MOSER-VERREY, Monique. *La lettre au corps*. Paris: Edition d'art "La Sauvagine", 1996 .

DYNES, Wayne R., DONALDSON, Stephen. *Homosexual themes in literary studies*. New York: London: Garland, 1992.

EAGLETON, Terry. *Teoria da literatura*: uma introdução. São Paulo: Martins Fontes, 1983. d.

EASTHOPE, Antony. *Literary into Cultural Studies*. Londres: Nova York: Routledge, 1996.

ECO, Umberto Eco: *Leitura do texto literário – lector in fabula*: a cooperação interpretativa nos textos literários. São Paulo: Perspectiva, 2011.

——, *Os limites da interpretação*. São Paulo: Perspectiva, 1999.

ENG, David L. *Racial castration*: manating masculinity in Asian American. Durhan: Duke University Press, 2002.

ERIBON, Didier. *Refexions sur la question gay. Paris: Fayard,* 1999.

ERIBON, Didier (org.). *Les etudes gay et lesbiennes*. Paris: center Georges Pompidou, 1998.

ESCARPIT, Robert. *Sociologie de la littérature*. Paris: Presses Universitaires de France, 1968.

EVERDELL, William. *Os primeiros modernos*: as origens do pensamento no século XX. Trad. De Cynthia Cortes e Paulo Soares. São Paulo: Record, 2000.

FEITO, Fernando Romo. *Hermenéutica, Interpretación, Literatura*. Barcelona: Anthropos, 2007.

FERGUSON, Frances. Interpreting the self trough letters. *Centrum*, v. 1, autonme, 1981, p. 107-113.

FERNANDEZ, Dominique. *Il ratto di Ganimede*: la presenza omosessuale nell'arte e nella società. Milão: Bompiani, 1992.

FOSTER, David William. *Gay and lesbian themes in Latin American writing*. Austin: University of Texas Press, 1991.

FOUCAULT, Michel. *Estética*: literatura e pintura, música e cinema. Trad. De Inês Autran Dourado Barbosa. São Paulo: Forense-universitária, 2001. Col. Ditos e escritos, v. 3.

——, A prosa do mundo. In: *As palavras e as coisas*. Trad. de Selma Jannus Michail. 8 ed. São Paulo: Editora Martins Fontes, 1999.

——, A escrita de si. In: *O que é um autor?*. Trad. de Antônio Fernando Cascais e Eduardo Cordeiro. s/l: Vega, 1997, pp.129-160.

——, *História da sexualidade II*: o uso dos prazeres. 7. ed. Rio de Janeiro: Graal, 1994. (Biblioteca de Filosofia e História das Ciências, 15).

——, *O que é um autor?* Trad. De António Fernando cascais e Edmundo Cordeiro. Lisboa: Veja, 1992.

——, *Microfísica do poder.* 9 ed. Trad. de Roberto Machado. Rio de Janeiro: Graal, 1990.

——, *História da sexualidade I*: a vontade de saber. 19 ed. Trad. de Maria Theresa Costa Albuquerque e José Augusto Guilhon Albuquerque. Rio de Janeiro: Graal, 1988.

——, *História da sexualidade III*: o cuidado de si. 8 ed. Trad. de Maria Theresa Costa Albuquerque e José Augusto Guilhon Albuquerque. Rio de Janeiro: Graal, 1985.

FOWLER, Víctor. *La maldición*: una historia del placer como conquista. Havana: Letras Cubanas, 1998.

FREADMAN, Richard; MILLER, Seumas. *Repensando a teoria*: uma crítica da teoria literária contemporânea. Trad. de Aguinaldo José Gonçalves e Álvaro Hattner. São Paulo: Ed. Unesp, 1994.

FREADMAN, S.; REINHARDT, L. *On literary theory and philosophy*: a cross-disciplinary encounter. London: Mavmillan, 1991.

FREUD, Sigmund. *Cinco lições de psicanálise.* Trad. de Jayme Salomão et alii. Rio de Janeiro: Imago, 1970. ESB, v. XI.

——, *Três ensaios sobre a teoria da sexualidade.* 2 ed. Trad. de Vera Ribeiro. Rio de Janeiro: Imago, 1989. ESB, v. VII.

FREUND, Elizabeth. *The return of the reader*: reader-response criticism. New York: London: Methuen, 1987.

Trad. do texto por Marise M. Curioni; Trad. das poesias por Dora F. da Silva. *Estrutura da lírica moderna.* São Paulo: Livraria Duas Cidades, 1991.

FRÖHLICHER, Peter, GÜNTERT, Georges (eds.). *Teoría e interpretación del cuento.* Bern: Frankfurt: Peter Lang, 1995.

FRUMAN, Norman. Some principles of epistolary interpretation. *Centrum*, v. 1, autonme 1981, p. 93-107.

FRY, Peter. *Para inglês ver*: identidade e política na cultura brasileira. Rio de Janeiro: Zahar Editores, 1982.

——, Male homosexuality and spirit possession in Brazil. *Journal of homosexuality*, 1985, v. 11, n. 3/4, p. 137-53.

FRYER, Jonathan. *André & Oscar*: Gide, Wilde and the *gay* art of living. Londres: Allison & Busby, 1999.

GADAMER, Hans-Georg. *Hermenêutica da obra de arte.* São Paulo: Martins Fontes, 2010.

——, *Hermenêutica em retrospectiva.* Rio de Janeiro: Vozes, 2009.

——, *Verdad y método.* 7 ed. Salamanca: Sígueme, 1997.

GAGNEBIN, Jeanne Marie. *Lembrar, escrever e esquecer.* São Paulo: Editora 34, 2009.

GAGNON, John H. *Human sexualities.* Glenview, III.: Scott & Foresman, 1977.

GAGNON, John H.; SIMON, William. *Sexual conduct*: the social sources of human sexuality. Chicago: Aldine, 1973.

GALVÃO, Walnice Nogueira; GOTLIB, Nádia Battella (orgs.). *Prezado Senhor, Prezada Senhora*:estudos sobre cartas. São Paulo: Companhia das Letras, 2000.

GAONKAR, Dilip Parameshwar (ed.). *Alternative modernities*. Durhan: Duke University Press, 2002.

GARCIA, Wilton; SANTOS, Rick (orgs.). *A escrita de Adé*: perspectivas teóricas dos estudos *gays* e lésbic@s no Brasil. São Paulo: Xaman, 2002.

GAUTIER, Théophile *apud* MORETTO, Fulvia M. L. *Caminhos do decadentismo francês*. São Paulo: Perspectiva, 1989.

GAY, Peter. *A experiência burguesa da Rainha Vitória a Freud*: a educação dos sentidos. Trad. de Per Salter. São Paulo: Companhia das letras, 1988.

GILMORE, Paul. *The genuine article*: race, mass culture and American litrerary manhood. Durhan: Duke University Press, 2002.

GISEL, Pierre. La postmodernité: mise en place et enjeux. In: _____; EVRARD, Patrick (eds.). *La théologie en postmodernité*. Genebra: Labor et Fides, 1996, p. 11-23.

GOMES, Ângela de Castro (org.). *Escrita de si, escrita da história*. Rio de Janeiro: FGV, 2004.

GOMES, Graça Joana da Cruz. História, ficção e transgressões em Triunfo do Amor Português de Mário Cláudio. Coimbra: Faculdade de Letras, 2009. (Dissertação de Mestrado)

GOMES, Manoel Teixeira. *Regressos*. 2 ed. Lisboa: Seara Nova, 1935

GOTLIB, Nádia Battella. *Teoria do Conto*. São Paulo: Ática, 1987.

GOULART, Rosa Maria. O conto: da literatura à teoria literária. *Forma Breve. Revista de Literatura*, n. 1, 2003, p. 9-16.

GRASSI, Marie-Claire. *Lire l'épistolaire*. Paris: Dunod, 1998.

——, La rhétorique épistolaire ou l'art de parler de soi. *Igitur*, n. 1, 1991, p. 27-37.

GREIMAS, A. J.; FONTANILLE, J. *Semiótica das paixões*. Trad. de Maria José Rodrigues Coracini. São Paulo: Ática, 1993.

——, La Lettre: approches sémiotiques. *Les Actes du VIe colloque interdisciplinaire*. Fribourg: Éditions universitaires, n. 9, 1988.

GUILLÉN, Cláudio. *Teorías de la historia literária*: ensaios de teoria. Madrid: Espasa Calpe,1989.

GUMBRECHT, Hans Ulrich. *Comunicação e experiência estética*. Belo Horizonte: Ed. UFMG, 2006.

——, *Production of presence*. Stanford: Stanford University Press, 2004.

——, *Corpo e forma*: ensaios para uma crítica não hermenêutica. Rio de Janeiro: Ed. UERJ, 1998.

——, *Modernização dos Sentidos*. São Paulo: Editora 34, 1998.

HABERMAS, Jürgen. *Mudança estrutural da esfera pública*. Trad. de Flávio R. Kothe. Rio de Janeiro: tempo Brasileiro, 1984. Biblioteca Tempo Universitário, 76.

HALL, Donald E. (ed.). *Professions*: conversations on the future of literary and cultural studies. Chicago: University of Illinois Press, 2002.

HALLBAWACHS, Maurice. *La mémoire collective*. Paris: Albin Michel, 1999.

HARRIS, Daniel. *The rise and fall of gay culture*. Nova York: Hiperion, 1997.

HEIDEGGER, Martin. *Ser e Tempo*. 4 ed. Petrópolis: Vozes, 2009.

——, *A caminho da Linguagem*. 2 ed. Petrópolis: Vozes; Bragança Paulista: Editora Universitária São Francisco, 2003.

HEBBRARD, Jean. La correspondance au XIXe siècle, approche historique. *L'épistolarité à travers les siècles. Actes du colloque international Les correspondance (Cerisy--Lasalle, 1987)*. Stuttgart: Franz Steiner Verlag, 1990.

HIDALGO, Pilar. *Paradigms found*: feminist, *gay* and new historicist readings of Shakespeare. Amsterdam: Atlanta: Rodopi, 2001.

HOLUB, Robert C. *Reception theory:* a critical introduction. London: New York: Methuen, 1984.

HJORT, Mette. *The strategy of letters*. Cambridge: Harvard University Press, 1993.

HUTCHEON, Linda. *Poética do pós-modernismo*: história, teoria e ficção. Trad. de Ricardo Cruz. Rio de Janeiro: Imago, 1991.

IMBERT, Enrique Anderson. *Teoría y técnica del cuento*. Barcelona: Ariel, 1991.

ISER, Wolfgang. *O ato de leitura*: uma teoria do efeito estético. São Paulo: 34, v. 1, 1996; v. 2, 1999.

——, *O fictício e o imaginário*. Rio de Janeiro: UERJ, 1996.

——, *Prospecting*: from reader response to literary anthropology. Baltimore: The Johns Hopkins University Press, 1993.

——, Les problèmes de la théorie contemporaine de la littérature: l'imaginaire et les concepts-clés de l'époque. *Critique*, n. 413, 1981.

——, *The implied reader*: patterns of communication in prose fiction from Bunnyan to Beckett. Baltimore: London: The Johns Hopkins University Press, 1978

——, The reading process: a phenomenological approach. *New Literary History*, n. 3, 1972.

JAMESON, Frédéric; ZIZEK, Slavoj. *Estudios culturales*: reflexiones sobre el multiculturalismo. Buenos Aires: Barcelona: México: Paidós, 1998.

JAUSS, Hans Robert. *A História da literatura como provocação à Teoria literária*. Trad. De Sérgio Tellaroli. São Paulu: Ática, 1994. Coleção Temas, 36.

——, Esthétique de la réception et communication littéraire. *Critique*, n. 413, 1981.

——, A Estética da Recepção: colocações gerais. In: COSTA LIMA, Luiz (org.). *A literatura e o leitor*. Rio de Janeiro: Paz e Terra, 1979.

——, *Pour une estétique de la réception*. Paris: Gallimard, 1978.

JOBIM, José Luiz. *Formas da teoria*: sentidos, conceitos, políticas e campos de força nos Estudos Literários. Rio de Janeiro: Caetés, 2002.

JOUVE, Vincent.*A Leitura*. São Paulo: Editora Unesp, 2002.

KAHL, Maria Luíza Furtado. *A interpretação do sonho de Freud*. Santa Maria: Ed. UFSM, 2000.

KAPP, Volker. Deux problèmes de l'art épistolaire au XIXe siècle: besoin de communication et exigence stylistique. *Cahiers de l'A.I.E.F.*, n. 39, 1987.

KATZ, Jonathan Ned. *Love stories*: sex between men before homosexuality. Chicago: Chicago University Press, 2002.

KATZ, Jonathan Ned. *A invenção da heterossexualidade:* Trad. de Clara Femandes. Rio de Janeiro, Ediouro, 1996.

KAUFMANN, Vincent. Life by letter. *October*. Cambridge: M.I.T. Press, 1993, n. 61-64, p. 91-106.

——, *L'équivoque épistolaire*. Paris: Minuit, 1990.

——, Relation épistolaire. *Poétique*. Paris: Seuil, nov. 1986, p. 387-404.

KIEFER, Charles. *A poética do conto de Poe a Borges – um passeio pelo gênero*. São Paulo: Leya, 2011.

KUHN, Thomas S. *La estructura de las revoluciones científicas*. Trad. De Agustín Contín. México: Fondo de Cultura Econômica, 1971.

KUJAWSKI, Gilberto de Mello. *A crise do século XX*. São Paulo: Ática, 1991.

LACROIX, Xavier (dir.). *L'amour du semblable*: questions sur l'homosexualité. Paris: Cerf, 1995.

LASCH, Christopher. *O mínimo eu*: sobrevivência psíquica em tempos difíceis. São Paulo: Brasiliense, 1987.

LEFEBVRE, Henri. *A vida cotidiana no mundo moderno*. Trad. de Alcides João de Barros. São Paulo: Ática, 1991. Série Temas, 24, p. 13.

LE GOFF, Jacques. *História e Memória*. 5 ed. Trad. de Bernardo Leitão. Campinas: Ed. Unicamp, 2003.

LEJEUNE, Philippe. *O pacto autobiográfico*. Belo Horizonte: Ed. UFMG, 2008.

LETRIA, José Jorge. *Conversas com letras*. Entrevistas com escritores. Lisboa: O Escritor, 1994.

LÉVY, Pierre. *World philosophie*. Paris: Odile Jacob, 2000.

LIEBERT, R. *A história da homossexualidade masculina da Grécia antiga até a renascença*: implicações para a teoria psicanalítica. In: FOGEL, G. et alii. *Psicologia masculina*: novas perspectivas psicanalíticas. Porto alegre, Artes Médicas, 1989. p. 161-190.

LIMA, Luiz Costa (org.) *A literatura e o leitor*: textos de estética da recepção. Rio de Janeiro: Paz e Terra, 2002.

——, *O fingidor e o censor*: no Ancient régime, no Iluminismo e hoje. Rio de Janeiro: Forense Universitária, 1988.

——, *Dispersa demanda*: ensaios sobre Literatura e Teoria. Rio de Janeiro: Francisco Alves, 1981.

——, *Mimesis e Modernidade*: formas das sombras. Rio de Janeiro: Graal, 1980.

——, *Teoria da Literatura em suas fontes*. Rio de Janeiro: Francisco Alves, 1975, v. 2.

LINS, Daniel (org.). *A dominação masculina revisitada*. Campinas: Papirus, 2001.

——, *Cultura e subjetividade*: saberes nômades. Campinas: Papirus, 2001.

LINS, Ronaldo Lima. Caro amigo: as cartas e a construção da identidade moderna. *Revista do Livro*, Rio de Janeiro: Fundação Biblioteca Nacional, 2002, n. 45, p. 179-190.

LLAMAS, Ricardo. *Teoria torcida*: prejuicios y discursos en torno a "la homosexualidad". Madrid: Siglo Veinteuno, 1998.

LOHAFER, Susan, LOUNSBERRY, Barbara, *et al.* (eds.). *The tales we tell. Perspectives on the short story*. Westport: Greenwood Press, 1998.

LOPES, Óscar; MARINHO, Maria de Fátima (eds.). *História da Literatura Portuguesa*. Lisboa: Alfa, 2002, v. VII.

LOPES, Óscar: SARAIVA, António José. *História da Literatura Portuguesa*. Porto: Porto Editora, 2005.

LOURENÇO, Eduardo. *O canto do signo*: existência e literatura (1957-1993). Lisboa: Editorial Presença, 1994.

LOURO, Guacira Lopes. *Gênero, sexualidade e educação:* uma perspectiva pós--estruturalista. 3. ed. Petrópolis: Vozes, 1999.

MAC ARTHUR, Elizabeth Jane. *Extravagant narratives*: closure and dynamics in the epistolary form. Princeton: Princeton University Press, 1990.

McARTHY, Anna. *Ambient television*: visual culture and public space. Durhan: Duke University Press, 2002.

MACCORMACK, Carol; STRATHERN, Marilyn (eds.). *Nature, Culture and Gender*. Nova York. Cambridge University Press, 1980.

MACHADO, Álvaro Manuel. *Dicionário de Literatura Portuguesa*. Lisboa: Presença, 1996.

MACHADO, Roberto. *Foucault, a Filosofia e a Literatura*. 3 ed. Rio de Janeiro: Zahar, 2005.

MAFFESOLI, Michel. *No fundo das aparências*. Trad. de Bertha H. Gurovitz. Petrópolis: Vozes, 1996.

MAILLOUX, Steven. Reader-response criticism?. *Genre*, n. 10, 1977.

MALINOWSKI, Sharon (ed.). *Gay & lesbian literature*. Detroit: Londres: St. James Press, 1994.

MARCHOR, James L.; GOLDSTEIN, Philip (eds.). *Reception study*: from literary theory to cultural studies. London: New York: Routledge, 2001.

MARTOCQ, Bernard. *Le pessimism au Portugal*. Lisboa: Fundação Calouste Gulbenkian, 1972.

MASON, Gail. *The spectacle of violence*: homophobia, gender and knowledge. London: Routledge, 2002.

MATOS, Joaquim. *Mário Cláudio*: ficção e ideário. Porto: Caixotim, 2004.

MATOS, Marlise. *Reinvenções do vínculo amoroso*: cultura e identidade de gênero na modernidade tardia. Belo Horizonte: Ed. UFMG; Rio de Janeiro: Iuperj, 2000.

MAURY, Liliane. *L'enseignement de la morale*. Paris: PUF, 1999.

MAYER, Hans. *Les marginaux*: femmes, juifs et homosexuels dans la littérature européenne. Paris: Albin Michel, 1996.

MEILLEUR, Jean-Baptiste. *Court traité sur l'art épistolaire*. Montréal: F. Cinq-Mars: ICMH, n. 41055, 1987.

MELO, João de. *Antologia do conto português*. Lisboa: Dom Quixote, 2005.

MENDES, Leonardo. *O retrato do Imperador*: negociação, sexualidade e romance naturalista no Brasil. Porto Alegre: Edipucrs, 2000. Coleção Memória das Letras, 7.

MEYER, Eva. Letters or the autobiography of writing. *Discourse*, v. X, n. 1, automne--hiver 1988, p. 78-88.

MISSAC, Pierre. La correspondance comme genre littéraire et phénomène sociologique. *Critique*, t. 37, n. 415, 1981, p. 1317-1343.

MISSE, Michel. *O estigma do passivo sexual*. Rio de Janeiro: Achiamé, 1981.

MITCHEL, W.T.J. (ed.). *Against theory*: literary studies and the new pragmatism. Chicago: Chicago University Press, 1985.

MONDIMORE, Francis Mark. *A natural history of homosexuality*. Baltimore: London: The Johns Hopkins University Press, 1996.

MOISÉS, Massaud. *História da literatura brasileira*: o Simbolismo. São Paulo: Cultrix, 1984.

MORABITO, Rafaelle. Tradition épistolière et épistolarité restreinte. *Orbis Literarum*, n. 40, 1988.

MORÃO, Paula. *Viagens na terra das palavras*. Lisboa: Edições Cosmos, 1993.

MOREIRAS, Alberto. *A exaustão da diferença*: a política dos Estudos Culturais latino--americanos. Trad. de Eliana L. de Lima Reis e Gláucia R. Gonçalves. Belo Horizonte: Ed. UFMG, 2001.

MORENO, Margarida; Barrientos, Jorge Jiménez. La construcción Del cuerpo homosexual masculino en la literatura. *Stylistica*. Sevilla, n. 4, 1995-1996, p. 33-41.

MOSSE, George L. *The image of man:* the creation of modern masculinity. Oxford: Nova York: Oxford University Press, 1996.

MOTT, Luiz. *Escravidão, homossexualidade e demonologia*. São Paulo: Ícone, 1988.

MOUNIER, Emmanuel. *O Personalismo*. Lisboa: text&grafia, 2010.

NEALON, Christopher. *Foundlings*: lesbian and *gay* historical emotion befor Stonewall. Durhan: Duke University Press, 2002.

NEVES, Luiz Felipe Baeta. Para uma teoria da carta – notas de pesquisa. In: *As máscaras da totalidade totalitária*: memória e produção sociais. Rio de Janeiro: Forense Universitária, 1988.

NOBRE, Augusto Ferreira. *António Nobre e as grandes correntes literárias do século desanove*: póstumo. Porto: Editora do Minho, 1931.

NOLASCO, Sócrates. *De Tarzan a Homer Simpson*: banalização e violência masculina em sociedades contemporâneas ocidentais. Rio de Janeiro: Rocco, 2001.

NOLASCO, Sócrates (org.). *A desconstrução do masculino*. Rio de Janeiro: Rocco, 1995.

——, *O mito da masculinidade*. 2. ed. Rio de Janeiro: Rocco, 1993.

NUNES, Benedito. *Passagem para o poético*: filosofia e poesia em Heidegger. São Paulo: Ática, 1992.

OLINTO, Heidrun Krieger. *Histórias de Literatura*: as novas teorias alemãs. São Paulo: Ática, 1996.

OLIVEIRA, Alberto de. *Palavras loucas*. Coimbra: P. França Amado, editor, 1894.

OLIVEIRA, Jaime Lima de Santos. *António Nobre e a introversão*. Coimbra: Faculdade de Letras da Universidade de Coimbra. Disertação para Licenciarura em Ciências históricas e filosóficas, 1955.

OLIVEIRA, Pedro Paulo de. *A construção social da masculinidade*. Belo Horizonte: Editora UFMG, 2004.

ORTNER, Sherry; WHITEAHED, Harriet (eds.). *Sexual meanings*: the cultural construction of gender and sexuality. New York: Cambridge University Press, 1981.

PAGES, Alain. Stratégies textuelles: la lettre à la fin du XIXe siècle. *Littérature*, 1978.

PALMER, E. Richard. *Hermenêutica*. Lisboa: Edições70,1969.

PARKER, Richard G. *Bodies and pleasures*: on the construction of erotic meanings in contemporary Brazil. Anthropology and Humanism Quarterly, 1989, v. 14, n. 2, p. 58-64.

——, *Youth, identity and homosexuality*: the changing shape of sexual life in contemporary Brasil. Journal of homossexuality, 1989, v. 17, n. 3/4, p. 269-289.

——, *Masculinity, feministy and homosexuality*: on the anthropological interpretation of sexual meanings in Brazil. Journal of Homossexuality, 1985, v. 11, n. 3/4, p. 155-163.

PEIXOTO JÚNIOR, Carlos Augusto. *Singularidade e subjetivação*. Rio de Janeiro: 7Letras: Editora PUC-Rio, 2008.

PERKINS, Dennis. *Is Literary History posible?*. Baltimore: The Johns Hopkins University Press, 1993.

PLANTÉ, Christine (dir. publ.). L'épistolaire, un genre féminin?. Paris: Honoré Champion, 1998.

PLUMMER, Kenneth. *Sexual diversity*: a sociological perspective. In: HOWELLS, K (ed.). Sexual diversity. Oxford: Basil Blackwell, 1984, p. 219-353.

——, *The making of the modern homosexual*. Totowa: Barnes and Noble, 1981.

POPP, Wolfgang. *Mânnerliebe:* Homosexualitat und Literatur. Stuttgart: J. B. Metzler, 1992.

POUND. Ezra. *ABC da Literatura*. São Paulo: Cultrix, 2007.

PROST, Antoine. Fronteiras e espaços do privado. In: ARIÈS, Philippe; DUBY, Georges. *História da vida privada*: da primeira guerra a nossos dias. Trad. De Denise Bottmann. São Paulo: Companhia das Letras, 1993, v. 5.

QUERE, Henri. D'une lettre à l'autre: figure de l'épistolaire. *CISL*. Urbino, n. 146, 1985.

READ, Kenneth E. *Other voices*: the style of a male homosexual tavern. Novato: Chandler and Sharp Publishers, 1980.

READINGS, Bill (ed.). *Postmodernism accross the ages*: essays for a postmodernity that wasn't born yesterday. Syracuse: Syracuse University Press, 1993.

REBILLARD, Eric, Dossier sur le genre épistolaire. *Nouvelle revue pédagogique*. Nathan, n. 1, sept. 1991.

REID, Martine. Écriture intime et destinataire. *ZFSL*, v. XVIII, 1990, p. 20-26.

REIS, Carlos. *O conhecimento da Literatura*: introdução aos Estudos Literários. 2 ed. Coimbra: Almedina, 1997.

——, *História crítica da Literatura Portuguesa*. Lisboa: Editorial Verbo, 2006, v. 9.

RICOEUR, Paul. *A crítica e a convicção*. Lisboa: Edições 70, 2009.

——, *A memória, a história, o esquecimento*. Campinas, SP: Ed. Unicamp, 2008.

——, *Teoria da interpretação*. Lisboa: Edições 70, 1996.

——, *O si-mesmo como um outro*. São Paulo: Papirus,1991.

——, *Interpretação e Ideologias*. 2 ed. Rio de Janeiro: Francisco Alves, 1983.

——, *O conflito das interpretações:* ensaios de hermenêutica. Rio de Janeiro: Imago,1978.

ROBINSON, Christopher. *Scandal in the ink*: Male and Female Homosexuality in Twentieth-century French Literature. Londres: Cassell, 1995.

ROCHA, Andrée Crabbé. *A epistolografia em Portugal*. Coimbra: Livraria Almedina, 1965. ROSSET, Clément. L'écriture épistolaire. *Nouvelle revue française*. Paris, n. 329, 1980, p. 89-98.

RORTY, Richard. *Contingency, irony and solidarity*. Cambridge: Cambridge University Press, 1989.

ROUDIEZ, Leon. Notes on the reader as subject. *Semiotext(e)*, v. I, n.3, 1975.

ROUGHGARDEN, Joan. *Evolução do gênero e da sexualidade*. Trad. Maria Edna Tenório Nunes. Londrina: Ed. Planta, 2005.

ROUSTAN, Maurice. *La lettre*: évolution du genre. Paris: Deltaplane, s.d.

ROWSE, A. L. *Homosexuals in history*: a study of ambivalence in society, literature and the arts. New York: Dorset Press, 1983.

ROY, Suzanne. *Sensualité et épistolarité dans le lettre à Nelson Algren de Simone de Beauvoir*.Mémoire presente comme exigence partielle de la Maîtrise en Études Littéraires. Université du Québec à Montréal 2001. Disponível en www. autordebeauvoir.net/article/memoire.pdf. Acesso em 10/09/2015.

SAHUQUILLO, Ángel. *Federico García Lorca y la cultura de la homosexualidad masculina*. Alicante: Instituto de Cultura Juan Gil-Albert, 1991.

SANTOS, Carmen Sevilla dos. *Teoria do efeito estético e teoria histórico-cultural*: o leitor como Interface. Recife: Bagaço, 2009.

SANTOS, Roberto Corrêa. *Para uma teoria da interpretação*. Rio de Janeiro: Forense Universitária, 1989.

SCHMELING, Manfred. *Teoría y praxis de la Literatura comparada*. Barcelona: Caracas: Alfa, 1984.

SEDGWICK, Eve Kosofsky. *Tendencies*. Durham: Duke University Press, 1993.

——, Gender criticism. In: GREENBLATT, Stephen; DUNN, Gilles (eds.). *Redrawing the boundaries*. New York: MLA, 1992.

——, *Epistemology of the closet*. Berkeley: University of California Press, 1990.

——, *Between men:* English literature and male homossocial desire. New York: Columbia University Press, 1985.

SHOWALTER, Elaine. *Anarquia sexual*: sexo e cultura no fin-de-siècle. Rio de Janeiro: Rocco, 1993.

SMETHURST, Paul. *The postmodern chronotope*: reading space and time in contemporary fiction. Amsterdam; Atlanta: Rodopi, 2000.

SMITH, Nicholas H. *Strong hermeneutics*: contingency and moral identity. London: New York: Routledge, 1997.

SOUZA JR., José Luiz Foureaux de (org.). *Exercícios de leitura*. São Paulo: Scortecci, 2001.

——, *Literatura e Homoerotismo*: uma introdução. São Paulo: Scortecci, 2002.

STAFFE, Blanche, Baronne. *La correspondance dans toutes les circonstances de la vie*. 6 ed. Paris: Léon Chailley, Éditeur, 1895. Disponível em: http://gallica.bnf.fr/.

STEIN, Edward (ed). *Forms of desire*: sexual orientation and the social constructionist controversy. New York: Routledge, 1992.

STOKES, Mason. *The color of sex*: whiteness, heterosexuality and the fictions of White supremacy. Durhan: Duke University Press, 2002.

TADIÉ, Jean-Yves. *A crítica literária no século XX*. Trad. De Wilma F. Ronald de Carvalho. Rio de Janeiro : Bertrand, 1992..

TAMAGNE, Florence. *Histoire de l'homosexualité en Europe*: Berlin, Londres, Paris 1919-1939. Paris: Seuil, 2000.

TINKOM, Matthew. *Working like a homosexual*: camp, capital, cinema. Durhan: Duke University Press, 2002.

TOMPKINS, Jane P. (ed.). *Reader-response criticism*: from formalism to post--structuralism. Baltimore: The Johns Hopkins University Press, 1980.

TIN, Emerson (org.). *A arte de escrever cartas*: Anónimo de Bolonha, Erasmo de Rotterdam, Justo Lípsio. Campinas: Ed. Unicamp, 2005.

TINOCO, Robson Coelho. *Leitor real e teoria da recepção*. São Paulo: Horizonte, 2010.WHITE, Hayden. *Trópicos do discurso*: ensaios sobre a crítica da cultura. 2 ed. São Paulo: Edusp, 2001.

TOLEDO, Dionísio (org.). *Teoria da literatura*: formalistas russos. Porto Alegre: Globo,1973.

VAINFAS, Ronaldo (org.). *História da sexualidade no Brasil*. Rio de Janeiro: Graal, 1986.

——, *Trópico dos pecados*: moral, sexualidade e inquisição no Brasil. Rio de Janeiro: Campus, 1989.

VALDÉS, Malio (org.). *Interpretation of narrative*. Toronto: University of Toronto Press, 1981.

VALVERDE, Maria de Fátima. *A carta, um gênero ficcional ou funcional?* Literatura em Debate, v. 4, Dossiê Especial, p. 01-15, jan., 2011. Disponível em: http://www.eventos.uevora.pt/comparada. Acesso em 02 de julho de 2015

VANGGAARD, Thorkil. *Phallós*: a symbol and its history in the male world. New York: International Universities Press, 1972.

VASCONCELOS, Eliane. Carta missiva. *Revista Brasil de Literatura*. Disponível em: www.rbleditora.com.

VIZINCZEY, Stephen. *Verdade e mentira na literatura*. Trad. de Maria José Marques Figueiredo. Lisboa: Presença, 1992.

YATES, Frances Amelia. *A arte da memória*. Campinas: Ed. Unicamp, 2008.

WALLACE, Maurice O. Constructing the black masculine: identity and ideality in African American Men's literature and culture, 1775 – 1995. Durhan: Duke University Press, 2002.

WEEKS, Jeffrey. *Sex, politics and society*: the regulation of sexuality since 1800. New York: Longman, 1981.

——, *Coming out*: homosexual politics in Britain from the nineteenth century to the present. New York: Horizon Press, 1977.

WEINRICH, Harald. *Lete*: arte e crítica do esquecimento. Rio de Janeiro: Civilização Brasileira, 2001.

WEST, Russell; LAY, Franck. *Subverting masculinity*: hegemonic and alternative versions of masculinity in contemporary culture. Amsterdam: Atlanta: Rodopi, 2000.

WINTER, P., LOTHE, J., SKEI, H. H. *The art of brevity: excursions in short fiction theory and analysis*. Columbia: University of South Carolina Press, 2004.

WITTIG, Monique. *The straight mind and other essays*. Boston: Beacon Press, 1992.

WOODS, Gregory. *A history of gay literature*: the male tradition. New Haven: London: Yale University Press, 1998.

ZAVARZADEH, Masud (ed). *Post-ality*: marxism and postmodernism. Washington: Maisonneuve Press, 1995.

ZILBERMAN, Regina. *Estética da Recepção e história da literatura*. São Paulo: Ática, 1989. (Fundamentos, 41)

ZUMTHOR, Paul. *Performance, recepção e leitura*. São Paulo: Educ, 2000.

ÍNDICE REMISSIVO

www.ingramcontent.com/pod-product-compliance
Lightning Source LLC
Chambersburg PA
CBHW060317100726
47907CB00002B/438